中华泰山文库·著述书系

泰山风景名胜区管理委员会 编

泰山娘娘信仰

泰山

吕继祥 著
张用衡 著

山东人民出版社·济南

图书在版编目（CIP）数据

泰山娘娘信仰　泰山/吕继祥，张用衡著.-- 济南：山东人民出版社，2020.9

（中华泰山文库·著述书系）

ISBN 978-7-209-12839-1

Ⅰ.①泰… Ⅱ.①吕… ②张… Ⅲ.①泰山-神-信仰-研究-中国 Ⅳ.①B933

中国版本图书馆CIP数据核字(2020)第118698号

项目统筹　胡长青
责任编辑　刘　晨　刘娇娇　张艳艳
摄　　影　王玉林　张玉胜　王　杰
装帧设计　武　斌　王园园
项目完成　文化艺术编辑室

泰山娘娘信仰　泰山
TAISHAN NIANGNIANG XINYANG　TAISHAN
吕继祥　张用衡　著

主管单位　山东出版传媒股份有限公司
出版发行　山东人民出版社
出 版 人　胡长青
社　　址　济南市英雄山路165号
邮　　编　250002
电　　话　总编室（0531）82098914
　　　　　市场部（0531）82098027
网　　址　http://www.sd-book.com.cn
印　　装　山东新华印务有限公司
经　　销　新华书店

规　　格　16开（210mm×285mm）
印　　张　19.5
字　　数　260千字
版　　次　2020年9月第1版
印　　次　2020年9月第1次
印　　数　1-1000
ISBN　978-7-209-12839-1
定　　价　240.00元

《中华泰山文库》编委会

立岱宗之弘毅

——序《中华泰山文库》

一生中能与泰山结缘，是我的幸福。

泰山在中国人民生活中有着广泛而深远的影响，人们常说“重于泰山”“泰山北斗”“有眼不识泰山”……在中国人心目中，泰山几乎是“伟大”“崇高”的同义语。秉持泰山文化，传承泰山文化，简而言之，主要就是学做人，以德树人，以仁化人，归于“天人合德”的崇高境界。

自1979年到现在，我先后登临岱顶46次，涵盖自己中年到老年的生命进程。在这漫长岁月里，纵情山水之间，求索天人之际，以泰山为师，仰之弥高，探之弥深。从泰山文化的博大精深中，感悟到“生有涯，学泰山无涯”。

我学习泰山文化，经历了一个由美学考察到哲学探索的过程。美学考察是其开端。记得在20世纪80年代，为给泰山申报世界文化与自然遗产做准备，许多专家学者对泰山的文化与自然价值进行了考察评价。当时，北京大学有部分专家教授包括我在内参加了这一工作。按分工，我研究泰山的美学价值，撰写了《泰山美学考察》一文，对泰山的壮美——阳刚之美的自然特征、精神内涵以及对审美主体的重要作用，有了较深的体悟。除了理论上的探索，我还创作了三十多首有关泰山的诗作，如《泰山颂》：

高而可登，雄而可亲。
松石为骨，清泉为心。
呼吸宇宙，吐纳风云。
海天之怀，华夏之魂。

这是我对泰山的基本感受和认识。这首诗先后刻在了泰山的朝阳洞与天外村。

我认为泰山的最大魅力在于激发人的生命活力。我对泰山文化的学习，开端于美学，深化在哲学。两者往往交融在一起。在攀登泰山时，既有审美的享受，又有哲学的启迪（泰山自然景观和人文景观的结合，体现了一种天人合一的艺术境界）。对泰山的审美离不开形象、直觉，哲学的探索则比较抽象。哲学关乎世界观，在文化体系中处于核心地位，对人的精神影响更为深沉而持久。有朋友问我：能否用一个词来概括泰山对自己的最深刻的影响？我回答：这个词应该是生命的“生”。可以说，泰山文化是以生命为中心的天人之学，其内涵非常丰富，可谓中国文化史的一个缩影。泰山文化包容儒释道，但起主导作用的是儒家文化，与孔子思想有千丝万缕的联系。《周易·系辞下》中讲“天地之大德曰生”，天地生育万物，既不图回报，也不居功，广大无私，包容万物，这是一种大德。天生人，人就应当秉承这种德行，对于人的生命来说，德是其灵魂。品德体现了如何做人。品德可以决定一个人的人生方向、道路乃至生命质量。人的价值和意义离开德便无从谈起。蔡元培先生讲：“德育实为完全人格之本，若无德，则虽体魄智力发达，适足助其为恶，无益也。”

“天行健，君子以自强不息；地势坤，君子以厚德载物。”这两句话深刻地体现了“天人合德”的思想。学习泰山文化要与时代精神相结合。泰山文化中“生”的精神对我影响很大，近四十年，我好像上了一次人生大学，感到生生不已，日新又新，这种精神感召自己奋斗、攀登，为人民事业做奉献。虽然我已经97岁，但生活仍然过得充实愉快，是泰山给了我新的生命。

泰山文化是中华民族优秀传统文化的主要象征之一，是我们民族文化的瑰宝。在这方面，历史为我们留下了浩瀚的资料，亟待整理。挖掘、整理泰山文化，是推动中华优秀文化遗产的创造性转化、创新性发展的迫切需要。

日前，泰山风景名胜区管理委员会的同志来舍下，告知他们正在编纂《中华泰山文库》。丛书分为古籍、著述、外文及口述影像四大书系，拟定120卷本，洋洋五千万言，计划三到五年完成。我听了非常振奋！这是关乎泰山文化的一件大事，惠及当今，功在后世，是一项了不起的文化工程。我对泰山风景名胜区管理委员会领导同志的文化眼光、文化自觉、文化胆识和文化担当，表示由衷钦佩；对丛书的编纂，表示赞成。我认为，编纂《中华泰山文库》丛书，将其作为一个新的文化平台，重要意义在于：

首先，对于泰山文化的集成，善莫大焉。关于泰山的文献，正所谓“经典沉深，载籍浩瀚”（刘勰《文心雕龙》）。从大汶口文化时期的象形符号，到文字记载的《诗经》，再到二十五史，直至今天，在各个历史阶段都不曾缺项。一座山留下如此完整、系统、海量的资料，这是任何山岳都无法与其比肩的，在世界范围内也具有唯一性。《中华泰山文库》的编纂，进一步开拓了泰山文化的深度和广度，对于古今中外泰山文化资料及研究成果的发掘、整理、集成、保存，都具有无与伦比的综合性、优越性和权威性，可谓集之大成；同时，作为文化平台，其建设有利于文化资源和遗产共享。

其次，对于泰山文化的研究，善莫大焉。文献资料是知识的积累，是前人智慧的结晶，是文化、文明的成果。任何研究离开资料，都是无米之炊。任何研究成果都是建立在资料的基础上。同时，每当新的资料出现，都会给研究带来质的变化。《中华泰山文库》囊括了典籍志书、学术著述、外文译著、口述影像多个门类，一方面为学术研究提供了所必需的文献资料，大大方便了研究者的工作；另一方面，宏富的文献资料便于研究者海选、检索、取舍、勘校，将其应用于研究，以利于更好地去伪存真、去粗取精，提高研究效率和研究质量。

再次，对于泰山文化的创新，善莫大焉。文化唯有创新，才会具有更强大的生命力。所以说，文化创新工作永远在路上。新时代泰山文化的创新，质言之，泰山文化如何引领新时代的精神文明，服务于新时代的精神文明建设，是一个重大课题。就其创新而言，《中华泰山文库》丛书的编纂本身就是一种立意高远的文化创新。它有目的、有计划、有系统地广泛征集、融汇泰山文献资料，集腋成裘，聚沙成塔，夯实了泰山文化的基础，成为泰山文化创新的里程碑。另外，外文书籍的编纂，开阔了泰山走向世界、世界了解泰山的窗口，对于泰山更好地走向世界、融入世界，具有重要的现实意义。而口述泰山的编纂，则是首开先河，把音频、影像等鲜活的泰山文化资料呈现给世人。《中华泰山文库》的富藏，为深入研究泰山的文化自然遗产，提供了坚实的物质保障。

最后，对于泰山文化的传承，善莫大焉。从文化的视角着眼，随着经济社会的发展变革，亟须深化对优秀传统文化重要性的认识，以进一步增强文化自觉和文化自信；通过深入挖掘优秀传统文化价值内涵，进一步激发其生机与活力；着力构建优秀传统文化传承发展体系，使人民群众得到深厚的文化滋养，不断提高文化素养，以增强文化软实力。毋庸讳言，《中华泰山文库》负载的正是这样一个优秀传统文化传承发展体系。如上所述，集成、研究、创新的最终目的，就是为了增强泰山文化的生命力，祖祖辈辈传承下去，延续、共享这一人类文明的文化成果。这是一个民族兴旺发达的源泉所在。《中华泰山文库》定会秉承本初，薪火相传，继往开来。

更为可喜的是，泰山自然学科资料的整理和研究，也是《中华泰山文库》的重要组成部分，无论是地质的还是动植物的，同样是珍贵的世界遗产。

中国共产党第十九次全国代表大会报告中指出：“文化自信是一个国家、一个民族发展中更基本、更深沉、更持久的力量。必须坚持马克思主义，牢固树立共产主义远大理想和中国特色社会主义共同理想，培育和践行社会主义核心价值观，不断增强意识形态领域主导权和话语权，推动中华优秀传统文化创造性转化、创新性发展，继承革命文化，发展社会主义先进文化，不忘本来、吸收外来、面向未来，更好构筑中国精神、中国价值、中国力量，为人民提供精神指引。”这是我们编纂《中华泰山文库》丛书工作的指南。

编纂《中华泰山文库》丛书是一项浩繁的文化系统工程，要充分考虑到它的难度、强度和长度。既要有气魄，又要有毅力；既要正视困难，又要增强信心。行百里者半于九十，知难而进，迎难而上，才能善始善终地完成这项工作。这也是我的一点要求和希望。

值此《中华泰山文库》即将付梓之际，泰山风景名胜区管理委员会的同志嘱我为之作序，却之不恭，写下了以上文字。我晚年的座右铭是：“品日月之光辉，悟天地之美德，立岱宗之弘毅，得荷花之尚洁。”所谓“弘毅”，曾子有曰：“士不可以不弘毅，任重而道远。仁以为己任，不亦重乎？死而后已，不亦远乎？”故而，名序为：立岱宗之弘毅。

杨辛

2018年7月

目　录

泰 山

泰山娘娘信仰

吕继祥 著

泰山娘娘碧霞元君

碧霞元君墓

明代戴凤冠的碧霞元君铜像

明代碧霞祠金阙

明代泰山宝卷

“恩兆人间”匾

“东岳圣母”匾

子孙娘娘

引　言

黄河滔滔，泰山巍巍。黄河，母亲的河！泰山，神圣的山！

位于黄河下游地区的泰山，自然山体之博大，宏观形象之雄伟，山脉历史之悠久，文化意蕴之深邃，赋含精神之崇高，古人尊之为“五岳之长”。她自古为历代帝王封禅之所，平民百姓朝拜之处，道、释、儒各种教派繁盛之区，文人墨客登临抒怀之地。泰山被郭沫若誉为“中华文化史的缩影”。1987年被联合国教科文组织列入世界自然与文化遗产。

常言道：“山不在高，有仙则名；水不在深，有龙则灵。”则名山必有“名仙”，深水必有“灵龙”，泰山是其例证也！泰山神祇种类之齐全，被称为“神山”；泰山神祇影响之深远，被誉为“神州”。泰山娘娘就是众多泰山神祇中影响最大的一位。泰山娘娘，又称泰山奶奶、泰山老奶奶、泰山玉女、泰山圣母、碧霞元君及神州姥姥等，有时还被笼统地称为泰山女神。“自碧霞宫兴，而世之香火东岳者，咸奔走元君，近数百里，远即千里，每岁瓣香岳顶，数十万众。”这是明人王锡爵于万历二十一年（1593）撰写的《东岳碧霞宫碑记》的一段记载。著名学者顾颉刚先生的研究结论是，泰山娘娘——碧霞元君是北方地区的“女皇”。

泰安有句民谣：“打开泰山扇子崖，金银财宝往家抬。”科学地研究泰山娘娘的信仰，或许能够找到一把打开扇子崖的金钥匙吧！

第一章
泰山娘娘信仰的缘起

泰山娘娘的缘起是一个正在探讨中的问题，就泰山娘娘的身世而言，前人众说纷纭，莫衷一是。再者探讨“信仰”这个属于上层建筑范畴的问题，本身就有一定的难度，何况泰山娘娘的信仰及其缘起涉及的问题甚多。本章除简单地介绍前人有关泰山娘娘身世的诸种说法外，重点从泰山的自然地理形势入手进而转入“文化”，力求就“缘起”能理出一点头绪来。

第一节　众说纷纭的泰山娘娘身世

关于泰山娘娘的身世，自古至今，众说纷纭，概括起来主要有如下几种说法：

（一）东岳大帝的女儿说

东岳即泰山，东岳大帝即泰山男性神祇。泰山娘娘为东岳大帝的女儿这种说法，《山东通志·玉女祠》条有记载，刘侗、于奕正合著的《帝京景物略》及张尔岐的《蒿庵闲话》也讲“天仙玉女碧霞元君”号为“圣帝之女”。此说在北方地区影响颇大。据顾颉刚等调查，京津地区的民间多认为泰山娘娘碧霞元君是东岳大帝的女儿。另外民间还有泰山娘娘是泰山神——东岳大帝的妻子、部落首领太父（即后世所供奉的泰山神）的妻子等说法。

（二）民女说

《玉女卷》曰："汉明帝时，西牛国孙宁府奉符县善士石守道妻金氏，中元七年甲子四月十八日子时生女，名玉叶，貌端而性颖，三岁解人伦，七岁辄闻法。尝礼西王母，十四岁忽感母教，欲入山，得曹仙长指，入天空山黄花洞修焉。天空盖泰山，洞即石屋处也……泰山以此有玉女神。"王思任之《泰山记》，于叙述泰山娘娘碧霞元君为"黄帝时七女之一"后又说："而祠（按：指碧霞祠）前载西牛国石氏之女，得曹仙指，入天空山为碧霞元君，则不知何所据。"民间又以石守道女歧异为石守道妻，如文翔凤的《登泰山记》讲："汉明帝时，石守道妻，名玉叶，十四岁而入黄花洞者，亦曰玉女。"

（三）黄帝七女之一者说

《玉女考》李谔之《瑶池记》云："黄帝尝建岱岳观，遣女七，云冠羽衣，焚修以迓西昆真人，玉女盖七女之一，其修而得道者。"另外谢肇淛的《登岱记》、王思任的《泰山记》、王之纲的《玉女传》等也有类似的说法。《登岱记》讲："元君者，黄帝七女之一也。"《泰山记》曰："考元君之始，黄帝封岱，遣七女云冠羽衣，迎昆仑真人，元君其一也。"《玉女传》谓："泰山玉女者，天仙神女也，黄帝时始见。"

（四）华山玉女说

王世贞《游泰山记》云："元君者，不知其所由始，或曰华山玉女也。"王世懋《东游记》曰："考道书，元君即华山玉女也。"华山玉女事见唐薛用弱《集异记》，但其情节、形象诸方面均与泰山玉女无任何联系。

（五）太真夫人说

《神仙传》云："太真夫人，王母小女也，年十六七，名婉罗，字勃遂，事玄都太真，有子名三天……主事东岳。"明人冯梦龙所编的小说《情史类略》之《妙音》篇中，还述说了太真夫人为女儿妙音择婿（泰山人）的故事。

以上五说为见于文献者，而民间故事传说中还有玉皇大帝的女儿或妹妹说，佛爷的妹子或师妹说，石敢当的女儿说以及黄飞虎的妹妹说等。

以上泰山娘娘身世的种种说法，虽然其产生和流传有这样或那样的原因，不过都没有说到点子上，因而确有进一步探讨的必要。笔者认为，如果把西王母及九天玄女视为泰山女神——原始的泰山娘娘可能最接近历史的“真实”。为了便于把问题搞清楚，以下诸节从多角度进行考察。

第二节　东天一柱：泰山女神缘起的自然地理因素

泰山位于山东省的中部，它绵延横亘于泰安、济南之间，主峰海拔1545米，是中国东部的第一大山。在太古代初期，泰山地区是一个巨大的海槽。距今25亿年前后，此地发生了一次强烈的造山运动，即“泰山运动”，伴随着混合岩化和花岗岩化作用，原先的岩层褶皱隆起，古泰山高高耸立于海平面之上。时光推移到距今6亿年的古生代，地壳运动又把泰山沉没到了海平面之下。此后的三四亿年间，出现了一种非常有趣的现象：随着华北地壳的不断交替升降，泰山有时升出海面，有时沉入海底。在这一过程中，泰山杂岩上又沉积了近2000米厚的寒武—奥陶系海相石灰岩，并形成了石炭二叠纪含煤层。到了距今1亿多年的晚侏罗纪，在燕山运动的影响下，古泰山不断升高，并逐渐与华北大陆相连接。大约6000万年前，泰山断裂，南盘下降，北盘升高，泰山的雏形出现了。距今3000万年的新生代中期，在喜马拉雅造山运动的影响下，泰山再次升高，形成了与泰前断裂带相一致的中天门断裂带和云步桥断裂带三大台阶，造就了泰山的巍峨雄姿。

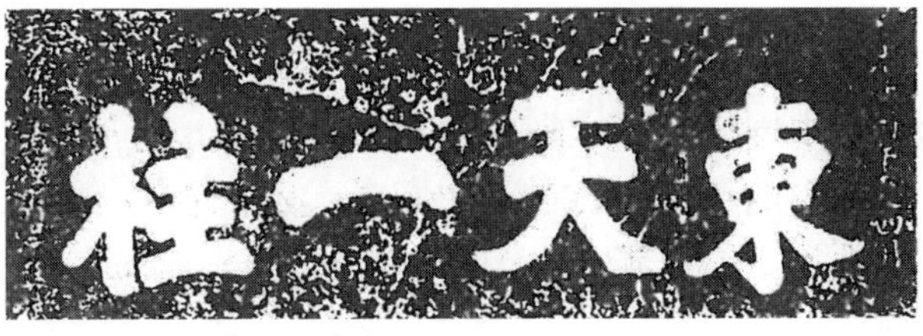

图1-1　“东天一柱”石刻

徐本坚先生从地理学的角度考察泰山，《东岳泰山》指出：“泰山之北属齐国，山之南属鲁国，所以‘齐鲁青未了’也正好道出了泰山位置的特征。这里离海很近，向东南约二百里遥，就是烟波浩渺的黄海。它的北面、西面和西南面，均为辽阔坦荡的黄淮海平原所环抱。源远流长的黄河，就在近旁奔腾东泻。纵览我国东部沿海广大区域的地理形势，泰山独占鳌头，居高临下，成了万里原野上的‘东天一柱’。”（图1–1）

何新在《诸神的起源》一书中又做了进一步考察，泰山大体上处在华北大平原和长江中下游平原的中心地带，这块面积约30万平方公里的大平原，三面环山，一面靠海，即北有燕山，西有太行山、秦岭（华山、嵩山属秦岭山系）、大巴山，南有伏牛山、桐柏山、大别山，东面是山东丘陵和大海。这个广大的区域，在中国上古史上就是著名的中州（即中原）地区，亦即古人心目中的“中国”所在。在这三面环山一面滨海的“中国”之中，泰山是较为居中且又是唯一的一座大山，因而被称为“中央之山”。

中国古代尊崇的名山大川为五岳四渎，汉代以前的齐国疆域恰在五岳之宗的泰山之北，四渎之首的黄河之南，而处在济水流域之内。殷商以前的东夷人自认为此地就是天下的中心，曰地为“齐”，曰水为“济”。齐古通“脐”，即肚脐，在人体之正中，故“齐”有“中”意，所以《列子》云：“四海之齐，谓中央之国。”意即天下之中的陆地为齐。齐之为中，而位于齐地的泰山当然也就成了“中心”了。因此古籍常谓：“中央之美者，有岱宗。”（《淮南子》）著名史学家吕思勉先生也认为：“吾国古代，自称其地为齐州，济水盖亦此得名。《汉书·郊祀志》曰：‘三代之居，皆在河洛之间，故嵩高为中岳，而四岳各如其方。’以嵩高为中，乃吾族西迁后事，其初实以泰岱为中。”（吕思勉《先秦史·民族原始》。）

上古时期的泰山中心说还可以从上古时期人们对昆仑山地望的认识上找到佐证。昆仑山上的地望，《山海经》及《淮南子》均叫“都广之野”，都广又作“广都”，亦即“黄都”，也就是“黄帝的下都”，说它位于天地的正中心。张华的《博物志》讲得也很明确：“地部之位起形高大者有昆仑山，广万里，高万一千里。神物之所生，圣人仙人之所集也。出五色云气，五色流水。其泉南流入中国也，名曰河，其山中应于天，最居中。”据何幼琦在《〈海经〉新探》一文中的考证，古昆仑山即今泰山（详见《历史研究》，1985年第2期），如果古昆仑山即泰山的说法不误的话，那么所谓古昆仑山最居中就是泰山最居中。

泰山的这种自然地理形势为古人所崇拜，为泰山女神的缘起提供了客观条件。

第三节　泰山地区：东夷文化的发祥地

黄河，母亲的河！位于黄河中下游地区的泰山地区，是古代东夷文化的中心地区。据考古调查发掘证明，泰山地区人类起源早，经济、文化均较为先进，学术界称之“海岱文化区”“泰沂文化区”或“泰山文化区（圈）”。

在泰山文化区内，发现最早的人类活动遗存是1965年在沂源县马鞍山发现的距今约四五十万年前的“沂源猿人”遗存：计有头盖骨一块，牙齿六颗，肱骨一块，股骨一块，肋骨一块和眉骨二块。另外还发现了大量的哺乳动物化石。再者是1966年在新泰乌珠台发现的距今五万年前的智人牙齿化石。距今一万年前后的中石器时代，泰山文化区内也发现有大量的遗迹物。最引人注目的是新石器时代，泰山地区有着一脉相承的文化发展序列：北辛文化—大汶口文化—典型龙山文化。北辛文化1964年初次发现于山东省的滕县（今滕州市）北辛，1978—1979年经过正式发掘，因其文化层堆积叠压在大汶口文化层之下，且石器、陶器以及墓葬都具有独特的风格，被定名为“北辛文化”。如石器中有较大的扁平石铲，有石磨盘、石磨棒等；陶器以夹砂黄褐陶和泥质红陶为主，多三足器和圆底器。根据碳十四测知，北辛文化的绝对年代大体上在公元前5400年至公元前5300年之间。大汶口文化上承北辛文化，下接典型龙山文化，其绝对年代约在公元前4300年至公元前2300年之间。大汶口文化是广泛分布于黄河中下游地区的一支重要史前文化，其文化的命名地就在泰山脚下的大汶口。大汶口文化的早期处在母系氏族社会向父系社会的转变时期，中、晚期展露了阶级社会的萌芽：如石器、玉器磨制精细，陶器种类繁多且造型优美，以养猪业为代表的畜牧业发达，也就是说生产力水平有了很大的提高；出现了贫富分化，如大汶口墓地10号墓随葬品多达百余件，而有的墓随葬品则极少或没有；从男女合葬的出现以及面积不大的小房基和水井发现分析，一夫一妻的家庭已经萌芽；特别是多处发现了文字符号，被认为是远古文明的火花。龙山文化因1928年首先发现于泰山之阴的章丘县龙山镇城子崖而得名。这支文化以黑色陶器和磨光石器为主要文化特征，如被考古学界称为蛋壳陶的陶器，黑、光、亮、薄，陶胎厚度仅有0.5厘米，真是薄如蛋壳。黄河下游地区的龙山文化一般叫山东龙山文化或曰典型龙山文化。典型龙山文化的遗址中发现了古城址，如城子崖龙山城面积约20万平方米，丁公龙山城面积约11万平方米，田旺龙山城面积约17万平方米。最引人注目的是在邹平县苑城乡丁公村发现了成组文字的龙山文化陶片。按马克思主义经典作家的理论，城与文字的出现应是文明社会的标志。

泰山文化区的东夷文化，在古史传说中也能找到根据。最典型的例子可举少昊氏和有虞氏。众所周知，少昊之墟在鲁（今曲阜，至今尚存“少昊陵”等古迹），而少昊氏是一支以“太阳一鸟”为图腾的部族[①]。少昊氏崇拜鸟文献记载十分明确，如《左传·昭十七年》记载郯子追述其先祖的一段话是：“我高祖少昊挚之立也，凤鸟适至，故纪历于鸟，为鸟师而鸟名。凤鸟氏，历正也。玄鸟氏，司分者也；伯赵氏，司至者也；青鸟氏，司启者也；丹鸟氏，司闭者也。”由此看出，少昊部族俨然是一个鸟的王国。考古资料提供的证据是，在大汶口一龙山文化中，曾大量出土造型如鸟的陶鬶和鸟头足陶鼎。少昊部族崇拜太阳，所以少昊之“昊”字显现出来，昊字从日从天，因此《拾遗记》讲“昊者，明也”。昊字有时也写作皞，皞字从白，亦有光明之意。大汶口文化的有关器物上常见饰有太阳纹或以太阳纹作母体的图案，如大汶口遗址，野店遗址出土的彩陶钵、彩陶豆上饰有“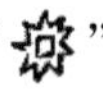”，这个图案的外廓是太阳，而中部的那个“口”或许就是当时祭坛的形象（图1–2），因《礼记·正义》有所谓“祭日于坛”的说法。再者，大汶口遗址出土的陶壶上有“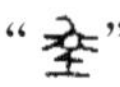”符号，就其直观形象考察，既不完全象鸟、象日、象人，而又有鸟、日、人（祖先）的部分形象，它很可能是少昊部族的“族徽”。据唐兰先生考证，大汶口文化就是少昊文化。再说有虞氏，帝舜有虞氏，《孟子》称为“东夷之人”。帝舜又叫帝俊，俊本作“夋”，从甲骨文的字形看，为鸟头人身之状（图1–3）。有虞氏也崇拜太阳。中国古代有关于“十日”的传说，据《山海经》记载十日为帝俊（舜）之妻羲和所生。这十个太阳并不是同时出现的，而是“九日居下枝，一日居上枝”或“一

图1–2　大汶口文化陶豆

① 详见吕继祥：《东夷人图腾崇拜再探讨》，《民俗研究》1989年第4期。

日方至，一日方出”。太阳这种运动对活动在东部凉爽地区的帝俊部族说来是有利于生产和生活的，因此帝舜把“十日并出，万物皆照”比作无所不及的德行——“而况德之进乎日者乎”(《庄子·齐物论》)。

图1-3　甲骨文中的“夋”字

考察原始人的思维，大体上都经过了自然崇拜和图腾崇拜等阶段，东夷的图腾崇拜的对象是日与鸟有机结合的“太阳·鸟”，此前已论及，不再赘述，下面重点谈谈东夷人的自然崇拜。原始人的自然崇拜对象很多，具体到泰山文化圈内的东夷人，则对大山有着浓厚的兴趣。如大汶口文化陵阳河遗址出土的陶文符号作“”之形(图1-4)，对此学者们有种种不同的推测：或谓上为日、中为月，以日、月代表天，下面是五个山峰，代表地，这是古人对宇宙的概括；或上为日，中为月，下面是初民心目中的五岳；或谓上为日，中间是日出时烘托出的云霞，即古今登泰山时所误认的海波；最常见的隶法是上为日，中间是火，下为大山，我本人认为，以日一火一山的隶法为妥，其含义应是借大山之高燎祭于日(天)，而这个大山很有可能就是泰山：因为“”的含义与后世帝王们所谓封禅泰山之“封”义——在泰山顶上筑坛祭天——非常接近。(详见第二章)

图1-4　大汶口文化陶文

行文至此我们不能不想到泰山娘娘为什么被封为“碧霞元君”，碧霞有阳光之义，或许这与史前时期的东夷人崇拜太阳有关。

第四节　大山崇拜与神山

恩格斯指出：“一个部落或民族生活于其中的特定自然条件和自然产物，都被搬进它的宗教里。”(《马恩全集》第27卷)前已述及泰山是中国东部的第一大山，且是“中山”，而泰山地区又是东夷文化的发祥地。那么泰山一定会被古

图1-5 "五岳独尊"刻石

人搬进它的宗教里。

古人把泰山看作"大山"。泰山古写作太山，"太作大，大音泰"，段玉裁注《说文解字》讲得更为深刻："域中取大之山，故曰大山"；"大俗写为太"是"因为言大而形容未尽"。泰山又别称"岱山""岱岳""岱宗""东岳"等，宗者为长，岳者像大山之形，意为"山高而尊"(图1-5)。泰山在人们心目中的高大形象远远超过了它的实际高度，如汉武帝刘彻面对泰山更是无限感慨地称道："高矣！极矣！特矣！壮矣！赫矣！骇矣！惑矣！"(《岱览》)

泰山是一座神圣山。古昆仑山即泰山，而昆仑山则是一座天堂之山，一是其境不凡，具备作为天堂的客观条件：山高三成，与天相接，且"其光熊熊，其气魂魂"，"出五色云气，五色流水"，有以井为槛的九井，有瑶池，有不死之泉。二是昆仑山是珍奇异物所生之地。综合有关文献记载，昆仑山有身大类虎而九首的开明兽，有"绿赤煌煌，不鸣不食"的稀有鸟，还有不死之树。三是昆仑山为圣人仙人之所集。昆仑山为"帝之下都""太帝之居""黄帝之所休"。《河图·括地象》概括地讲："昆仑山为神物之所生，圣人仙人之所集也。"顾颉刚先生也认为昆仑山是神山："在《山海经》中，昆仑是一个特殊地位的神话中心，很多古代的神话，如夸父逐日、共工触不周山及振滔洪水、禹杀相柳及布土、黄帝食玉投玉、稷与叔均作耕、魃除蚩尤、彭与钦䲹杀葆江、烛龙烛九阴、建木与若木、恒山与有穷鬼……黄帝娶嫘祖、窜三苗与三危等故事，都源于昆仑山。山上还有壮丽的宫阙、精美的园囿和各种奇花异木、珍禽怪兽。而保持长生不死，更是昆仑上最大的要求，他们采集神奇的草木，用了疏圃的池水和四大川的神泉，制成不死的药剂。凡是有不当死而死的人，就令群巫用药把他救活。这真是一个雄伟的、美丽的、生活上最能满足的所在，哪能不使人向往这一神话世界呢。"[1]

① 顾颉刚：《〈庄子〉〈楚辞〉中昆仑和蓬莱两个神话系统的融合》，《中华文史论丛》1979年第2期。

如果认为昆仑山即泰山还有争议，不足以作为例证的话，那么明确到毫无争议的泰山本身，也是神圣之山。距今五六千年前的大汶口文化居民到泰山顶燎祭于天，成为历代帝王封禅泰山的滥觞。再者，据“泰山志书”记载，泰山上曾有“五女圈石”，《岱史》讲得非常形象：“夜有呼号相力之声诘朝，巨石垒成圈，盖五仙女为之。”北京大学的学者们据此怀疑这是史前时期的圈石文化，并推断宋真宗在泰山所封的碧霞元君石像，可能就是圈石文化中的母神像遗存。（李继生《泰山旅游指南》）

泰山真奇妙。美学家以“形象之雄伟，山体之博大”概括泰山的自然美特征，也就是《诗经·鲁颂》中所讲的“泰山岩岩”，并进而细化为“雄、奇、险、秀、幽、奥、旷”七个字。人们常常津津乐道岱顶有四大自然奇观，即“旭日东升”“黄河金带”“云海玉盘”“碧霞宝光”。更有甚者，古人把泰山看作是天下的云雨发生之地，如《春秋·公羊传》讲，泰山之云“触石而出，肤寸而合，不崇朝而遍雨乎天下，唯泰山尔”。诗圣杜甫在《望岳》诗中也描写泰山的自然景观：“岱宗夫如何？齐鲁青未了。造化钟神秀，阴阳割昏晓。荡胸生层云，决眦入归鸟。会当凌绝顶，一览众山小。”（图1–6）

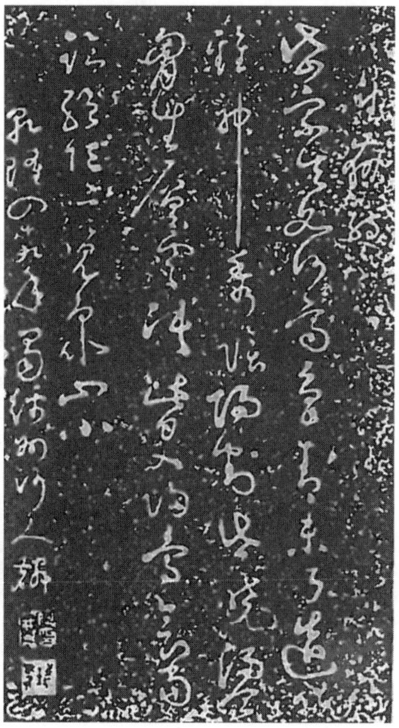
图1–6　何人麟手书的杜甫《望岳》诗

山之有神，在世界各民族的原始宗教里是通例。如古希腊人认为奥林匹亚山有山神。泰山作为古人心目中的大山、中山、神山、圣山及美山，一定有一位山神，没有也要造一个。清人毕沅在撰写《山海经新校正序》时讲，“禹与伯益主名山大川，定其秩祀，其实所谓山之有神要早得多。《尚书》载尧时就有岳长，即羲仲为东岳长。《淮南子·地形训》讲得更生动：‘昆仑之丘，或倍上之，是凉风之山，登之而不死。或上倍之，是谓县圃，登之乃灵，能使风雨。或上倍之，乃维上天，登之乃神，是谓太帝之居’。在刘安看来，太帝就是昆仑山神，泰山有没有山神呢？有的！且男性神女性神都有”。

第五节　西王母：早期的泰山女神

社会发展史告诉我们，原始氏族社会可分为两个阶段，即母系氏族社会和父系氏族社会。母系氏族社会是女性掌权的社会。母系氏族社会时期，在泰山地区掌权的首领是何许人呢？我们认为她就是西王母。

图1–7　汉画像石上的“西王母”

从西王母的早期形象看她是一位氏族部落首领。西王母的早期形象见于《山海经》。《大荒西经》谓：“西海之南，流沙之滨，赤水之后，黑水之前，有大山，名曰昆仑之丘。有神，人面虎身，有文有尾，皆白，处之。……有人戴胜，虎齿、有豹尾、穴处，名曰西王母。”《海内西经》讲：“西王母梯几而戴胜，杖，其南有三青鸟为西王母取食，在昆仑虚北。”《西次三经》说：“西王母……其状如人，豹尾，虎齿而善啸，蓬发戴胜。”她的神职是“司天之厉及五残”，郭璞注云“主知灾厉五刑残杀之气也”；郝懿行疏曰“西王母主刑杀”。西王母这种半人半兽面目的狰狞形象以及“穴居”的简陋条件和司职，说明她是处在生产力水平不发达的母系氏族社会时期的部落首领。说其是“首领”还表现在西王母之“王”字上，王字甲骨文、金文作“”“”，是钺的象形，钺是王权的象征，持钺者就是王，就是首领（图1–7）。

西王母的传说与东夷人崇拜鸟有关。前述东夷崇拜鸟，而在《竹书纪年》中西王母自称是“鸟鹆氏”。源于东方而后又西迁的嬴秦人祖先中有一个叫大廉的，《史记·秦本记》讲：“大廉，实鸟俗氏……大廉玄孙曰孟戏，中衍，鸟身人言。”《索隐》云：“以仲衍鸟身人言，故为鸟俗氏。”《秦诗谱·疏》引此作“鸟谷氏”。《通志·氏族略》曰“鸟浴氏”。鹆与俗（谷、浴）当为一字之变。

再者《山海经》多处讲到有“三青鸟”为西王母取食，且据《左传·昭公十七年》记载，青鸟氏是东方少昊部族的一部分。西王母之“西”字，也能说明问题。这个“西”不是东西南北之西，据《说文》，西字作“”，“鸟在巢上也，象形。日在西方而鸟西”。段玉裁注云：“上西，即东西之西；下西，西之本义也。”也就是说，西的本义——栖——鸟所居。据此我们可以把西王母理解为鸟居之地的首领，即东夷鸟王国的首领。

在西王母的神话传说中，与西王母有着密切交往的舜、羿等都是东夷人。《竹书纪年》载：帝舜有虞氏九年，西王母来朝。西王母来朝献白环玉块。而《孟子·离娄下》明确讲舜“东夷之人也”。《尚书》《墨子》《韩非子》《淮南子》都有“舜耕历山”的说法，据《水经注》，历山乃山东济南城南之历山。羿与西王母关系之密切见之于《淮南子》：“羿请不死之药于西王母。”先秦文献称羿为“夷羿”，而夷多半是指东方的部族，如《礼记·王制》讲“东方曰夷，被发文身”；傅斯年的《夷夏东西说》和徐旭生的《中国古史的传说时代》都把东方部族列入夷族。

早期西王母的那种“虎齿”及“蓬发戴胜”的形象构成也可以在古代东方找到影子。仅距泰山百余里的新泰市出土有旧石器时代晚期的虎齿化石，孔夫子过泰山侧也留有“苛政猛于虎”的名言，这就说明，泰山地区曾有老虎生存过。据李白凤的《东夷杂考》考证，商人称徐夷（主要分布在苏北一带、属海岱文化区的范围内）为“虎方”，徐人也自称为“虎族”。至于西王母头上所载之“胜”，则是一种形状和“鸶鸟”颇为相似的发饰，与鸟崇拜有关。东夷人曾有“被发文身”的习俗，西王母所谓“蓬发”不就是“被发”吗！再者从考古资料看，大汶口文化遗址中出土有束发器，这也或许与“戴胜”有关。

在先秦的诸多文献中都讲西王母是居于昆仑山的，是昆仑山神。如《山海经·大荒西经》讲“西海之南，流沙之滨，赤水之后，黑水之前，有大山，名曰昆仑山丘……有神……名曰西王母”。何幼琦先生把《山海经》中西王母所居的昆仑山同泰山一带的山川地理形势做对比考察发现：沂水当为赤水，泗水当为流沙，小清河当为黑水，从而得出了昆仑山即泰山的结论。（《历史研究》，1985年第2期）《西山经》又讲“昆仑之丘，是实惟帝之下都，神陆吾司之。其神状虎身而九尾，人面而虎爪……有鸟焉，其名曰鹑鸟，是司帝之百服”。这里神陆吾的形象很像西王母。值得注意的是，郭璞注陆吾“即肩吾也”。庄周

曰："肩吾得之以处大山。""大山"为太山（即泰山）之古称，因而肩吾（陆吾）就是泰山神。（曹础基《庄子浅注》）

综上所述，西王母是东夷部族的首领，她居住在昆仑山即泰山上，因而可看作是泰山之神。

第六节　九天玄女：第二任泰山女神

在黄帝与蚩尤大战时期（看来这应该是原始社会末期的军事民主制阶段），在泰山有一位妇人，叫"九天玄女"或曰"玄女"，是她帮助黄帝战胜了蚩尤。《黄帝女战法》载："黄帝与蚩尤九战，九不胜。黄帝归太（泰）山，三日三夜雾冥。有一妇女人首鸟身，黄帝稽首再拜。伏不起。妇人曰：'吾玄女，欲何问？'黄帝曰：'小子欲万战万胜。'遂得战胜焉。"《黄帝内传》亦载"黄帝伐蚩尤，玄女为帝制夔牛鼓八十面，一震五十里，连震三千八百里。"这里这位妇人作玄女，而玄字有奥妙之义，道家经典《老子》有"玄之又玄，众妙之门"的说法。也就是说，玄女可理解为神女。玄女在泰山，当为泰山神女。再者，玄女"人首鸟身"与帝舜（俊）"鸟首人身"、仲衍"鸟身人言"的形象构成差不多，与少昊氏等崇拜鸟义同。此亦可佐证玄女活动在泰山文化区内。

泰山玄女者何？我们不能不想到殷商人的祖母有娀氏简狄。《诗经》之《鲁颂》《长发》云："天命玄鸟，降而生商"；"有娀方将，帝立子生商"。郑笺云："天使鳦鸟下而生商者，谓鳦鸟遗卵，娀氏之女简狄吞之生契"；"禹敷下土之时，有娀氏之国，亦始广大，有女简狄，吞鳦卵而生契"。《楚辞》之《离骚》《天问》亦载："凤凰即受诒兮，恐高辛之先我"；"简狄在台喾何宜，玄女致贻女何嘉"。王逸注："帝喾次妃有娀氏之女生契。"简狄，帝喾之次妃也。玄鸟，燕也；贻，遗也。言简狄侍帝喾于台上，有飞燕坠遗其卵，喜而吞之，因生契也。在《吕氏春秋·音初篇》和《史记·殷本纪》中描写得更绘形绘色。《音初篇》讲："有娀氏有二佚女，为之九成之台，饮食必以鼓，帝令燕往视之，鸣若谥隘，二女爱而争博之。复以玉筐，少选，发而视之，燕遗二卵，北飞，遂不反。”《殷本纪》谓：“殷契，母曰简狄，有娀氏之女，为帝喾次妃。……三人行浴，见玄鸟坠其卵，简狄取吞之。因乃生契。”就实物资料来看亦不乏例证。商代青铜器中有“玄鸟妇壶”（图1–8），于省吾先生认为，“玄鸟妇”三字合文是研究商人图腾崇拜的珍贵资料，是商代金文中所保留下来的先世玄鸟图腾的残余。壶铭为“玄鸟妇”，说明做壶者是以玄鸟为图腾的妇人①。玄鸟是商人的图腾，简狄即玄女。

图1–8 “玄鸟妇”铭文（摹写）

如果说作为泰山女神的玄女即简狄还需要证明一个问题，即殷商人起源于何处？目前学术界对商人的起源意见还不统一，但有一种说法是起源于东方。据文献记载，在成汤以前的“先公”时代，商人主要活动在黄河下游地区，据王国维考证，先公们曾作八迁：契居蕃，一迁；昭明居砥石，二迁；昭公又迁商，三迁；相土东迁泰山下，四迁；相土复归商丘，五迁；殷侯（上甲微）迁于殷，六迁；殷侯复归商丘，七迁；汤始居亳，八迁。（王国维《观堂集林·说自契至汤八迁》）以上八迁所至地望，虽今尚难确指，但大体上不出山东、河北、河南三省之外。徐中舒在《殷商史中的几个问题》中也讲：“衣、殷、夷读音相近，都是古方言的不同，故周人称殷为夷。”此谓殷商人起源于东方。最值得注意的是相土迁于泰山下。据考古调查，泰山脚下的满庄有一处文化内涵较为丰富的商代遗址，据当年陪同考古学家王献堂先生进行考古调查的同志回忆，王献堂先生曾用非常肯定的口气讲，这就是相土所居的“东都”。可惜献堂先生生前没有著文进一步阐述。

图1–9 戴凤冠的泰山娘娘铜像

半人半兽的玄女，被后世逐渐神化、仙化后，也变得雍容华贵了（图1–9）。《水浒传》中有段九天玄女的赞子谓：

① 于省吾：《略论图腾与崇拜的起源和夏商图腾》，《历史研究》1959年第11期。

> 头绾九龙飞凤髻，身穿金缕绛绡衣。蓝田玉带曳长裙，白玉圭璋擎彩袖。脸如莲萼，天然眉目映云环；唇似樱桃，自在规模端雪体。犹如王母宴蟠桃，却似嫦娥居月殿。正大仙容描不就，威严形象画难成。

在《金瓶梅》第八十四回中却用这个赞子描述泰山娘娘（仅有极个别字做了改动），为便于对比也抄录如下：

> 头绾九龙飞凤髻，身穿金缕绛绡衣。蓝田玉带曳长裙，白玉圭璋擎彩袖。脸如莲萼，天然眉目映玉环；唇似金朱，自衣规模端雪体。犹如王母宴瑶池，却似嫦娥离月殿。正在仙云描不就，威严形象画难成。

在《金瓶梅》的作者看来，九天玄女就是泰山娘娘。京津一带民间也有认为泰山娘娘——碧霞元君为九天玄女。北京妙峰山有一通清乾隆四十年（1775）刻勒的《金顶妙峰山义合药老会石碑》，铭曰："……金顶妙峰山灵感宫天仙圣母青灵普化永祐碧霞九位元君，精爽或昭，声声灵丕振……"容庚先生注曰：天仙圣母青灵普化永祐碧霞九位元君"此称号甚奇，或误会天仙为九天玄女，再由九天玄女而误为九位元君"。这种"误会"恐怕不是误会，是有一定根据的。

第二章
宋真宗封禅与泰山娘娘受封

提起碧霞元君，人们马上会想到宋真宗封禅泰山的那场闹剧，这是因为“碧霞元君”这个封号与宋真宗封禅泰山有着密切的关系。

第一节　旷世大典的泰山封禅

封禅，是中国古代统治者举行的一种盛大的祀典。封为祭天，禅为祭地。封禅的基本含义就是祭天祭地。《白虎通》略曰：王者易姓受命而起，必升封泰山，功成封禅以告太平，因高告高，顺其类也；天以高为尊，地以厚为德，故增泰山之高以报天，附梁父（泰山前一座小山）之址以报地。《地记》也云：“为坛于泰山以祭天，示增高也；为禅于梁父以祭地，示增广也。”张守节之《史记·封禅书·正义》解释得更为清楚：“此泰山上筑土为坛以祭天，报天之功，故曰封；此泰山下小山上除地，报地之功，故曰禅。”（图2-1）

图2-1　古登封台

封禅产生于何时呢？司马迁《史

记·封禅书》引管仲的说法是，封禅产生于伏羲氏之前的无怀氏：古时封泰山禅梁父者七十二家，而夷吾所记十有二焉，即无怀氏、伏羲氏、神农氏、炎帝、黄帝、颛顼、帝俈、尧、舜、禹、商汤和周成王，“皆受命而后得封禅”。马端临则认为“七十二家”之说是“陋儒之见”，“诗书所不载，非事实”，所以他在《文献通考》中叙述封禅事是从秦始皇开始的。众所周知，司马迁是一位治学严谨的历史学家，他绝不会信口雌黄。笔者认为，“七十二家”之说固然不能看作绝对信史，但有历史的影子、信史的因素，这就是古人的天地自然崇拜。我们在第一章中曾讲到，大汶口文化陵阳河遗址曾出土由日、火、山组成的陶文符号——“”，而这个符号的含义就是借大山（泰山）之高燎祭于日（天），与封禅之封含义极为相近。因此，我们有理由推测泰山封禅的滥觞可追溯到距今五六千年以前的大汶口文化时期。

“祀，国之大事也。”（《左传·文公四年》）历代帝王封禅泰山的祀典活动，祭天祭地仅是外表形式，深层中却隐含着许多政治目的。一是君权神授。古人强调“受命然后得封禅”，非“受命于天”“易姓而王”者，是不得进行封禅大典的。二是粉饰太平。“封禅以告太平也。”历来统治者认为封禅是“太平盛世”之事，有德有绩的帝王才有资格封禅，因此，谁封禅就意味着谁有政绩。封禅又为帝王自我标榜提供了机会，汉武帝封禅泰山时在泰山顶树立的那通高大的“无字碑”，意为功高盖世，难以用文字表达。三是“夸示夷狄”。此以宋真宗封禅的目的最为明显。四是求仙。如秦皇汉武等“封泰山，本因好仙，信方士之言”，想得到仙丹，长生不死。

与封禅活动的目的密切相关的是封禅的条件。司马迁指出：“自古受命帝王曷尝不封禅？盖有无其应而用事者也，未有睹符瑞，见而不臻于泰山者也。虽受命而功不至，至梁父矣而德不洽，洽矣而日有不暇给，是以即事用希。《传》曰‘三年不为礼，礼必废；三年不为乐，乐必坏’。每世之隆，则封禅答焉，及衰而息。”（《史记·封禅书》）此段话详细说明了封禅者必备的条件：封禅泰山者须是“受命于天”的帝王；须发现祥瑞才能去封禅。虽然具备了这两个条件，但功不高、德不厚及没有空闲时间者，亦不得进行封禅。纵观泰山封禅史，这些条件的要求还是很严格的。据说春秋时期齐桓公在政时，“九合诸侯，一匡天下”，成为春秋一霸，意欲封禅，但管仲认为不可：古之封禅，须有祥瑞降临，即东海贡比目鱼，西海献比翼鸟，凤凰麒麟来仪，嘉禾至此生出，祥禽瑞兽不召而至，意即四海统一，天下太平。而现在则不然，凤凰不来，麒麟不至，嘉禾不生，却猛禽鸱鸮数至，蓬蒿藜莠遍地，说明尚不具备封禅的条件，齐桓公只好作罢。孔夫子也认为诸侯不是“受命于天”的天子，不能到泰山封禅，否则就是僭越行为。史载，春秋鲁国权臣季孙氏旅于泰山，孔丘非常恼火，“讥之”。千古一帝的秦始皇嬴政，统一六国，成为皇帝，从历史发展的角度看是功不可没的，但当时人民对他的高压统治并不满意，当他提出要封禅泰山时，儒生们提出种种理由进行阻挡。当强行登封泰山且中途遇雨时，俗传这是违背天意的报应。无论是否具备封禅的条件，如果帝王们决意要封禅，总会找到借口的，汉武帝为封禅找到的祥瑞是“得鼎”“获麟”，汉光武帝为封禅而伪造“符箓”，宋真宗更有“降天书”的闹剧。

泰山封禅既是旷世大典，其准备工作是非常充分的，场面也是非常宏大的。为了做好准备工作，有重臣挂帅（有时皇帝亲自出面）组成专门工作班子，寻找封禅的根据，创造（或伪造）封禅的条件，置备封禅所用的器物。如筑祭坛，制玉策，造玉检，选料石（勒碑之用），购祭品以及训练乐舞等。封禅场面之宏大，文献中对唐高宗封禅活动记载的最为详细：“麟德二年（665），十月丁卯，帝（唐高宗）发东都赴东岳，从驾文武兵士及仪仗法物相继数百里。列营置幕，弥亘郊原。突厥、于阗、波斯、天竺国、罽宾、乌苌、昆仑、倭国及新罗、百济、高丽等诸酋长，各率其属扈从。穹庐毡及牛羊驼马填候道路。”（《册府元龟》卷三十六）封禅的队伍相继数百里，其场面之大可想而知；特别是这次封禅活动有东亚、中亚和东北亚诸多国家的酋长或特使参加，这在泰山封禅史上还是第一次，这大概也是“夸示国外”吧。

第二节　宋真宗的泰山封禅

宋朝自赵匡胤（宋太祖）兵变立国后，一直为多事之秋，传至真宗（赵恒），外患内忧，民贫国弱。景德元年（1004），契丹再次入侵，威胁宋都汴梁（今河南开封），朝野震惊。主和派王钦若、陈尧叟等建议迁都讲和，而宰相寇准则力主抗战，并敦促真宗皇帝御驾亲征，会战于澶州（今河南濮阳），宋军奋力拼搏，大败辽军。但畏敌如鼠的真宗皇帝不但不乘胜追击，反而签订了“澶渊之盟”，每年向辽输银二十万两，绢二十万匹，以求苟安。胜而签约输银（绢），无疑是一大耻辱，且外患问题也没有得到根本解决，举国上下极为不满。如何才能解决这个难题呢？宋真宗及他身边的佞臣们，想来思去，想到了封禅。不过封禅是有条件的，外患内忧，民贫国弱之时行封禅是行不通的，但只要需要，没有也好办，伪造！这种伪造从京都伪造到泰山。

大中祥符元年（1008）正月，佞臣们策划了两起京城中降天书事件。据《宋史》载，是月有黄帛一条曳于京城左承门的南鸱尾上，宋真宗亲自迎于朝元殿启封，号称“天书”。在满朝文武一片欣喜若狂之时，也有头脑清醒的，如不肯阿谀逢迎的朝臣孙奭等，几次上书真宗皇帝：“天何言哉，岂有书哉？”，赵恒对此置之不理。为进一步蛊惑人心，于是策划了降祥瑞于泰山的闹剧。是年五月，王钦若秘往泰山，不几日，即遣人禀报朝廷，泰山发现了祥瑞：乾元观内发现醴泉（图2-2），锡山出现了苍龙，泰山上生出了灵芝，长出了三脊茅（封禅祭祀用的神草）。与此同时，王钦若又伪造了“天书”降于泰山的骗局。这次，王钦若为了伪造得“天衣无缝”，先遣人到乾元观北面的山林上挂上预先写好的黄素书（即所谓天书），令人在预定的时间上报。六月六日，王钦若有意携众游玩，行走间忽然指着前方惊呼：西南垂刀山（垂刀山在泰山大藏岭西）上有红光，渐成华盖，至地而散，真乃宝气。随员抬头远眺，本是晴空一碧，哪有什么红紫宝气，然而个个附和：“红云紫气出现，必有祥瑞降至”；“西南方向正是京都所在，必是至上灵感与此相通”。是日，樵夫董柞准时向皇城史王居正报告发现了上天降书。居正驰告钦若，钦若将“天书”迎于官舍，并派中使（陪同王钦若一起秘至泰山的宫内侍者）飞骑捧天书送往朝中。宋真宗自然假戏真唱，“诏宫苑皇亲臣庶第宅饰以五采”，还编造了夜梦神人秘语泰山降天书的谎言。说什么虽蒙神人降告，却不敢泄露，唯谕王钦若秘去泰山敬候，嘱其发现祥异，火速禀报，今果得天书，正与梦境符合云云。丞相王旦即奉读天书，文曰：“汝崇孝奉吾，育民

图2-2　“醴泉”刻石

广福，锡尔嘉瑞，黎庶咸知，秘守斯言，善解吾意，国祚延永，寿历遐岁。”然后由王旦等众人修表，给宋真宗上尊号曰：“崇文广武仪天遵道宝应章感圣明仁孝皇帝”，改元为“大中祥符”。

为了让百官和天下的百姓确认“天书”是神物，是上天为皇帝封禅特赐的“嘉瑞”，真宗皇帝下令修建了一座玉清昭应宫供奉天书，还专为天书设置了一支一千六百余人的仪仗队，由天书仪卫扶侍使指挥。平时天书藏在金匮中，国有大典即将天书安放玉辂（珠玉镶嵌的车子）里，玉辂周围以黄麾作仪仗，车子前后均有鼓乐，扶侍使以下前导，将天书送至祭坛，供人瞻仰礼拜。天子的卤符法驾出动时，须由天书车为前导。

封禅所需的祥瑞已见，宰相王旦遂率“文武百官、州县官吏、藩役、僧道、耆寿二万四千三百余人”，分五次上表，请帝封禅。兖州父老二千余人及诸贡举之士八百余人至京师叩请皇帝进行东封。上天示意，官民恳请，宋真宗正式决定准备东封泰山了。此次封禅，动用了全国的财力，数路（地方行政区划）的人力，封禅所需什物，自汴京由陆、水两路运至泰山，诸州所贡方物，令有司告示，“先集泰山下”。十月二十八日，宋真宗率领一支庞大的封禅队伍，车载天书，东赴泰山，经过十七天的旅程，至于泰山。十一月十七日，赵恒率百官登山，皇帝着通天冠、绛纱袍，乘金辂，备法驾，至山门（即今红门）幄次，改穿靴袍，乘步辇登山。沿山道两旁，自山脚盘道开始直至太平顶（即玉皇顶）有卫士护卫，两步一人。当夜皇帝宿于山顶，次日黎明时分，登坛行登封礼。登封成功，谢天书，报神庥，定六月六日泰山降天书之日为“天贶节”，改乾元观为“天书观”，勒刻《登泰山谢天书述二圣功德铭》（俗称“宋摩崖”），又敕建“天贶殿”。与此同时，还大封诸神。

宋真宗等对欺天骗人的举动非常不安，相传王旦临死前忏悔说：我参与了伪造天书，对不起上苍！宋真宗也遗嘱仁宗赵祯，把天书殉葬于陵墓，想以此来了却这桩伪造的公案。史家对此嘲弄道：“呜呼贤哉”！《宋史》也说：“及澶渊之盟，封禅事作，祥瑞沓臻，天书屡降，导迎奠安，一国君臣如病狂然。吁，可怪也。”本来还算是“严肃”的泰山封禅活动，被宋真宗这么一次胡来，成了臭不可闻的狗屎堆。自此以后，再无封禅之举了。

第三节　关于碧霞元君的封号

宋真宗登封“告成”之后，在泰山大封其神，加封泰山神为“东岳天齐仁圣帝”，加封青帝为“青帝广生帝”，封泰山小白龙为“渊济公”，封奈河为“灵派侯”，封亭亭山为“广禅侯”等，其中对后世影响最大者是封泰山所出玉女石雕像为“天仙玉女碧霞元君”。

宋真宗封泰山玉女为碧霞元君的主要导因是封禅期间，在泰山玉女池发现了女性石雕像。文献记载如：

《文献通考》载：

泰山玉女池，在太平顶，池侧有石像。泉源素壅而浊。东封先营顿置，泉忽湍涌。上徙升山，其流自广，清冷可鉴，味甚甘美。经度制置使王钦若请浚治之。像颇摧折，诏皇城使刘承珪易以玉石。既成，上与近臣临观，遣使砻石为龛，奉置旧所，令钦若致祭，上为作记。

《山东通志》记载相似：

玉女池，旧有玉女石像，池泉久壅浊。宋真宗东封，泉忽湍涌，王钦若请浚之，像颇摧折，诏易以玉，砻石为龛，奉置旧所，令钦若致祭。

《帝京景物略》记载得更为详细并且玄乎：

元君者，汉时仁圣帝前，有石琢金童玉女。至五代，殿圮像仆。至唐（按：此五代与唐的时代顺序倒了），童泐尽，女沦于池（按：指玉女池）。至宋真宗东封泰山，还次御帐，涤手池内，一石人浮出水面，出而涤之，玉女也。命有司建祠安奉，号为圣帝之女，封天仙玉女碧霞元君。

从以上文献记载看，这尊沦于池内且“像颇摧折”的女性石雕像的发现，或许是偶然，或许是另有原因（如王钦若提前安排的，因为王钦若请浚玉女池的记载透露了一点信息。清人韩锡胙在《元君记》中引明人杨时乔的说法是，“宋真宗授天书特假元君名，俾五方易于信从”。）石雕像的发现无论是偶然还是另有其他原因，她能引起宋真宗的极大重视，被封为“天仙玉女碧霞元君”及建祠供奉，看来这里面大有文章。

在宋真宗及其近臣们看来这是又一次天降祥瑞，可作“降天书”的补充。玉女池这个名称出现在宋真宗封禅泰山之后，看来应是因为出现了所谓玉女石雕像而得名，原本仅是一个山顶上的一处泉池，“泉素壅而浊”，没有什么值得引人注意的地方，而恰值宋真宗东封泰山之时，却泉忽湍涌，其流自广，清冷可鉴，味甚甘美，此同王钦若在乾天观内发现的醴泉一样，祥瑞是也。再者，这个池内有一石人雕像，虽然“像颇摧折”，但能“浮出水面”，一定是神。

这尊石雕像为女性，有一种说法是汉时仁圣帝前的石琢金童，叫玉女。“坤德直方，博厚无疆”。（《宋史·封禅志》）女性神有男性神无法代替的作用。泰山神东岳大帝是男性，他的主要司职之一是“治鬼”，为主死者。生与死是对立统一的一对矛盾，有死就有生，有主死者就有主生者。《史记·封禅书》曰：“少君言上（指汉武帝）曰：祠灶则致物，致物而丹沙可化为黄金，黄金成以为饮食器，则益寿，兴寿而海中蓬莱仙者乃可见，见之以封禅不死。”汉《太山镜铭》讲：“上太山，见神人，食玉英，饮澧泉，驾蛟龙，乘浮云，白虎引兮直上天，受长命，寿万年，宜官秩，保子孙。”泰山主死者为男性，那么主生者一定就是女性。事实上也是如此。战国以后，多认为原居于昆仑山（泰山）的西王母操有不死之药；明清至于今日，民间有所谓泰山娘娘“送生”说更是最好的说明。

泰山女神由来已久。早在原始社会就有西王母和九天玄女为泰山女神暂且不论，西晋时期张华的《博物志》也讲到了泰山女神的故事：“我东海泰山神女，嫁为西海妇。”既然古有泰山女神之说，这位女性石雕像定为泰山女神也就在情理之中了。那么为什么封泰山女神为“天仙玉女碧霞元君”呢？这与宋真宗尊崇道教有关。继唐之后，宋代是道教发展的又一高峰时期。宋初崇道，始于宋太宗，盛于宋真宗时，由一般的尊崇道教逐渐发展成狂热的尊崇道教，二者的转折时期就是大中祥符元年（1008）封禅泰山前后。按照道教的说法，玉女即仙女，“男仙曰真人，女仙曰元君”，且在唐代刘禹锡道味十足的《送东岳张炼师》诗中就有“久事元君住翠微”的诗句，因而把泰山女神纳入他所尊崇的道教范畴，封号为“天仙玉女碧霞元君”就不难理解了。

最后需要解决的一个问题是为什么在元君前加“碧霞”二字。何新《诸神的起源》认为：“太阳崇拜，即是远古时代遍及东西各大文明区的一种原始宗教形态”；“在中国上古时代，也存在过一元的日神信仰”。何氏的“一元的日神信仰”说是否尽然暂且不论，但泰山文化区的东夷人崇拜太阳则有据可查（第一章已论及，此略）。由日神崇拜又逐渐发展成东方崇拜，如东方之“東”字从木，《说文》解释为日在木中。按五行说，东方属木，《白虎通义》曰：“木者，触也，阳气动跃，触地而生。”东方被视为万物萌生之地。再者，在“五帝”中，东方曰青帝；在“八卦”中，东方属震，在“四时”中，东方主春，木、青帝、震、春都是东方的代指。因此位于东方的泰山为五岳之宗。泰山在东方，从大的范围上可以说是日出之所，特别是泰山日出被视为岱顶奇观之一，那么把有阳光之含义的“碧霞”二字用于泰山女神的封号中不能讲是没有道理的。

行文至此，忽然想到清人韩锡胙《元君记》中有一段封禅与元君关系的文字很值得注意：“元君何神也？泰山在鲁境，鲁赐天子礼乐得郊禘，郊该社，郊圜丘，上帝社方方泽地祇也。……封禅郊社之变名也……郊社一歧而封禅，封禅再歧而祥瑞，祥瑞又再歧而神仙也。《祭义》云：圜丘称泰坛，方泽称泰圻。说者云，泰坛鲁郊，泰圻鲁社，皆在泰山左右也。泰坛祀上帝以人像，则冕旒王者；泰圻祀土圻以人像，则翟袆后夫人。又汉时祭泰圻亦以后夫人，主祀从其类而格之也。又汉武帝封禅，禅石闾，当为以为仙人之闾，礼如祀后土，即后世附会黄华洞石屋也。”此处所谓的后夫人，看来就是泰山女神——泰山娘娘——碧霞元君。

第三章
泰山娘娘的司职与功能

泰山娘娘，大慈大悲，“有求必应”，其司职与功能诚如《东岳碧霞宫碑》所说：“元君能为众生造福如其愿，贫者愿富，疾者愿安，耕者愿岁，贾者愿息，祈生者愿年，未子者愿嗣，子为亲愿，弟为兄愿，亲戚交厚，靡不交相愿，而神亦靡诚弗应。”罗香林先生还考察了碧霞元君职能的演变，他说：“我以碧霞元君最初只是被认为能管理妇女的，所以士大夫没有人去注意。后来奉祀的人渐渐杂了多了，声名渐渐远了，于是她的职能也就由香客意识的转变而一天一天的扩大，到了现在，差不多人间的一切祸福都能管了。”同时又具体地概括为八点职能，一是财利的有无，二是官禄的进退，三是行人的至否，四是田蚕的熟否，五是婚姻的难易，六是子息的多寡，七是讼狱的赢输，八是疾病的吉凶。(罗香林《碧霞元君》)不过从泰山娘娘庙多以送生娘娘、眼光娘娘配祀及民间故事传说来看，其司职与功能最为突出的有三大方面，一是送子保育，二是祛病防疾，三是除暴安良。

第一节　送生保育

按照马克思主义的原理，人类社会的生产主要是两大方面的生产，一是物质和精神产品的生产，再者为人类自身的生产，即种的繁衍。在人类生活中，种的延续一直是一个重要的课题而不断得到重视，如抟土造人的人类祖先女娲就尊之为高禖神。《说文》讲：“娲，古之神圣女，化万物者也。”《路史》谓：

“女娲祷祠神，祈而为媒，因置婚姻。”泰山娘娘也被民间视为具有送生保育的司能，祈求子嗣者多求之于泰山娘娘及其属神送生娘娘。泰山碧霞祠以及泰山上下的有关泰山娘娘庙都主祀泰山娘娘，配祀送生娘娘等。外地的娘娘庙等也是如此，如北京白云观内的元君殿（又叫子孙堂），奉祀着泰山娘娘即碧霞元君塑像，在其两旁分别供奉着送子娘娘、催生娘娘及眼光娘娘、天花娘娘。北京朝阳门外的东岳庙和崇文门外的南药王庙中的“娘娘”塑像都是九尊，且不乏与生育有关者。

东岳庙内的九位娘娘分为三组：

右：送生娘娘（右）
　　培姑娘娘（中）
　　催生娘娘（左）
中：眼光娘娘（右）
　　天仙泰山娘娘（中）
　　子孙娘娘（左）
左：乳母娘娘（右）
　　瘢疹娘娘（中）
　　引蒙娘娘（左）

南药王庙中的九位娘娘牌位写了全衔，职责更为明确：

1. 天仙圣母永保碧霞元君
2. 眼光圣母惠照明目元君
3. 子孙圣母育德广嗣元君
4. 瘢疹圣母保佑和慈元君
5. 乳母圣母哺婴养育元君
6. 催生圣母顺度保幼元君
7. 痘疹圣母立毓隐形元君
8. 送生圣母锡庆保产元君
9. 引蒙圣母通颖导幼元君

天津天后宫正殿中的娘娘们的塑像更为形象，如：子孙娘娘——手抱小儿，身背口袋，袋内装满小孩；千子娘娘——身上爬满了小孩；引母娘娘——手领小孩，小孩作半爬伏状；乳母娘娘——怀抱小儿作哺乳状。凤尾殿中供奉的娘娘更富有想象力，主神为碧霞元君（泰山娘娘），其中的送生娘娘（雅号为“随胎送生变化元君”）被塑成两面人，正面是善脸，背面是恶脸，传说娘娘的善恶两面都是好心好意：送生娘娘把小孩送到人世间时，唯恐小孩留恋不舍，所以送生时先是善面，然后又回过身来，露出恶面，孩子一害怕就降生了。

另外在闽、穗等地还有“注生娘娘”的信仰，所谓“注生”，是指执掌“生育”之事，在注生娘娘属下还有三十六位婆姐。

在各地信奉的与生育有关的娘娘们中，有的与泰山娘娘有着直接或间接的联系，有的也无什么联系，但泰山娘娘及其下属的送生娘娘影响最大却是事实。明人张岱在《岱志》中记载：“元君像不及三尺，而香火之盛为四大部洲所无。”

民间祈求子嗣者到泰山碧霞祠或泰山娘娘庙等地烧香叩头后，还要用红线或红布条拴个娃娃而去（送生娘娘供台两侧有娃娃若干，男左女右），至今习俗仍盛。北方地区的拴娃娃习俗可参见纪昀的《阅微草堂笔记》：

> 余两三岁时，尝见四五小儿彩衣金钏，随余嬉戏，皆呼余为弟，意似甚相爱，稍长时乃皆不见，后以告先姚安公，公沉思久之，爽然曰：“汝前母恨无子，每令尼媪以彩丝系神庙泥孩归，置于卧内，各命以乳名，日饲果饵，与哺子无异。殁后，吾命人瘗楼后空院中，必是物也。”恐后来为妖，拟掘出之，然岁久已迷其处矣。

南方地区的拴娃娃习俗可参见《寿春岁时纪》：

> 三月十五日烧四顶山香，山在八公山东北，离城厢约七里余，山上有庙宇数十间，塑女神曰碧霞元君，俗呼为泰山奶奶，奶奶殿侧有一殿，亦塑一女神，俗称送子娘娘，庙祝多买泥孩置佛座上，供人抱取，使香火道人守之，凡见抱取泥孩者必向之索钱，谓之喜钱。抱泥孩者，谓之偷子，若偷子之人果以神助而得子，则须买泥孩为之披红挂彩，鼓乐而送之原处，谓之还子。

东北地区也有相近的习俗，据《中国民俗大观》载：

> 吉地白山（一名北山）四月二十四日开庙会，求嗣者诣观音阁，于莲花座下窃取纸糊童子一，归家后置褥底。

近年来到泰山祈子嗣又出现了新的习俗，那就是压枝（押子）与拴枝（拴子）。所谓压枝是指用石头压在树枝上，谐“押子”，所谓拴枝是指用红布条拴在树枝上，谐“拴子”，其义均与拴娃娃相同。1990年夏何满子、郭豫适、袁世硕诸教授游泰山之灵岩寺时，对树枝上压石头颇感兴趣，何满子教授还特意写了一篇叫作《灵岩寺树丫上的石头》的游记散文[①]，非常生动：

> 在寺内各处转了一圈，到周遭塔林一带的一山路上走走，发现一奇怪的现象，寺周围近山路的树丫杈上，放着一块块断碑和小石头，有的树丫间还叠放着两块。要说是顽童闲着无聊放的吧，有的放在颇高树丫上，孩子是够不着的；而且也不可能有那么多的孩子，在成片的树上一株株的去放。郭豫适和我猜详了半晌，彼此都不得索解，只得求教于袁世硕。
>
> 原来，这些石头是进香的人向菩萨求子息的。袁世硕也闹不清这是什么时候兴起来的迷信风俗，反正是近年来的事。
>
> 不是限制生育，一对夫妻只生一个么？何以还要祈呀求的呢？向路人一打听，经过树丫上搁石头的仪式，生下来的是男孩子；搁两块石头的呢，是求双胞胎，双胞胎你是不能以一对夫妻生一个的限制阻止他出世呢？再说，不管你怎么限制，人们还是想多生育，存在着一种侥幸心理，求了，生了再说，不是有“超生游击队”的故事么？

在安溪，婚后久不怀孕的妇女常被人嘲为“肫母”，即不能生产者是也。因而此地妇女常常到东岳庙注胎娘娘神像前“取花”。取花之前，事先须备好小三牲、碗，以及金银纸钱、冥镪锞子、灯料仔等，由求子者挑到东岳庙去，并有一老妇携同前往，到了东岳庙，便将供品放在注胎娘娘像前，跪拜祷告来意，然后

---

① 《文汇报》1992年2月23日。

抽签，看是否要取花。一次不成，再来一次，直到可以取花。此时求子者跪下，两手把衣襟牵着拱起，而老妇把注胎娘娘头上插的或神座前别人插的花放入少妇的衣襟里，并说道："可以为你多生子"，"生了后，再来拜注胎娘娘做干妈"。求子的少妇唯唯诺诺地答应着，然后把花插在头上（若是红花，则象征着女孩；若是白花，则象征男孩，最终是男是女就要看造化了），高兴而归。因为有了花就可以结子，花取之后，如果得子，须于生产后几个月将花送还。

泰山娘娘送生保育的原因是什么？众所周知，秦汉以后，泰山有所谓主生死之说。主死说暂且不论，而主生说则值得探讨。据《史记・封禅书》载，齐人丁公曰："封禅者，合不死之名也。"汉代的《太山镜铭》讲得更明确："上太山、见神人、食玉英、饮醴泉、驾蛟龙、乘浮云、白虎引兮直上天、受长命、寿万年、宜官秩、保子孙。"再者泰山之"泰"字，在《易经・泰卦》中意为"天地交而万物通"，所以人们附会为妇女生育之意。又说"岱居本位，其色惟碧，东方主生，一本乎坤元滋生万物"，也就是《风俗通义》所讲的："岱者长也，万物之始，阴阳交代。"既然泰山主生和滋生万物，所以民间也就把泰山娘娘看作"送生娘娘"喽！

第二节　祛病防疾

前述有关娘娘庙内的娘娘们，不少是与祛病消灾有关的，如眼光娘娘（眼光圣母惠照明目元君），癍疹娘娘（癍疹圣母保佑和慈元君），痘疹娘娘（痘疹圣母立毓隐形元君），另外还有"耳光娘娘"。前述天津天后宫之娘娘塑像，眼光娘娘作手托一只大眼状，象征明目去眼疾，雅称为"眼光明目元君"；癍疹娘娘左手握一形似莲蓬的东西，上有许多癍点，雅称是"癍疹回生元君"；耳光娘娘作双手捧一人耳状，雅称是"耳光元君"。泰山碧霞祠里的眼光娘娘塑像，仅作慈祥状，无甚特点，比之送生娘娘有点受冷落，香火也不太旺盛。

值得注意的是，在众多的娘娘庙中，无论供奉娘娘有多少，都多以天仙娘娘（即泰山娘娘碧霞元君）为尊，其他的娘娘们名前所加的定语或眼光，或送生，或催生，或瘢疹，或引蒙等都是主管一个方面，而泰山娘娘碧霞元君名前所加的定语则是“天仙”“永佑”，显然比其他娘娘高一个档次，或者说是统领，其他分管单项工作的娘娘们的职能，泰山娘娘都有。民众也是这种心理。

在祈求祛疾的民众中，有本人祈求祛病者，也有为亲朋好友祈求祛疾者，特别是为父母双亲祈求祛病的人，有时其虔诚之心意达到了“病态”的程度，既不乘车坐轿，也不是双腿不停地赶路，而是叩头至山顶，有十步一叩头者，有五步一叩头者，有三步一叩头，有一步一叩头者，更有甚者，自出家门就一步一叩头，一直叩到泰山碧霞祠娘娘像前，烧香许愿：如亲人病愈，便在岱顶“舍身崖”舍身还愿。“万仞身轻一鸟落，骨肉为泥魂渺漠”。这种“虔诚”不知坑害了多少人的性命。对此官府多次有禁，但禁不能止。明万历初年，山东巡抚何起鸣沿崖筑墙一道，又在围墙上刻了“爱身崖”三个醒目的大字以警告轻生者。何起鸣的这一措施，让人自爱其身，实为人民干了一桩大好事。明末人肖协中对此大加赞扬，“纲常生死重千钧，何事无端说舍身，一自短垣围绝险，不教渔父再迷津”。清康熙五十五年（1720）泰山知州张奇逢所立的《禁止舍身碑》更尖锐地质问欲轻生投崖者，“成仙者何在？报亲者又何在耶？”“与其毁身以辱亲，何如保身以养亲？与其身死而成仙，何如身存而积善？”

何其鸣筑墙阻舍身，在泰安民间又衍化出了许多传说故事。大意是：明代有一个叫何孝梓的人，对寡居的母亲非常孝敬，因其母经常患病，多次到泰山烧香，就是不见病情好转。最后到泰山娘娘像前许愿说：“泰山圣母有灵，如果俺娘的病好，我何孝梓情愿到舍身崖舍身。”说来也巧，不知是泰山娘娘显灵，还是调养的好，何母的病情大有好转，到了该还愿的时候了，孝梓把许还愿的事告诉了母亲，老人大哭道：“儿啊，我已是五十多岁的人了，身体还有病，本指望你给我养老送终，你却舍身。你舍了身，我怎么办呢？还不如你不去许那个愿，让我早死了好咧。”孝梓听了，没了主意，当看到三岁的儿子起鸣时，想起了古有郭巨埋子孝其母的故事，决定忍痛割爱以子代父舍身还愿。孝梓瞒着老母带子到泰山还愿，住在徐家客店，店主徐大用见何孝梓泪流满面的样子，不断追问，方知缘由，开导道：“我是本地人，天天看到朝山进香的人，可从没见过哪个穷人因为烧香拜神富了，也没有见过哪个富人因不烧香拜神而穷了，到头来，穷的还是穷，富的还是富，这种事情，大家都烧香叩头咱也随和着，风俗习惯嘛，但也不要太认真了。”何孝梓虽觉得有道理，但仍认为“信神神自在”，坚持以子代父舍身。徐大用见开导不通，心有一计，提出“帮助”孝梓舍子。其实徐大用并没有把何子舍掉，仅是瞒着何孝梓把何子改名易姓送到老母处收养了。小起鸣非常聪明，学习也勤奋，二十岁中状元，官任巡抚。届时，徐大用邀请何孝梓再来泰安，且与起鸣一起上山，徐大用特意引导他们到舍身崖处驻足，这个时候，徐大用向何氏父子谈了有关经过，何氏父子不胜感慨，起鸣面对坑人的悬崖，命人立即沿舍身崖修筑一道石墙，并亲书“爱身崖”三个大字。人谓泰山娘娘为人治病，大慈大悲，如若以一人之舍身换来另一个的祛病，恐怕是违背了泰山娘娘的心愿了吧。

民众到泰山为泰山娘娘烧香叩头，除为己为人祈求祛病外，还有一种预防疾病的心理。如不少人在碧霞祠院用硬币或石块磨御碑，口里念叨什么“御碑磨，御碑碰，磨碰御碑不生病”。然后用磨碰御碑之手摸摸头，摸摸胸，摸摸腰，摸摸脚等，说摸什么地方，什么地方就不再生病了。另外，还有一种习俗是把泰山娘娘像前的供品，诸如水果糕点、鸡蛋之类，拿一点吃掉或带回家送给亲朋好友吃，据说可以预防生病。

最后讲一则清宫秘闻。妙峰山的碧霞元君庙（称“金顶”）是北京有名的娘娘庙之一，每年四月开庙，人声鼎沸，热闹非凡，当年慈禧太后为其子载淳祈求发痘平安，令庙祝等她进香后再开庙，这叫作“烧头香”。尽管慈禧太后用心良苦，碧霞元君还是没有（民间传说不愿）救得载淳的性命，这大概是碧霞元君有灵，有意惩罚那个举民唾骂的大恶婆吧！

第三节　除暴安良

陶阳先生在《宗教中的神与神话中的神——论泰山碧霞元君》一文中，将泰山娘娘碧霞元君分为宗教中的神和神话中的神两大类。作为神话中的神，她具有“保护神”的形象，经常除暴安民。陶阳先生把民间故事传说归纳为四个方面，现摘要录之：

（一）抗玉皇

有一篇《十百村与万家庄》的神话，说泰山奶奶碧霞元君原是玉皇大帝的妹妹，只因二人争占泰山，玉皇败在元君之手，玉皇有气，要淹掉泰安州的一千个村庄，泰山老奶奶心地善良，不忍百姓遭殃，就耐着性子向玉皇大帝求情，但玉皇不依。碧霞元君只好另想办法。大雨从六月初下到七月十五。玉皇问元君："一千个村庄淹没了吗？"元君道："淹没了，你瞧！"玉皇大帝从天宫往下一看，发现炊烟四起，庄稼葱绿，只有泰山东南方向的"十百村"淹没了，其他村庄安然无事。玉皇大怒："要你淹一千个村庄，你为啥只淹了个'十百村'？"元君道："你叫俺淹一千个，俺就淹'十百'，十百，这不是一千吗？"玉皇只好认输："这回算你有理，我再叫你淹一万个庄子。"元君无奈，只好设法把雨倾到东海去。倾盆大雨又从七月十五下到九月九。玉皇没等元君报告，便从南天门悄悄窥视大地。他看到泰安州的百姓正在赶山会，不禁惊叫一声："啊呀！又上当了，俺要她淹一万个庄子，原来她只淹了一个叫'万家庄'的庄子。"从此，玉皇大帝知道泰山奶奶有智谋，不敢再和她闹别扭，有事只好和她商量着来。下雨之前，总是给元君打招呼，即先在泰山顶置一块云彩，远远望去像戴了一顶美丽的云冠，预示近日有雨。所以，泰安流传这么一句俗语："泰山戴帽，短工睡觉。"类似的传说很多，像《泰山奶奶献妙计》《碧霞祠的匾冲到江南去了》等，都是关于碧霞元君保护百姓不受水灾的故事。碧霞元君为了保护泰安一带的百姓，敢于反抗天上人间的最高统治者玉皇大帝，充分表现了她见义勇为的宝贵品格，反映了劳动人民征服自然灾害的美好愿望，它同时也是封建社会阶级斗争的一种折射，是人民希望战胜人间暴君的一种思想升华。还有一则叫作《龙潭仙草》的民间故事，讲的是，泰山黑龙潭长有仙草，吃之可长生不死。玉皇大帝派龙王的女儿看管，公主与一个叫海兰的少男悄悄相爱，送仙草于海兰。玉皇大帝听说后，派天兵天将捉拿公主与海兰，碧霞元君及时赶到，智斗玉皇，成全了公主与海兰的婚姻。

（二）斗龙王

《泰山奶奶斗龙王》里说，古时候泰山周围是一片大海，山周围有许多岛屿，岛屿上的百姓春种秋收，安居乐业。有一年，暴风骤雨忽降，拔木倒屋，原来是东海龙王作乱，想占泰山。龙王向碧霞元君耍赖说："小奶奶，你射一箭，箭落处以内归你，以外归我。”泰山奶奶拿起震天弓搭上神翎箭，“嗖”的一声，向东射去。那支神箭一直飞了三天三夜，出去了一千多里，龙王只好把水撤到箭落处，可是龙王使坏，把泥土全冲走了，从泰山到东海成了一整块石头，百姓无法种地。碧霞元君把脚一跺，把泰山上的土震下来将石头覆盖起来。但龙王又使坏不下雨，元君用箭射穿龙门，这才吓得龙王求饶，答应及时行雨。从此，泰山一带年年风调雨顺，五谷丰登。

（三）救民女

相传有一年九月九，东乡有位大闺女到泰山普照寺还愿，因她长得美，被一个恶县官看中，令衙役把她弄上轿来。这闺女连哭带叫死活不从。碧霞元君变成一个老嬷嬷赶到这里，怒斥县官。当县官发淫威耍无赖时，元君提出了三个条件：“这么着，你对着路边的大石头大笑三声，要是你把石头笑动了，你把闺女领走，要是你笑不动，我把闺女领走。”县官笑了三声，石头没动。县官又耍赖说：“你也笑三声我瞧瞧！”只听老嬷嬷一声大笑，树叶哗哗作响；二声大笑，山谷发出回声；三声大笑，山摇地动，巨石发抖。县官知道是泰山奶奶显灵，吓得伏在地上磕头求饶，奴才们也个个瘫在地上。老嬷嬷就把闺女领走了。

（四）爱百姓

《泰山老奶奶游徂徕山》里说，碧霞元君在徂徕山“花坡”观花，看到老百姓上山拾柴，鞋都磨破了，用葛条、荆条缠着继续穿。碧霞元君觉得可怜，就把头上的簪子拔下来说：“你变成一个锥子，为老百姓锥鞋。”簪子就变成了闪闪发光的锥子山。她又把葛条和荆条围锥子山绕了一圈，让百姓补鞋用。元君为酬谢老百姓为她盖的“观音楼”，袍袖一甩，花坡山裂了一条大缝，缝里有两个瓮，一个叫“米瓮”，一个叫“面瓮”，在这两个瓮里种庄稼，年年丰收。

第四章
泰山娘娘府第与仙迹

自宋真宗封泰山娘娘为天仙玉女碧霞元君以来，泰山娘娘的影响越来越大，仙迹也传得神乎其神，官府民间为其建庙者不知其数，立碑敬仰记事者亦不知其数……

第一节　碧霞祠概说

碧霞祠位于泰山岱顶天街东首。是泰山娘娘的上庙，宋代大中祥符年间创建（按：有谓创建于唐代者[①]。似乎此说也有根据。被看作是泰山娘娘的石雕像在宋真宗封禅泰山时出于玉女池，且又有部分损坏，说明这个石雕像可能凿成于唐，此说若无谬误，则唐代很有可能有一座供奉泰山娘娘的庙宇，这座庙宇看成是碧霞祠前身是可以的，但仅就碧霞祠而言还是讲创建于宋为确），名曰“昭真祠”，金为“昭真观”，“至明累朝修葺藻丽”。明弘治时改额“碧霞灵应宫”，嘉靖间“施万金扩建，额称‘碧霞灵佑宫’，简称‘碧霞宫’。又历经清顺治、康熙、雍正年代增修，至乾隆年间初具规模”。“顺治时知州曲允斌增葺歌舞楼，东西各建石阁，门外火池以焚楮币”；“乾隆庚申（1740）毁，命内务官员外郎江都重建，庚寅（1770）重修”，“悬栋结阿，云甍星棁之丽，拟于彤宫璇室矣，祠正殿五楹，中祠天仙玉女碧霞元君，范铜为像，步摇翘凤锦

① 见清道光十五年《重修泰山碧霞元君祠碑记》。

披飞龙，七宝庄严，备极崇奉。盖瓦鸱吻檐铃之属亦为铜，高揭孽以搴云，上歙艳而丽日”。（《岱览》卷九）碧霞祠以山门为界划分两院，主要由大殿、配殿、香亭、山门、御碑亭、钟鼓楼、歌舞楼、神门组成（图4–1）。

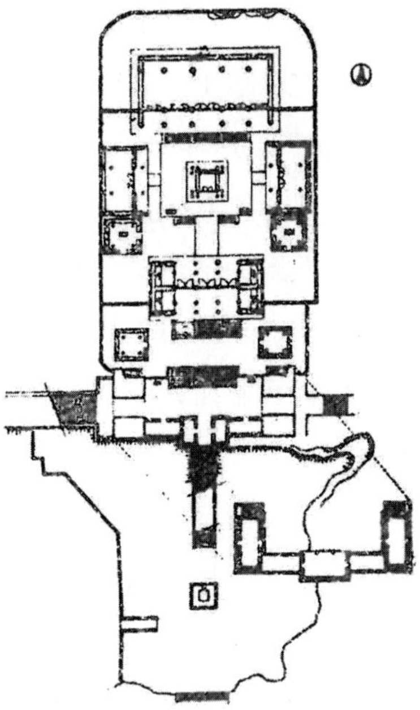

图4–1　泰山碧霞祠平面图

前院东、西神门均为条石筑拱形门洞，上筑卷棚歇山式三间阁楼，面阔8.8米，深3.5米，高4.9米，南神门为条石筑方形门洞，其上建有戏楼三间，面阔9.79米，深4.95米，卷棚歇山式顶，檐檩、额、枋、雀替饰以沥金粉彩，于清顺治十八年（1661）增建。钟鼓楼面阔进深均5.4米，通高7.38米，重檐歇山式顶，覆以灰色筒瓦。内部结构为四通柱起架。南神门向其左右各延伸两间耳房与东西神门相连，其平房顶上有砖砌花墙栏杆通道与神门楼阁串通，形成“凵”形。

山门是两个群体的中介，为单檐歇山式殿门，分五间，面阔19.8米，深11.2米，九檩中柱前后廊式，重梁起架。面开三门，两稍间各开拱形窗一个。殿门顶盖瓦、滴水、螭吻、戗兽均为铁铸。檐檩、斗拱、额枋饰沥粉大乌金彩绘。

进入山门则是碧霞祠古建筑群的主体部分。东西御碑亭分别列山门的两边。皆为重檐歇山式方亭，阔深尺寸6.2米，高7.9米，檐檩、角梁、额枋、斗拱饰以彩绘。顶盖黄色琉璃瓦。

碧霞祠大殿是这个主体部分的主体建筑。坐北朝南巍坐于整个建筑群的最后端。大殿分五楹，面阔24.7米，深15.1米、通高13.7米，单檐歇山式，重梁起架，四角梁下有角柱支撑。柱间有额枋、阑额、普柏枋，内外柱间施以穿插枋、抱头梁。檐下斗拱为单抄双下昂，补间六补作，次间稍间递减一作铺，柱础为合莲柱础上落鼓形石榍类。殿内槽柱上施四个隔架斗拱，天花板绘以云龙纹饰，正间有一八角藻井，上雕栩栩如生的二龙戏珠。殿内、廊下悬有康熙“福绥海宇”、乾隆“赞化东皇”大型浮雕匾额。大殿的上顶所覆筒瓦、鸱吻、戗兽，浮雕有双凤缠枝莲花纹饰的大脊等，均系铜铸，仰瓦为铁铸。另外，歇山的檐根与山墙结合处饰以立体浮雕的仙人图案，每山九个。特别是360垅瓦（喻指每一年360天之意）的末端都施一条精致的飞龙，其瓦下有一根长钉，牢牢钉在檐檩上，致使常遇大风侵袭，也不会使重重的铜瓦垅下溜脱檐。人称“飞龙檐”。这样除了在结构上起到不少的作用外，并且成了艺术上的装饰，增加了造型上的美感。

东西殿为悬山式，各三间。面阔13米，深7.7米，高8.4米。内部结构均为重梁起架，三踩单下昂头拱。殿脊饰忍冬纹，两端配以螭吻，檐下木结构和殿顶天花板皆彩绘，殿顶盖瓦和饰兽都为铁铸。香亭位于大殿前的院中心，系重檐歇山式方亭，下层列十二根圆木柱举架，其中四通柱，有穿插枋，连拉角柱和檐柱，上有四角梁、扶角梁、金枋承托三架梁，又立蜀柱承脊檩。下层檐柱用以普柏枋，枋出檐檩间施斗拱，平身科每面八铺作，上层为六铺作。该亭双檐木构部分施彩绘，上覆黄色琉璃瓦。亭内供祀碧霞元君铜像一尊。

碧霞祠的建筑面积只有3900多平方米、但聚集了十二座大型建筑物，而且排列有序，主次分明，牢牢遵循着中国古代建筑组织布局的基本格式。碧霞祠建筑群使用的是纵向扩展的组群手法，最前是一个刻有醒目的“万代瞻仰”的大型影壁，起一个序幕的作用。紧跟着是一个宝库（纸火池），然后是一盘43级台阶组成的石阶通入南神门，进入院中仍因地势层层起台，造以建筑。进入主体院内，前视最先看到的是五光十色的香亭，院中主体建筑被蕴于后面，这样可在有限的空间增强深度和层次。特别是顶部瓦饰的区别，对于突出重点和祠主人的地位起着很大的烘托作用。碧霞祠建筑有主有从，高低起伏，参差错落。尤其若逢云雾缥缈之时，望之实有“仙人琼阁”的感觉，如果再伴有莲花峰上的“宝光”，更是奇妙无穷。碧霞祠主体建筑一律施以铜、铁铸件，为全国高山建筑所仅见，后殿的一个鸱吻就有一吨多重。

碧霞祠的建筑艺术一向为古今所称道，明《东岳碧霞宫碑》曰：“宝户绘闼，月牖云霏。丹壁嵯峨，祥光陆离。”《重修碧霞宫碑记》谓：“规模壮丽，丹漆晃耀，突出烟霞之上，巍乎岱宗之间，斗柄之南一奇观也。”清《重修岱顶碧霞祠记》亦讲：“厥制壮丽，金澄碧灿。”当代著名古建园林专家、同济大学教授陈从周考察碧霞祠后也曾撰文写道：“碧霞祠这组建筑群，在泰山是一座精美的建筑，很是完整严密，尤其是为了适应山顶气候，在建筑材料上亦有所改进处理。”（陈从周《岱庙》）

碧霞祠能保护完好至今，历代维修，功不可没，人们为之树碑立传，志以史书，但也有心术不正、偷工减料为后人所唾骂者。如民国十五、六年间，张宗昌维修碧霞祠，包工与监工改正殿垅瓦三百六十为三百四十，窃减二十垅，例用铁板易用木材，桐油灰易之水，工成后即渗漏不堪，时人赵新儒指责道：“人心如此，古迹之保存，岂易言哉？神而有知，当褫其魄矣。”（《泰山小史注》）

第二节　娘娘庙述略

泰山作为泰山娘娘的老家，供奉泰山娘娘的庙宇除岱顶碧霞祠外，山上山下还有十多处供奉泰山娘娘的殿、祠、宫、观：

碧霞灵应宫——元君下庙，位于蒿里山下。据《岱览》谓，此庙建筑颇宏伟：“旧有天仙祠元君下庙也。明万历三十九年奉敕拓建，赐额‘灵应宫’，前后殿庑崇丽，回廊周密，中为崇台，下门四达。上设铜楼亦万历时造，号金阙，栋宇、栏楯，象设，皆范铜镀金为之，自岱顶移遥参亭。”

遥参亭内供奉元君神像——“遥参亭又名草参亭，凡有事于岳者拜于亭而后入，是为入庙之始，自明人设元君像于亭中，遂与庙隔，不可通辇路矣。”据《岱览》所记，遥参亭内之元君像乃自岱顶移入，后又将神像移于元君下庙（灵应宫）内。

天书观改建为元君宫——《岱史》云：天书观本名乾元观，门闾三重，殿庑三所。宋真宗大中祥符年间，为纪念“天书”降落于泰山而建。明武宗正德年间，即于观内设元君殿，尝遣中官致祭，有御祝文勒殿东壁。宋天书观后改为元君殿，前一殿奉元君。万历中尊孝定皇太后（神宗母）为九莲菩萨，构一殿于元君殿之后奉之；崇祯中尊孝纯皇太后（思宗之母）为智上菩萨，复构一殿于后供之，乃更名“圣慈天庆宫”。

梳妆院——位于城北门外，初名白云观，万历间周藩奉国将军靳鲲建祀王母，其后增祀元君，殿设雕楝，楼榭层辉，上有元君卧像，清朝改为梳妆院。东为驻跸处，乾隆三十五年建。

红门宫碧霞元君中庙——位于一天门，天阶坊之北，正殿斗拱彩绘、供元君神像。据说庙会期间香客在此祀元君者极火。

万仙楼——旧称望仙楼，明万历四十八年建，上祀王母，配以列仙，后祀元君。乾隆题额曰："景会群真。"（此处原有香客题名碑六十余座。）

元君殿——与壶天阁相对，乾隆题为"紫坦凝命"。

斗母宫——内设元君神像。

元君殿——快活三里虹桥北而西处。

元君殿——位于凌虚阁北，乾隆额曰："灵府慈光。"

碧霞祠——前述（略）。

后寝宫——位于岱顶青帝宫西。明称神憩宫，女冠为元君卧像（檀香木刻制），乾隆额曰："德溥坤舆。"

元君殿——位于天空山下之后石坞，俗称娘娘庙，庙东有元君墓，山门外石壁上有吴同春题"玉女修真处"。

元君庙——位于泰山西路，三教堂碑西南，内有玉皇殿及铁佛殿。

外地善男信女，苦于路途遥远而在本地建泰山娘娘行宫（有的称泰山娘娘庙、泰山庙、天齐庙等）者，不计其数。作为北方女皇的泰山娘娘，北方各地建泰山娘娘庙最为普遍，有人调查统计，仅东阿县在解放初期所存的庙宇中，泰山娘娘庙就占40%，可见比例之大[①]。据顾颉刚所编《妙峰山》一书中提供的资料，在京城内外，除妙峰山泰山娘娘庙外，另外还有七处：广育宫在圆明园夹镜之东，殿内奉碧霞元君；永安门外马驹桥有碧霞元君庙，建于明季，前殿奉碧霞元君；东直门外有碧霞元君庙；右安门外草桥北有碧霞元君庙；蓝靛厂有碧霞元君庙；北极寺之东——北顶有碧霞元君庙；普觉寺西万华山有碧霞元君庙。距京城不远的涿州和通州的泰山娘娘庙，也很有影响。"涿州去京师百余里，其涿郡娘娘，宫中咸敬之，中宫进香者络绎。"

泰山娘娘在南方的影响虽然小一点，但也辐射到了数千里之外的广州、福州等地（广州、福州城内曾有东岳庙，祀泰山娘娘）。至于距泰山较近一些的苏、皖等地，泰山娘娘庙也不少。蒋静芬女士在《江苏方志中的碧霞行宫》一文中提供部分资料：

---

① 张国强：《东阿县泰山奶奶祈愿风俗调查》，《民俗研究》1991年第1期。

同治《徐州府志》：

显济庙：（铜山县）在城南山巅，祀碧霞元君。明嘉靖间建，乾隆四十三年知府永龄改额“碧霞宫”。每岁四月朔至十八日，里人进香甚盛，谓之“泰山会”，故又名“泰山庙”。

泰山庙：砀山县，沛县（有六），睢宁县。按，笔者老家就在沛县，沛县唐楼乡有个村名就叫“泰山庙”。

嘉庆《海州直隶州志》：

赣榆县：泰山行宫在大沙河镇，四月初五至初十日商贾云集。

道光《重修宝应县志》：

泰山殿：晏公庙旧址，明嘉靖四十年建，一曰“碧霞宫”。万历间河工成，遣官祭告，太后遣官挂袍。

嘉庆《东台县志》：

护国禅寺：即“泰山碧霞宫”……奉碧霞元君，其寺建泰山（亦称“天妃山”）上。（按：此寺乃宋嘉定间建。明万历间重建而祀碧霞元君，俗又称泰山庙）。

嘉庆《如皋县志》：

泰山行宫：在伏海寺后，明万历三年邑人张怙、冒九畴等建。

碧霞行宫：凡八处。

光绪《通州志》：

通州：碧霞行宫……在白蒲镇。

嘉庆《重修扬州府志》：

仪征县：碧霞元君庙，俗名奶奶庙，一在八字桥，明万历中建；一在厂西后牐河，明隆庆中建；一在西门外高阜上；一在罗泗牐河滨，今为兴隆院。

宝应县：碧霞宫，明嘉靖四十年建。

泰州：泰山庙，在州治西，祀碧霞元君。

光绪《江都县志》：

碧霞行宫：在东关外官河岸，祀泰山碧霞元君，名泰山行宫，俗呼之曰“奶奶庙”。明嘉靖初建，万历四十二年遣内官致祭，铸铜鼎供器于庙。

光绪《江都县续志》：

利津门运河东岸有古“泰山宫”（一名“碧霞元君行宫”），明嘉靖初建，岁久庙圮。乾隆三年盐政三保重修，今遗址尚存。一在瓜州桥东（旧为永庆寺），嘉庆十六年重建；一在大桥镇开元土寺东；一在宜陵镇；二在杭家集，梁间有明“万历四十二年重修”及“乾隆三十六年重修”字迹；一在湾头镇，修建年月不详。

康熙《泰兴县志》：

“东岳”“三茅”“碧霞元君”三庙鼎峙，在城通济铺，明万历间建，即“奶奶庙”。

道光《泰州志》：

该县有“碧霞宫”（后详）

康熙《泰兴县志》：

海安镇有“碧霞宫”（后详）

下面重点介绍一下北京妙峰山的泰山娘娘庙和江苏泰州海安镇泰山娘娘庙、泰兴县的泰山娘娘庙。

妙峰山泰山娘娘庙位于妙峰山之巅，南向，由山门、正殿、后殿等组成，创建于明代，所供奉的神祇虽然很杂（三教都有），但泰山娘娘置于正殿，也就是说，这个庙中，泰山娘娘是主神。

海安镇之泰山娘娘庙亦规模宏大，殿宇辉煌。道光的《泰州志》载明余有丁《海安镇碧霞宫》文道：

> 泰之属镇名海安者，东北半里许有凤山焉。……而巅于山者，乃层殿跻霄，朱丹灼锦，亭楹寝庑，品式灿备，云碧霞行宫焉。……以故镇之旱涝疠疫，望宫而祷，祷辄应；……即数十、百里外闻应而祷者，祷复应；于是祷者转多。春和景明，水陆四集；……热香鼎盈，馥瑷团结；山眉出云，碧采罩宫；山之灵酿神之应，神之应而山灵加显。

康熙《泰兴县志》收录的杨国善《碧霞宫记》记载了该县建立碧霞宫的经过：

> 碧霞宫者，以祀泰山神女碧霞元君也。泰山即古之东岳，管夷吾所称七十二君封禅者也。自登封之礼肇于轩辕盛于汉武，而元君慈教，遂遍天下。仙阶崇著，灵感遐通，不问梢褐，无论苍稚，虽无翳荒郊，而莫祷云集矣。顾人怀乞灵之心，而奔赴或有不达，以故真宫秘府，在崇建。今之

若郡、若邑、若巨镇，皆有泰山行宫云。盖神于泰山故，犹称泰山；而宫不于泰山，故称行宫。所以弘祷请而便昭答也。

吾邑前未有建，嘉靖甲子道人李君道明，寿州人，苦行修洁，来游吾邑，时广福寺圮，道人募修之，补饬故物，崇建新制，禅林嶷嶷，法轮困困，道人力也。道人忽夜梦三元君拥节乘鸾，降于庆云旧址，霓裳仙驾，异乐殊香，彩焕辉耀，莫可伦拟。顾道人画以方偶，指以绳墨，俄顷乃去。道人觉而有悟，爰求胜地，作仙宫道院。先时地已奉例卖入民家矣，道人乃告请诸耆艾，施于太学生张皋，以地施焉。然欲果善缘而未能也。道人苦，以瓮自覆，戒弟子守之，必旬日乃可开；不然，罪必斯获。人以为道人旬日不食饭，且拘于瓮，得无死乎？及旬于瓮，则道人长梦如觉，而精神更爽健也。曰："吾方入瓮，即梦往瓜、仪求施大木，彼诸商一一如愿。"起，遂拂衣而往，不数日有报，弟子者云："汝师将大木数百抵江口矣！"人咸谓元君神灵之助焉。由是施者骈至，日增月益，不半岁兑臻于有成。绀宫翠宇，翠飞金丽，铸范销像，神仪俨然，水旱扎瘥，无不铸请，神贶昭昭，人用大康矣！

官未有记，道人弟子徐君守德属笔于予。谓元君储精泰岳，显灵普天，其神在宇宙间，如云霞去来，靡以止息。天下之众，每事必祷焉，辄应急难持危，御灾捍患，于国家政教有助焉，行宫之建宜也！始皇东巡，登太岳至五松岭，遇大风雨，遂不得上封，恶其暴也；道人以匹夫之微，乃神以为依，付之创造，可不谓善无微而不著者耶。予遂不辞，因题其额曰"碧霞宫"，而为之记云。

第三节　泰山娘娘的仙迹

既然民间有泰山娘娘是民间少女修炼而成元君（神仙）的说法，那么泰岱之上必有其"仙迹"。民间传说、泰山方志以及"泰山宝卷"等，都可找到这方面的资料。

（一）后石坞黄花洞

后石坞是泰山的奥区，仙味颇浓，明人祈承爜之《黄花洞》诗曰："洞门深锁苔痕碧，玉露泠泠琪树湿。真人蜕骨是何年，满径闲云堆白日。"清人田同之《石屋》诗也谓："四围峭壁空，何来一石屋。转侧入黄花，古洞藏深行。峦影薄松风，眉宇净寒缘。"

明万历年间刊印的《道藏》所收的《岱史》载：

汉明帝时，西牛国孙宁府奉符县善士石守道，妻金氏，中元七年甲子四月十八日子时生，名玉叶，貌端而性颖，三岁解人伦，七岁辄闻法。尝礼西王母，十四岁忽感母教，欲入仙，得曹仙长指，入天空山黄花洞修焉。天空盖泰山，洞即石屋处也。三年丹就，元精发而光显，遂依于泰山焉。

明人肖协中的《玉女山小记》云：

山在岳顶东北十里许，传为玉女修真处，而旧黄花洞也。曲径逶迤，圭门清幽，松挂悬崖，泉飞古洞，更有岑楼凌汉，石磴穿宵，风声鹤唳，俗骨浑意，断缘住此，安得不仙？崖下一窟，冷水涓涓，饮之心肺自凉，题曰"云根灵液"。

明人姚奎的《石屋记》也讲：

泰山东数里许，有石屋，传碧霞元君炼真之所……行三、四里，无复蹊径，披蒙茸，攀巉岩，伛偻而上，愈进愈险，下瞰巅岸，惊汗浃背。又三里，盘旋转一岗，而石屋在望矣。……瞠目纵眺，上有削铁奇峰千朵，前有夷地可半亩，入其中，窈然而深，朗然而虚明，石窦涓涓，凝结玉柱，大十围，高丈余，晶莹可鉴，崖有元君手印，玉指宛然。后有石床，则元君偃息处。（这里的元君手印，玉指宛然，其神乎！）

《列仙真人传》形容得更加离奇：

岱宗石室，上下悬绝，重岩深隐，去地千余丈，其中金屋玉几，乃人迹所不能至（这里石屋竟变成了金屋，石床变成了玉几）。

（二）岱顶玉女池

玉女池本为岱顶一泉池，因泰山娘娘即所谓泰山玉女石像曾沦于池，后宋真宗封禅泰山时，王钦若派人浚出而得名，但后人将这个泉池说得神乎其神了。如明肖协中的《泰山小史》载："池在岳顶元君祠右，深泓不涸，传为碧霞手濬，或亦浣濯也。"明刘侗的《帝京景物略》讲得更神乎，"宋真宗封泰山，还次御帐，涤手池内，一石人浮出水面，出而涤之，玉女也"。龚勉也曾作《玉女池》诗一首："山池水碧澄，照彻芙蓉面。玉女时往来，彩云飞片片。"这首小诗，是从抒发想象入手，别开生面，使人顿觉色彩绚丽，情味隽永。

（三）玉女洗头盆

清人唐仲冕的《岱览》载："天空山东为九龙岗……上有鉴池，清澈可析毫末，为玉女洗头盆。"这里需要说明的是古今均有误认为玉女池为玉女洗头盆者。如王世贞的《游泰山记》讲，岱顶李斯碑（即秦刻石）附近有"一石池纵广及深，俱二尺许，亦曰玉女洗头盆也"。王衡的《登泰山记》云："自门（天门）逶迤数里，为元君祠……后为玉女洗头池，澄碧泓焉。"今人李健吾大概是受此影响，在其《雨中登泰山》的游记散文中，也讲岱顶"有山池，叫作洗头盆，据说玉女往常在这里洗过头发"。此误有一定影响，有必要纠正之。

（四）泰山娘娘的墓地

泰山娘娘"墓"在后石坞，很小，砖石砌成，至今尚存，这显然是后人附会所为。寒酸的小墓与泰山娘娘的大名实在不相称。清人唐仲冕从民间信仰的角度也提出质疑："吾闻天仙不蜕，今有墓何也。"

泰山娘娘修炼成仙之说，在社会有一定影响，于是明《天仙圣母源流泰山宝卷》讲皇帝的女儿千花公主也曾学玉叶到泰山修炼。皇娘在宫中思念女儿，唱了〔五更曲〕一套，如："一更里，梦千花，梦见娇儿来到家。影影冶冶见了她。千花乐！怎不和娘娘说句话？昼夜家想哭皇天，你在外边哪里受磨难？生死谁无上泰山，千花乐，想得娘娘眼前现。"

第四节　与元君庙有关的泰山碑刻

与元君庙有关的碑刻，一般说来，多为同时代人所撰文、刻勒，史料价值颇高。下面仅就泰山上下有关元君庙比较重要的碑刻记述如下：

“重修碧霞元君灵应宫碑”——徐溥撰，尹旻书。明孝宗弘治十年（1497）勒于水帘洞。（已毁）

“武宗御制碧霞元君告文”——正书，正德二年（1507）勒于天书观内元君殿东壁。（无）

“泰山碧霞元君造像记”——周府永宁王撰并书。嘉靖十二年（1533）勒天书观元君殿西壁。（无）

“东岳碧霞宫碑”——王锡爵撰文，田应壁正书，徐文碧篆额，明万历二十一年（1593）立岱顶碧霞宫前。（毁）

“重修泰山灵应宫碑”——张邦纪撰文，胡忻正书，张维贤篆额，万历三十九年（1611）左大成勒石，在城西灵应宫元君庙。（毁）

“敕建泰山金阙记铜碑”——方从哲奉撰，任民孜正书。万历四十三年（1615）立于岱顶元君殿左。

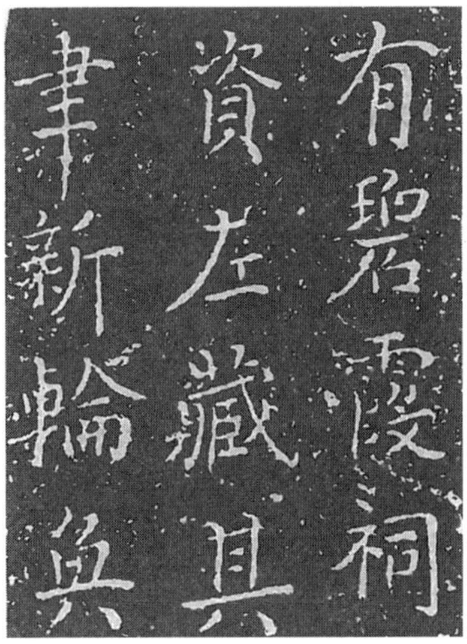

图4-2　清《重修岱顶碧霞祠碑记》拓片局部

“敕修泰岳灵佑宫金阙铜碑”——正书。天启五年（1625）建，在岱顶元君殿右。

“重建泰山神庙碑”——乾隆六年（1741）御制，勒岱顶碧霞祠东碑亭。

“重修碧霞元君庙碑”——乾隆三十五年（1770）御制，勒岱顶碧霞祠西碑亭。

“重修岱顶碧霞祠碑”——山东布政使纳尔经额撰文，泰安知府杨惠元书丹，何天衢篆额（图4-2）。道光五年（1825），立于碧霞祠东神门内。

“重修泰山碧霞元君祠碑记”——南丰刘斯

嵋撰文、山东候补知县阳城人张存棨隶书并篆额，道光十五年（1835）立于碧霞祠山门外西侧。碑文见附录一。

“永垂不朽碑”——泰安人高宗岳撰文，文中涉及修元君庙事。民国十一年勒于红门。

以上记诸碑，毁者多半，可庆的是诸碑中最为上品的“东岳碧霞宫碑”碑虽毁而文存（全文见本书后附录）。此碑的撰文者是王锡爵。查《明史》王氏为嘉靖朝会试中第一名，系万历时德才兼备的名相，故所撰碑文蕴藉深邃。

第五章
民间香社与香客

社，从示从土，原指祭祀土地神的地方，有时候也代指土地神或引申为祭祀土地神的节日。所谓民间香社，主要是指祭祀神祇的民间组织，有时又称为“香会”。泰山民间香社，源于汉唐，兴于宋代，至明清进入全盛时期。以泰山娘娘碧霞元君为主要朝拜对象的民间香社，是宋代中期以后出现的。明万历二十一年（1593）之《东岳碧霞宫碑》载：“自碧霞宫兴（碧霞宫即后世所指碧霞祠，始建于宋真宗大中祥符年间），而世之香火东岳者咸奔走元君，近数百里，远即千里，每岁瓣香岳顶，数十万众。”朝拜泰山娘娘的民间香社，不仅历史悠久（至少已有近千年的历史），而且分布广袤。“香火自邹、鲁、齐、秦以至晋冀”。（《天咫偶闻》）山东、河南、河北、山西、陕西、安徽、江苏的北部和关东地区都有此类组织。因苦于路途遥远，不便组织到泰山朝拜泰山娘娘者，则捐资在当地修建泰山娘娘的“行宫”。

第一节　结社的宗旨及朝拜泰山娘娘的目的

总的讲来，民间结社的宗旨及所要达到的终极目的是密切相连的，此正如民国年间《重修泰安县志》所云：“泰山为五岳首，而圣母之庙在焉，既有求而必应，亦无感之不通”；“贫者求富，疾者求安，耕者求岁，贾者求息，祈生者求年，未子者求嗣。”其实民间所祈求的远不止此，祈求什么的都有，我们不妨称之为“祈愿”。一旦实现愿望后，随之而来的就是感激、还愿。

祈愿者最多，笔者手头也有不少这方面的资料：

1.专项性祈愿。据《民国十年〈善与人同〉碑》载：

民国十年仲暮之春，吉林省滨江县瘟疫流行，死者不计其数，见者注目寒心。有泰莱贾君联斌、郑君书箴等，于斯生理诚心祝祷，祈碧霞元君之灵应获，佑苍生。

2.多项性祈愿。《光绪十一年〈万善同归〉碑》曰：

东岳祀事之盛首碧霞元君……夫乾天称父，坤地称母。父严而母慈。凡男、妇欲祈年免病求嗣保寿，竭诚于元君前者，元君即如其愿佑之。惟慈故也，其灵应可昭昭也。莱邑陈家楼庄，众结元君香社，每岁登岱，虔诚叩说，今四历寒暑矣。

3.一般性祈愿。《光绪十九年〈合山香会〉碑》：

尝闻有功于民则祀之，况泰山为五岳长，兴云降雨，不崇朝而云徧天下，如功何如！人之祀之者又当何如！故届青阳之月……或一社数十人或多至百余人，中有年老悫诚者经理其事，名曰会首。佛号一宣，少长咸应，其憻憻然拜跪于元君殿前，非敢曰邀神惠也（按：实际上就是邀神惠），抑聊报功德于万一尔。兹郡城东诸地方，历年结社，备物礼神，凡村庄人数已于遥参亭立碑题名矣，今又详记于此，以示将来俾后之主斯社者，观胜迹遗文悚然而起敬谨之心，庶明神降鉴，默为福佑，致人登寿域岁乐丰穰云。

如达不到目的就再祈求，如最终得到了满意的结果就要报答。

1.还愿。笔者手头有两则还愿碑记，录之如下。

其一是《民国二十六年义和香会〈还愿碑记〉》：

天下之事，力单者难成，众擎者易举，散离者必败，团结者收成，此定理也。如王应宾等之香会亦然，于民国八年四月香会等人，在奉天西丰县高立、木子黄、草牌、齐家堂、小孤山相聚营生，深明在外环境之下，非团结不为功，随（遂）于是月联络同乡，假香会名义来团结，即许愿于岱岳圣母殿前，大家如平安归家，愿许在岱岳圣母殿前悬一木匾，建立石碑。圣母（显）灵，果佑众黎平安全归，今敬献木匾，建立石碑，以消前愿。

其二为《同治八年城东曲沟地方南王庄〈还愿碑记〉》：

盖神之灵，不灵于神而灵于人之心，凡人事神之心，无不诚敬，既诚且敬，则无为不善，自惠迪而吉矣。《书》曰："罔不祗肃"；《诗》曰："小心翼翼"。此真事神之道哉。若屑屑于酒醴黍稷之间，抑未矣。南王庄往年有寇灾，避之未及，贼匪猝至，四面围攻，村人结团出死力拒之，鏖战终夜，黎明贼始引去。当是时，既无土圩可守，亦无器械之备，众情惶惶，势甚危迫，乃共虔诚祷于泰山之神，既而果蒙庇佑，合村安全。此固一念之诚可格幽冥，亦由此村旧称仁里凡百所，为无不惠迪，故神降之福耳。自是之后，土圩既成，贼匪数至，屡有斩获之功，绝无荡摇之恐，莫非神力之默佑也。有刘景尧、纪桂亭、刘希典者，倡率村众，虔奉酒醴冥资，仰答神庥，其诚敬之心，神明应也鉴之。吾尤愿村人，常存此事神之心，以推之于事为之际，将无事不凛，陟降之思既无时不获惠迪之吉矣。神之福汝，岂有既哉。

2.感激报答。感激报答的方式方法是多样的，如述"还愿"是一种方法，另还有捐资修庙，挂袍送匾，铸送香炉、钟，乃至绿化环境等。其中以植树作为对神祇的感激报答手段，时至今日也是值得褒扬的。《咸丰五年碑记》曰：

泰岱为五岳之长，即为百灵之宗，尊曰元君，颂曰圣母。国家所凭，人民所依托者也。兹有阳□王母坤德可钦，母仪堪仰，乐行善事，广积阴德。都人士称贤称德焉。然王母又敢以贤德自居也，曾自祷曰：神如有灵，加我数年而于淑德徽音之道。庶觉有合，于是神鉴其诚，果以百岁岁于王母，王母以百岁终。是固（故）贤德所感而实神报施善人。夫有贤母光其前，而必有孝子昌其后，述明训，遵遗言，植松千株于东山之坡，非敢谓报答神庥，亦聊以克肖母志云尔。

最后附带说一下有些香社（会），结社（会）的宗旨是“乐行善事”，即为香客进香提供方便，而并非组织香客朝拜神祇。如妙峰山修路类香会、起造茶棚类香会、缝绽类香会等即是。

第二节　香社的组织结构及其分类

香社（香会）既然是组织，那么它们就有一定的组构形式。一般情况下，香社由一村或数村的香客十几人、几十人或上百人组成。香社的组织发起人称“香首”“会首”“社首”“善首”或“领袖”，多为1～3人，由当地德高望重的人担任；下有承办人3～5人，负责会员的联络，会费的收敛，香祭品购置等项事宜；一般社员则称为“善男信女”或“弟子”等。而较大的香社，组织结构就十分健全了。京津地区朝拜妙峰山（碧霞元君是此山上供奉的主神之一）的民间香社（会）的组织结构，据顾颉刚先生考察，可分为八种职务。一是引善都管（香首和副香首），是会中的领袖；二是催粮都管，是收取会费的人；三是请驾都管，是掌礼的人；四是钱粮都管，是采办供品的人；五是司库都管，是管理供品的人；六是中军哨子都管，是管理巡查防卫的人；七是车把都管，是管理车辆的人；八是厨房茶房都管，是管理饮食的人。女香客不任职务，另立“信女”一项。同时顾颉刚先生还对香会的组织结构及管理给予了高度的评价，他说：“我们看，他们的组织是何等的精密！他们在财政、礼仪、警察、交通、饷糈……各方面都有专员管理，又有领袖人物指挥一切，实在有了国家的雏形了！”（《妙峰山》）

顾颉刚考察妙峰山的香会（社）是女香客不任职，而山东地区则有所不同。在泰山所存的有关香会（社）碑中，有社（会）首为××氏者，显然就是女性。再如《醒世姻缘传》第六十八回和第六十九回中，明水镇上组织香客到泰山朝山进香的组织者是“两个道婆老侯、老张”。

下面重点讲一讲香社（会）的分类，根据分类方法的不同，可划几种不同情况。

按性质分类，可分为祈愿香社和还愿香社两种。祈愿香社到泰山娘娘像前叩头进香，说明祈愿的内容；而还愿香社除说明还愿的内容外，还要为泰山娘娘送袍、挂匾等以示报答。有时在还愿的同时，又再祈新愿。

按固定与否分类，可分为临时香社和长期香社。临时香社是为达到某种单纯目的，临时组织的香社，完成一次（祈愿）或两次（祈愿加还愿）活动，使命完成后即行解散。这种香社一般规模较小。1993年春季山东大旱和同年夏季鲁南大涝，有不少受灾村民在村领导的带领下，组织临时香社，到泰山碧霞祠进香祈愿。受灾之时，是党和政府组织抗灾救灾，将损失减少到了最低点，竟有香社再次到泰山还愿，感谢泰山娘娘的保佑。长期香社一般规模较大，组织健全，有固定的进香时间，年年如此。如《岱庙铁塔铭》载：明嘉靖年间，河南开封府六县等善男信女结社到泰山进香，签名者达万人以上。再如位于泰山红门的一通清《北斗永善香社碑》载：“历城县城里旧有北斗永善香社虔朝泰岱进香礼，自明至今相传百余年，实乃古会也。每届春节，善男信女朝山进香。”签名者1200余人，社首4人，承办人员13人。

按香会（社）的资历进行分类，可分为老会、圣会和会。百年以上的称“老会”，老会是香会中的领袖，别的香会如遇到疑难时，都要到老会中去请教。资历最浅的香会称“会”。中等资历的称“圣会”。顾颉刚曾听王小隐先生讲，“一个香会必须经过了一百年，方可改圣会为老会”，“以前有个会，它的会众为要急于抬高它的地位，不到一百年就改了，后来竟给别的香会问倒，过不下去，只得又从老会变为圣会”（《妙峰山》）。据顾先生在妙峰山调查到的诸多香会资料统计，叫老会者较少，叫会者最多，叫圣会者居中。这也足以说明从香会的名称上可反映出资历。

按行业进行分类，那就多了。有农民组织的，中国自古是一个农业国，因此此类香社最多；有商人组织的，如民国初年，青岛商民组织的“兴隆香社”，会旨是祈求泰山娘娘保佑生意兴隆；有手工业者组织的，若按所从事的手工业不同，又可分为若干小类，如妙峰山有“善缝绽老会”“公议善巧炉圣会”等；有民间艺术界组织的，如妙峰山的永乐同春五虎少林一堂……

顾颉刚先生对妙峰山香会的分类，是按从事的主要活动不同进行分类的，大体上讲有十大类：一是修路；二是筹备路灯；三是起造茶棚（为进香者提供茶水、临时休息等方便）；四是缝绽（缝绽是鞋匠们为香客们尽的义务，凡走山路把鞋走损坏了的，都可交他们修好）；五是成补铜锡器；六是献庙中、途中的用具；七是呈献神用物品及供具；八是施茶盐膏药；九是技术（按：称技艺较为妥当），如民间乐舞，武术即是；十是普通的朝山进香。

香社（会）之多，种类之繁，多姿多彩，无论如何分类都难以囊括全部！

第三节　进香的准备工作及时间

进香的筹备工作是非常繁杂的，有时需准备数月乃至半年多的时间，香社中之所以设置若干职务也是为了准备得充分些，完备些。

进香前的早期准备工作，主要是印发会启和联络香客。会启亦称“会招”“会报”“会帖”。会启上主要包括四个方面的内容：一是会所及设驾所（驾，即泰山娘娘，他们在自己的会内或附近的庙内供有泰山娘娘的神位或神像，在朝山之前先在自己会内设驾致祭，有的竟把驾抬上山去）；二是守晚、起程、上山、朝顶、回香的路程和日期（守晚是指晚间在会中聚集，以便明晨一同出发）；三是到山后所做的工作；四是说明化缘与不化缘。（本节后附妙峰山会启一则，可参考）。联络香客，如有固定的客源则好办，最难办的是扩大新客源，如《醒世姻缘传》之六十八至六十九回中，明水镇的道婆老侯、老张（按：实际上就是社首），为了争取素姐一同到泰山进香，简直不要脸皮不择手段了。“自从那一年七月十五日在三官庙与素姐相识以后，看得素姐极是一个好发起，容易设骗的妈妈头子”。但她们打听到这是狄员外的儿媳，而狄员外的婆子相氏又是一个辣燥的性子，不敢在他们头上动土，只好等素姐回去娘家时，再设法见到她，“引她入门”。“谁知这素姐偏生不是别家的女儿，却是那执鼓掌板道学薛先生的小姐，这个迂板老头巾家里，是叫这两个道婆进得去的？所以两下张望，只是无门可入”。后来老侯、老张硬着头皮两次到狄家，结果都碰到狄员外，“雌得一头灰，夹着两片淹扶跑了”。这两位道婆还心不死，趁素姐回娘家之际，一连到素姐娘家撞了两次，结果是“石头上踏了两个猛子，百当踏不进去”。后来只是到薛夫人老病没了，素姐回家奔丧，两位道婆以吊丧的名义才进了薛家，见到了素姐，连哄加骗，把心直的素姐拉了朝山进香的行列。

接近进香日期的准备工作，顾颉刚在《妙峰山》一书中把它列入“香会的办事项目”题下，内容包括设坛、通知（发出召集会众的柬帖）、发信、呈表（发信时向神灵呈献的表章）、前站先行（先大队香而行）、会集、设驾、拈花、守晚。

各项准备工作完毕之后，就要率领香客们朝山进香了。到妙峰山和泰山的进香都有“春香”“秋香”之分。以春香最盛。春香的具体日期，大约在旧历四月初一至四月十八，选择这个日期进香是有原因的。一是四月八日“浴佛节”；二是传说四月十八日是泰山娘娘的生日。二者时间相近。浴佛节，又称龙华会。传说这天是佛祖释迦牟尼的诞辰、佛教僧众和信徒用水灌浴佛像。浴佛始于东汉，三国时吴地已具相当规模，六朝时荆楚地区每逢四月八日香汤浴佛，到唐宋时遍及全国，至今寺庙中仍有举行的。泰山娘娘的生日，宋代以后，都认为是四月十八日，民间把四月初一至初八视为浴佛会，以初十至十八日庆祝泰山娘娘的诞辰，二者合而为一就大体上界定了春香的时间。明代北京地区的春香盛况，刘侗、于奕正在其《帝京景物略》中有一段精彩的描写，兹抄录如下：

> 岁四月十八日，元君诞辰，都士女进香。先期，香首鸣金号众，众率之，如师，如长令，如诸父兄。月一日至十八日，尘风汗气，四十里一道相属也。舆者，骑者，步者，步以拜者，张旗幢、鸣鼓金者。舆者，贵家、豪右家；骑者，游侠儿、小家妇女；步者，窭人子，酬愿祈愿也。拜者，顶元君像，负楮锭，步一拜，三日至；其衣短后，丝裾，光乍袜履，五步、十步至二十步拜者，一日至。群从游闲，数唱吹弹以乐之。旗幢鼓金者，绣旂丹旐各百十，青黄皂绣盖各百十，骑鼓吹步伐鸣金者，称是。人首金字小牌，肩令字小旗，舁木制小宫殿，曰元君驾，他金银色服用具，称是。后建二丈皂旗，点七星；前建三丈绣幢，绣元君号。又夸儇者，为台阁，铁杆数丈，曲折成势，饰楼阁岩木云烟形；层置四五儿婴，扮如剧演。其法，环铁约儿腰，平承儿尻，衣彩掩其外，杆暗从衣物错乱中传。下所见

云梢烟缕处，空坐一儿，或见跨像马，蹬空飘飘，道旁动色危叹，而儿坐实无少苦。人复长竿掇饼饵，频频啖之。路远，日风暄拂，儿则熟眠。别有面粉墨、僧尼容、乞丐相、遢伎态、憨无赖状、闾少年所为喧哄嬉游也。桥傍列肆，抟面角之，曰麻胡。饧和炒米圆之，曰欢喜团。秸编盔冠幞额，曰草帽。纸泥面具，曰鬼脸、鬼鼻。串染鬃鬣，曰鬼须。香客归途，衣有一寸尘、头有草帽；面有鬼脸；有鼻、有须，袖有麻胡、有欢喜团。入郭门，轩轩自喜。道拥观者，啧啧喜。入门，翁妪妻子女，旋旋喜绕之。然或醉则喧，争道则殴，迷则失男女，翌日，烦有司审听焉。

泰山春香的盛况，傅振伦于民国年间撰写的《重游泰山记》有记述：

时值夏历三月中旬，为泰山庙会之期，善男信女，远道而来朝山进香者，相望于途。妇女皆缠足，头梳长髻，衣裳博大，不着裙衫，腿带宽可四寸，多深红艳绿色，盖犹有数年前内地古装之遗风。捧香合手，喃喃不绝于口。至于男子朝山，则随僧道鼓吹而已。有手持直角三角形之黄旗者，其上大书“泰山进香”四大字，右侧书“莱邑义峪庄”诸小字，殆是来自山东东部莱州者。山中居民，有出售香马纸锞者，生意最盛。沿途乞丐甚多，逢人索物，并云：“千舍千有，万舍增福。”“步步升高。”“积德吧，掏钱吧，个人行好是自个的！”

春香过后，香客们还有余兴，于是又有秋香之举。泰山及山东地区的香期与妙峰山大体相同，但也有不完全相同的地方。相同的地方表现在都将浴佛节与泰山娘娘的诞辰庆祝纳入春香之列。山曼、李万鹏编著的《山东民俗》说：“旧时，山东大部分地区都在浴佛节这天举行浴佛会和庙会，以泰山庙会为盛。冠县设醮泰山行宫，碧霞元君祠也有会场。人们争先恐后地进庙祈祷，称之朝山进香。”不尽相同的地方是，东岳大帝的诞辰是三月二十八日，泰山的春香把庆祝东岳大帝的生日也纳入了进来，因此香期较妙峰山稍有提前。泰山秋香日期与妙峰山也略有小异。妙峰山的秋香以七月二十五日至八月初一这七天为盛，而泰山则以七月十五日这一天为高潮，这大概是因七月十五为中元节，是鬼节，而东岳大帝又有“治鬼”之说，所以如此。最后值得一提的是泰山在春香、秋香之外，还有一次进香高潮，那就是大年初一到泰山顶上为泰山娘娘进香，届时人山人海，有的为了给泰山娘娘进头炉香，竟在除夕的晚上就上山，冒着寒冷在碧霞祠外等候。“大年初一头炉香”是虔诚的表示，据说在新的一年里可得到泰山娘娘的保佑。

附：妙峰山香会会启一则

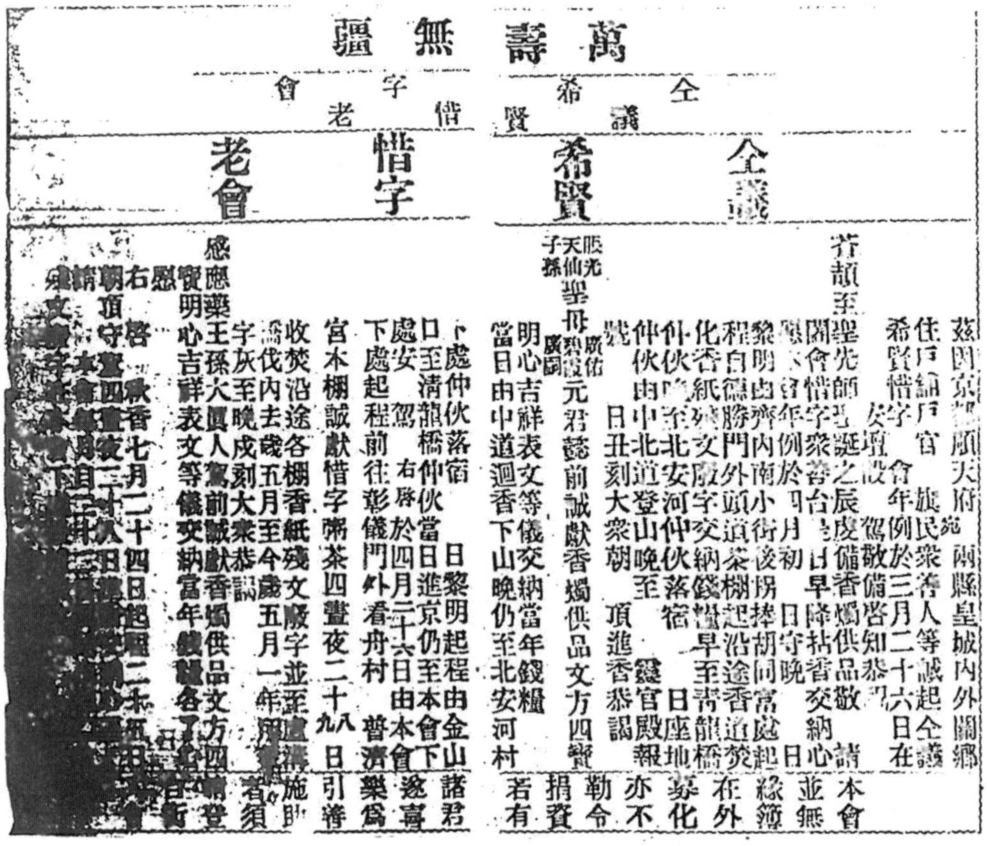

萬壽無疆

全義　希賢　惜字　老會

全義　希賢

惜字　老會

本會並無緣簿在外募化亦不勒令捐資若有

妙峰山香会会启

第四节　进香的程序、礼仪及注意事项

关于进香的程序，妙峰山的资料比较完备，大略是：起程，沿路焚祠（沿途香道焚化香纸），仲伙，落宿，登山，报号（到泰山娘娘殿前报到），朝顶，

守驾，进供，进香。进香完毕后，主要程序就基本完成了。余下的事就是下山、回香、作回、安驾和谢山了。

有关泰山的进香程序、礼仪等资料比较零散，综合分析、考察也可知其梗概。外地的香众们来到泰安，投宿提前联系好的香客店，香客店中都设有小型的泰山娘娘庙，香客到店后，先在这里叩拜，舍香钱，表示已向山顶上的泰山娘娘"报到"，次日一大早即集合登山。香社香客进山，由会首率领，成群结队，队前打一会旗，上书"朝山进香"，上书"×县×村××香社"字样，会旗制式清代以前多为长方形红旗，清代以后多为三角形黄旗。较大的香火社前还有锣鼓开道，并有罗盖（俗称万民伞）、吊挂等仪仗队。明人张岱在其《岱志》中描写道："山上进香人，上者下者，口念阿弥陀佛，一呼百合，节以铜锣，灯火蝉联四十里，如星海屈注。"其场面之壮观可想而知，香客朝山一般先进岱庙朝拜东岳大帝，一路焚香祈祷，直达山顶碧霞元君祠。碧霞元君祠外有西神门居高临下，富绅香客在此下轿子拾级而上，不管是富绅香客还是一般香客到门口都要先站住，不能进门。因为门口有一人拿着号角，门前摆着一个装钱的小箩筐，掌号人一声口号，香客们就向箩筐里扔钱（无定数），送香客上山的人高声说道："西神上张声号，泰山娘娘早知道"。这时香客们才能进门参拜元君金像。行参拜时，社首在前，善男信女在后，并由承办人献上匾额、供品等，有一通清代的《历城北斗永善香社碑铭》记载的较为详细，也很有价值：

盖闻历城县城里，旧有北斗永善香社，虔朝泰岱进香礼，自明朝至今，相传数百余年，实乃古会也。每届春节，善男信女朝山进香。伏以赫赫濯灵为万民所望，岩岩气象诚五岳之尊。一朵慈云，下方广被；崇朝法雨，东鲁均沾。缅夫护国佑民，时和世泰，莫不宝鼎呈祥，遽尔恩光普照，香烟结彩，谁云默祷无灵！故不必踵事增华，方可表明夫心愿。然使仰答神庥，物品诸多缺点亦不足以壮观瞻。惟宝盖旗幡，系迎神之重品；而香花一献，尤敬驾所必需，理应整备，均宜严庄。但其中款项全赖诸信士赉助玉成，以全本社之善举，功德无量，而醒神明之一助，锡福无疆。

谨将本会成立置办物品开列于后，以备永远提倡香火之神助也。唯有圣母娘娘冠袍带裙，如遇年久损坏，理应将物驾前焚化，仍由会中另行置办，更换严庄。所有会中物品如有损坏，会中酌议添补，俟下只准添置，不准失落，方可表明北斗永善会之义举也。特此叙明，勒碑存记。

计开：

泰山圣母贡檀牌位一尊，并神龛、黄绣花棹头一个，黄绣花铺垫二副，黄缎绣花黄罗宝盖一把，黄绣花大宝盖一把，黄洋绉万名善男信女宝盖二把，黄洋绉龙凤旗四杆，黄洋绉宝幡八杆，䌷子五色旗四杆，朱红洋标大社旗四杆，朱红洋标小社旗六十杆，本社大纱灯两对，龙拐铜荷花提炉两对，铜凤烟炉两对并铜盘，大红全幅彩绸一匹，十献贡品：香花灯水菜茶食宝珠衣，朱红木盘十个，金桥银桥（黄白布的竹子架），蓝布垫三十个，旗伞坐大小八个。

如此众多的供品，其耗费是非常惊人的。香客们一般是不在碧霞祠内进香，而是到祠外的“火池”烧纸焚香，火池南有照壁，上书“万代瞻仰”四个大字，庙主们为了防止火灾而有意把烧纸焚香的地点移至祠外，并以“万代瞻仰”吸引香客。这里所进焚的纸帛有三种：一是一般的草纸；二是印有玉皇大帝为行长、东岳大帝为副行长的大面额冥币；三是元宝，头号大元宝有1.5米长，0.8米宽，用锡箔裱糊，成对的元宝是金银各一。香社集体活动后，香客们可分别活动，求泰山娘娘保佑生个男孩（当地俗称小子），拴个男性的金娃娃；如果想要女孩，拴个女性银娃娃，还要供些精细的绣鞋等物品。碧霞元君祠内有件镇山之宝，名叫“碧霞元君玺”，俗称“泰山娘娘印”，有钱的可请道士在黄表纸上加盖泰山娘娘印，认为这样可避邪、镇妖、除病（泰安市博物馆现仍存有两方清代的泰山娘娘印，均为玉质。其一高5.5厘米，方6.6厘米，印平顶斜肩，顶上雕一对夔龙纹，肩四周雕回纹，两侧穿孔相通，作系绳之用，印文为阳刻“泰山天仙圣母碧霞元君之印”篆书十二字。另一方印文为“天仙照鉴”）。（图5-1）明清时期，香社下山，香客店提壶迎接，把酒浇在社首的足前，称“接顶”，晚上开夜戏并以酒菜招待，谓之“朝山归”。近现代以来，店主只象征性地端出酒菜，名为“道喜”，晚上看戏时把元君像挂在大厅中央，叫“请泰山娘娘看戏”。

图5-1　泰山娘娘印

民间结社朝山进香，有许多注意事项，谓之“社规”或“会规”。各社的社规内容并不完全一样。朝进妙峰山的“普兴万像净道圣会”的会规内容为：“本把人等不准拥挤喧哗玩戏，亦不准沿路摘取花果，以及食荤饮酒，一概禁止。人多，饮酒不免有乱性妄为，口角淫词等事……恐其有失善道，不成体制。如有不遵约束者除名不算，各宜戒之慎之。”

第五节　东阿县的民间祈愿习俗

同样是祈愿于泰山娘娘，但各地的习俗并不完全一样。张国强同志对山东省东阿县的祈愿习俗做过调查，并著有《东阿泰山奶奶祈愿风俗调查》一文（《民俗研究》1991年第1期）。该文详细地记载了东阿县民间向泰山娘娘“祈福消灾”和“祈命祛病”的情况，资料性很强，颇有民俗价值，现稍做删改录之如下：

（一）祈福消灾

祈福消灾这类祈愿活动一般以自然村为单位，在当地的泰山娘娘庙或庙址上举行（该县泰山娘娘庙甚多，新中国成立前夕该县所有的庙宇中泰山娘娘庙占40%左右），参加人数较多，规模较大。求祈的内容是祈求泰山娘娘消弭灾祸，降福于民。譬如久旱不雨时，人们便祈雨；久雨成涝时，人们便祈晴；发生虫灾时，人们便祈求天虫。主持祈愿活动的人必须是妇女，一般是固定的，通常在五十岁以上，当地人称之为“神老妈”。祈福消灾是群体性的祈愿活动，通常有四个步骤：

1.敛钱。主持祈愿活动的老太太即“神老妈”在全村挨家挨户地收取祈愿所需的香火、供品费用。每户缴纳的钱要相等，无现金可用鸡蛋代替，必须都要缴纳。然后“神老妈”去集市上用敛来的钱购买香烛火纸和供品。钱必须全部花光，不能剩余，也不能超支。

2.置供。祈愿有大祈、小祈两种。大祈的供品要有盛整鸡、整鱼、猪肉、鸡蛋的四只盘子，两对盛馒头、糕点的碗，四只盛有水果的碟子（水果品种不拘，重复亦可，通常有苹果、梨、枣、李子等）共十二样。小祈的供品有六样，鸡、鱼、肉、蛋任意两盘均可，两碗馒头和两碟水果。供品的摆置也有规矩，大祈供品的摆置与小祈供品的摆置形式如下图：

△△△△	△△		△碟
××××	××	注：	×盘
○○○○	○○		○碗
（大祈）	（小祈）		

其中馒头要居右，鸡鱼肉蛋从右至左依次排列，水果碟的排列则无定规。一般大村敛的钱多，多举行大祈；小村则多举行小祈。“神老妈”在家里按照规矩把供品一一摆上供桌，然后让两名妇女把供桌抬到泰山娘娘庙上（或庙址附近）。

3.求祈。祈愿若在晚间举行，在供桌上要点六支红烛，白天则不用。红烛要放在供品的左右两旁，每边三支，与碗、盘、碟平行放置。香案放在供桌的前面。大祈要由“神老妈”和两名抬供桌的妇女各点三炉香，每炉三支，一字平行排开，要燃三次，共八十一支香。小祈由“神老妈”一个人点三炉香，同样每炉三支，一字平行排开，也要燃三次，共二十七支香。大祈香炉的摆置及小祈香炉的摆置如图所示：

⊙⊙⊙			○碟
⊙⊙⊙	⊙⊙⊙	注：	
⊙⊙⊙			·香
（大祈）	（小祈）		

摆好供桌、香案，点好香烛之后，主持人即“神老妈”跪下说：“请泰山娘娘享受供养。”其他参加祈愿活动的人（全是已结婚的妇女，一般在十人以上）随之跪下。接着“神老妈”焚烧纸壳（折叠而成的元宝状的火纸，又叫纸船），边烧纸壳边诉说求祈的内容。纸壳烧完后“神老妈”起身续香，其他人不能站起，须三次香燃尽后方可。“神老妈”续完香再跪下重新诉说一遍求祈的内容，其他人跟着诉说。诉说完后，“神老妈”再起身续香，然后跪下同众人一起静待香全

部燃尽。

4.分供。香全部燃尽后，众人起身，在“神老妈”带领下面向泰山方向磕三个头，祈愿即告结束。“神老妈”将供品向参加祈愿的妇女们分发，自己要留下盘子中的各一部分。分供不能分发给不参加祈愿的人。

祈愿有了效果，如天降甘霖、久雨初晴或虫灾减轻，“神老妈”须燃香焚纸感谢泰山娘娘，这叫作“还愿”。

（二）祈命祛病

这类祈愿活动是个人私下里举行的，通常在“神老妈”家里举办，参加人数最多三人（其中有“神老妈”），规模很小。按其求祈内容可分为三种类型：

1.求子。就是祈求泰山娘娘赐予子嗣。该祈愿一般由四个步骤组成：

（1）择定时日。没有子嗣的家庭由妻子出面，带上礼品去央求“神老妈”向泰山娘娘求子。“神老妈”择定一个适宜的日期，选好合适的时辰举行求子仪式，并告诉求子者按时前来。

（2）购置供物。求子的妇女到集市上购买举办求子仪式所需的香烛、火纸、供品等，在自己家里摆好供桌。供品要有两碗馒头，鱼和鸡蛋两个盘子，枣和栗子两个水果碟（取“早立子”之意），摆放时，鱼和枣要居右。供品前放置一字排开的三个香炉，每个香炉中三支香一字排开，供品和香炉的摆置方式如图示：

△△		△碟
××		×盘
○○	注：	○碗
⊙⊙⊙		○香炉
		香

把火纸都折成纸壳，其中一个纸壳里装上写有求子者的家庭住址和求子者及其丈夫姓名的红布条。然后求子者同她的丈夫带上纸壳，抬着蒙上红布的供桌在举行求子仪式之前送到“神老妈”家中。但丈夫不能参加求子仪式。

（3）举行仪式。“神老妈”同求子的妇女一起在事先选好的日期、时辰里举行求子仪式。首先由求子的妇女点燃九炷香各插入三个香炉里，接着同“神老妈”一起跪在供桌前焚烧纸壳，“神老妈”祈祷泰山娘娘给求子者送子，最后焚烧装有红布条的纸壳。然后“神老妈”起身续香，跪下后由求子的妇女诉说其求子的心愿。再由求子者续香，并各取一只枣和栗子吃下，仍旧同“神老妈”一起跪至香全部燃尽。仪式到此完毕。

（4）敬香还愿。如果求子的妇女后来果真得子，要到泰山娘娘庙上敬香火谢恩还愿，并且最好亲自去泰山碧霞祠（但不可带孩子）。

若三个月后求子者未怀孕，须再求一次。倘使三个月后仍无效，要第三次举行求子仪式。假如仍无身孕，便不必再祈愿了，这叫“求子不过三”。

2.换身。当地人传说，泰山娘娘圣驾前的侍童侍女经常下界投胎，这样转世的孩子男孩称“童子”，女孩叫“花姐”。向泰山娘娘求子得来的孩子也多是“童子”或“花姐”。“童子”或“花姐”一般都聪明伶俐、长相俊美、善通人意，但走路时常摔跟头，逢农历月份的初一、十五（这是敬神之日）常生病。若听其自然，“童子”或“花姐”结婚前或结婚后不久便会夭折。当父母发觉自己的孩子具有“童子”或“花姐”的特征后，怕孩子短命，就去求“神老妈”为孩子换身（又叫“祈命”），当地人叫“换童子”“换花姐”。这种祈愿活动通常有四个步骤：

（1）择定时日。孩子的父母（男孩由父亲出面、女孩由母亲出面）带上孩子穿过的衣服和礼品去求“神老妈”为孩子换身，“神老妈”选择好适宜的日期和时辰，并让孩子的母亲按时前来。

（2）置办供物。“神老妈”把举行换身仪式所需的香烛、火纸、供品置办好。供品是两碗糕点、鸡和肉各一盘、桃和梨两个水果碟（取“逃离”之意），其中摆供时鸡和桃要居右。供品和香炉的摆置方式同求子仪式相同。“神老妈”还要扎制一个纸人，并给它穿上孩子父母拿来的被换身孩子的衣服。

（3）举行仪式。“神老妈”同孩子的母亲一起举行换身仪式。在预先定好的日期和时辰里，“神老妈”点燃香烛，同孩子的母亲一起跪下焚烧火纸，并说：“老奶奶，您的僮儿（或丫鬟）我们不敢留，这就给您送去了。”最后烧掉纸人，意为让纸人替下孩子的性命。然后由孩子的母亲续香，并各取一只桃和梨吃下。回身跪下后孩子的母亲再说一遍：“老奶奶，您的僮儿（或丫鬟）我可不敢留，已给您送去了。”再由“神老妈”续香，仍旧同孩子的母亲一起跪至香全部燃尽。仪式到此完毕。可是，换过身的孩子终生不能去泰山，据说会被泰山娘娘认出来将其重新招回侍候她，这样孩子的尘世之命也便保不住了。

（4）认亲谢恩。由于被换身孩子的命是“神老妈”给换来的，因此被换身孩子要认“神老妈”做干妈，或称之为“老姨”。孩子的母亲在换身仪式结束后三天要带孩子去“神老妈”家里认亲，并付给“神老妈”香烛供品的费用和辛劳费。孩子十八岁后至结婚后生孩子前两年大年初二要去看望“神老妈”，这叫“谢恩”。

3.祛病。当地人患病后求医无效时，便去祈求泰山娘娘降福祛病。这种祈愿活动有两种方式：

（1）拜庙。就是由病人自己或病人的亲属带上香火供品到泰山娘娘庙上去求祈，但必须由妇女出面。香炉和供品的摆置无特殊要求。焚烧火纸时最后要烧一只内装一块写有病人住址、姓名、病情简介的白布条的纸壳。病人病愈之后自己或其亲属要到庙上敬香火，这叫“还愿”，也叫“谢神”。

（2）请灵。就是病人自己或病人的亲属带上礼品（一般是一块猪肉）请“神老妈”代之向泰山娘娘求祈，求泰山娘娘显灵为病人治病。求祈时只“神老妈”一人在场，香火供品的摆置无特殊要求，焚烧火纸时同样最后要烧一只内装一块写有病人住址、姓名、病情简介的白布条的纸壳。病人病愈之后自己或其亲属要再为“神老妈”送以薄礼（一般是两斤糕点），这也叫“还愿”，又称“谢灵”。

第六节　香客中的逸闻趣事

朝拜泰山娘娘的香客不知其数，在他（她）们的所言所行中留下了许多逸闻趣事，现编录几则，以飨读者。

（一）为泰山娘娘挂红袍

人之初是赤身裸体的，随着社会进步，人们有了羞耻感（或谓保暖的需要），逐渐开始着衣。进入阶级社会，不同质地、颜色、花纹、样式的衣服成了阶级差别、等级差别的标志之一，时至今日，衣服虽无等级差别了，但保暖的功能仍然存在，美的功能逐渐加强。人之着衣，因季节不同而经常更换，破损之后就要易新。人之如此，身为女性的泰山娘娘更是如此，神亦如此。民众这样认为，香客们这样认为。香客们乐此不疲地为泰山娘娘送衣服、献绣鞋，盖因此故。泰山之红门现存一通清道二十五年勒刻的《香会善信挂红袍碑》，颇有意思：

> 且夫人之有衣以章身也，顾有衣以章身，神独无衣章身乎？！今天下之善士，以袍献碧霞元君者已多多矣，第历年久远，彩色剥落，一时之见者莫不惕然心伤，有厌故思新之意。今有高兴官庄孙贵等，自嘉庆年间，约香会一道，迄今屈指计之，大约有五百余名，各出赀财，敬制洋红缎袍一件，献于碧霞元君，灿然可观，不啻天文，焕然一新，无殊云锦。夫岂神道足凭，不免祷媚之意，聊以衣服几敝，不忘改造之心。

（二）“虔诚”与“带福回家”

在朝拜妙峰山的香客中有一种奇特的打招呼现象，即凡上山者曰“虔诚”，凡下山者曰“带福回家”，《妙峰山》一书记之甚详：

> 见往来行人，凡上山者，必互曰“虔诚！虔诚！”下山者，必曰“您带福回家！”一种诚恳之态，见之令人起同情之感。盖到此者均为各了心愿而来，已无所谓名利心矣。
>
> 在这样的山中行走……有开好的路，有点好的路灯，沿途有茶棚可以休息喝茶，手上又有削好了随处买到的桃树杖，前途又一点也没有什么猛兽或敌人的仇视，而有的只是一见面便互嚷“虔诚、虔诚”的同一目的的香客。
>
> 烧表时，庙祝用两枝竹箸，夹着表章，使灰烬落入空柱中，不往外倾，口中尽念“虔诚！虔诚！”不止。到了将要烧完的时候，“虔诚”的声浪忽然提高，下面跪着的会众们，一听这提高的声浪，大家便把脑袋儿齐往下磕。

“虔诚”的含义是什么？有人讲是“前程”，表示对前途的希望；有人说虔诚“是一个含有彼此赞扬意义的特殊口号”；也有人认为“是特殊场合下的一种招呼”。妙峰山的“虔诚”做什么讲虽无定论，但上山的香客们心里是“虔诚”的没有问题。与上山之“虔诚”密切相关的是“带福回家”：

> 北京城内外道路上常碰到戴了满头红花，支了树枝做成的手杖而行的

男妇们，这即是从那里（按：指妙峰山）进完了香而回来的。红花是福气的象征，他们戴了归来，唤作“带福回家”。

下山……一路见妙峰归来之客……每人手中均持桃木杖一，各色纸花插戴满头，女人则以鲜艳布包头，亦插满花，与鞭丝蓬影互相照映。此种不可形容之野味，非目观者不知其可乐也。

（茶棚）如见手持木杖，头戴红花者，则知为下山——桃木杖惟山上方有售者；花名福儿，下山戴之，——便唱“带福回家，这边喝茶”。而凡是内行之香客，进门无不先到驾前——即所供之神前——虔敬叩首，然后落座。

路上常有乞丐，不讨上山人，单讨下山人。他们的乞辞是：“老爷（或太太）虔诚喽，带福回家喽！”

这里的所谓“福”就是“花”，“花是括绒的，纸扎的，种种都有”。有的有虎形，有的有蝙蝠形，“即使不是借用蝙蝠的丝绒花的‘福’字，这些地方硬把花叫作福也是情理中可以有的”。对下山者道谓“带福回家”，大概与“虔诚”差不多，是一种带有祝福性的“打招呼”吧。

（三）素姐撒泼与狄监生遭罪

《醒世姻缘传》之第六十八回至六十九回的主人翁素姐，因欲到泰山进香受到公公阻挡，十分恼火，骂公公是“好贼老砍头的！”“我与俺这贼割的算账！”并威胁丈夫狄希陈（狄监生）到公公处说情：“你去对爹说，你说下来了，我有好到你；你要说不下这事来，你浑深也过不出好日子来。”事不如愿，老公公不同意，素姐听了不由怒起，即时紫涨了面皮，说道：“我只是如今去！我必欲去！我主意待合老侯老张去！这么一个点事儿我就主不得呢？你快早依随着我，是你便宜！你只休要后悔！”当狄监生说：“你待去，你自家去罢呀。我戴着顶方巾，跟着你沿街上演社，成个道理么？”素姐道：“阿！你不跟了我去，你是怕玷辱了你的体面么？我可偏要坏了你的体面哩！我十五起身，我叫你戴着方巾，穿着道袍子，路上替我牵着驴，上山替我掌着轿，你只敢离我一步儿，我不立劈了你成两半个，我改了不姓薛！我叫你挽起那两根狗扶眉毛认我认，叫你有这门造化！你若跟着我，谁不说你：‘看这们鬼头蛤蟆眼的小厮，有这们等个媳妇！我只说是替你妆门面，这那里放着坏了你的面皮哩？我倒心里计算，你要跟我去呵，我把那匹蓝丝绸替你做个夹袄，剩下的替你做条夹裤，再做了绫背心子，好穿着上山朝奶奶。你倒乔起腔来了！我想来：那泰山娘娘脱不了也是做女人，赌不信那泰山爷爷要像你这们拗别扭手，那泰山奶奶也没有饶了那泰山爷爷的王婆好来！我且‘一朝权在手，便把令来行’！”狄监生父子拿素姐没办法，只好让狄监生随素姐走一遭。谁知这素姐说到办到，处处给狄监生难堪。素姐欲骑着社里雇来的驴，“狄外员（素姐的公公）差的觅汉上前替他那驴子牵了一牵，他把那觅汉兜脖子一鞭打开吊远的，叫狄希陈与他牵了头口行走，致一街两岸的老婆汉子，又贪着看素姐的风流，又看着狄希陈的丢丑。狄希陈也甚是害羞，只是怕那素姐如虎，说不得他那苦恼，只得与她牵了驴儿，夹在人队里行走。狄希陈越怕碰到熟人越碰到熟人，走不到二里路，劈头撞见相于廷从后庄上回来，狄希陈只道他还没曾看见，连忙把只袖子把脸遮住。谁知相于廷已看得分明，越发在路旁站住。待狄希陈走到跟前，相于廷道：‘狄大哥，你拿了袖子罢，看着路好牵驴子走，带着袖子，看抢了脸。’”狄希陈戴着巾，穿着长衣，在那许多妇人之中与素姐控驴而行。富家子弟，又是娇生豢养的儿郎，那里走得惯路？走的不上二十里，只得把那道袍脱下，卷作一团，一只腋肋里夹住，又渐次双足走出泡来，疼不可忍，伸了个脖项向前。两只腿又只管坠后。素姐越发把那驴子打的飞跑。那觅汉常功在狄希陈身旁空赶着个骡子，原是留候狄希陈骑坐的。常功见狄希陈走得甚是狼狈，气息奄奄，脚力不加，走向前把素姐驴子的辔首一手扯住，说道：“大嫂，大哥已是走不动了，待我替大嫂牵着驴，叫大哥骑上骡子走罢。”素姐在那常功肩上一连两鞭，骂道：“他走动走不动，累你腿事！我倒不疼，要你献浅！你好好与我快走开去！”狄希陈只得仍旧牵着驴子往前苦挣。一路上狄希陈还受的那些洋罪和窝囊气就甭再讲了。

第六章
道教与教中之人

在道教中，教中之人以宫、观等为根据地，组成一事实上的群体或个体组织，其中较大的组织有着一定的组织结构，并司职分明，教中之人有着特殊要求的仪范和禁忌，一般说来，他（她）们是虔诚的修行者，对仪范和禁忌也是严格遵守的。当然在这个“大家庭”中，也难免有个别教中之人的出格行为。现仅就与泰山碧霞祠等有关的情况略说如下。

第一节　组织与司职

泰山是以道教为主的名山，岱顶碧霞祠的宗教属性就是“道”。道教供神、诵经、修行的场所，按规模大小分别称为道宫、道观和道院，如碧霞祠在金代时叫“观”，明代改为“宫”。可进行较大规模的诵经、礼拜仪式的场所称道场，一般的则称为法坛。全真道的教徒须出家住宫、观、院修持，男性称道士、道人、羽士，女性称道士、女冠、道姑，不食荤，不婚配。正一道的教徒无须出家，在家修持，可以结婚，亦称道士，俗称火居道士。就泰山碧霞祠而言，教中之人信奉全真道，当然也不排除有正一道的某些影响。早期的道教组织有“方”“治”之分，如张角的太平道分为“方”，由“渠帅统领”；天师道分为若干“治”，道徒有祭酒和鬼吏，祭酒的主要司职是授经，鬼吏负责为病人祈祷。12世纪中叶，全真道兴起，建有十方丛林和子孙庙两个系统。十方丛林是仿照佛教的丛林制度建立的，庙产为本教或某一派公有，不招收弟子，专为小庙推荐来的弟子传戒，并有留宿天下道众的义务。子孙庙又称小庙，是私有财产。小庙的师父兼管庙产和宗教事务，无权传戒。小庙实行代代相传制度，其师父可以收受弟子，教以道经、经咒，待十方丛林开坛传戒时即可送去受戒，弟子方为正式道士。在道宫、观、院内，最高精神首脑是“方丈”（方丈又称律师，由精通戒律、堪为人师的人担任。方丈多系客位，不管理庙中事物，传戒后即退居后院），实际主持人是监院（又称当家，管理全庙的大小事务，为方丈的候选人和继承人），另外还有都管（监斋督戒）、左执堂（提辖侍者）、右执堂（协理茶司）、龙虎二单（精诚办道，协老修身）、日月二单（诵经礼忏）、侍香灯殿主（侍奉香灯、陈列供品）、典座饭头（办上贤斋馐）、茶头水头（负责茶水供应）、火头司静（早晚司时，灶前司火，洒扫庭院）、库头（执掌钱粮，经收出入）、买办（办买斋粮供品什物）、化主（负责募缘）、知宾（迎送酬答客人）、书记（专任写表文、奏疏）、知观（总理常住大小事宜）、副观、静主（专持入圣超凡，主炼三宝作金丹）、巡照（丛林鉴察，巡察犯规道士）、收供（办大众斋粮）、园头（管理种植四时蔬菜）等。以上文武执事由方丈或住持管辖，执事由住持签发。泰山碧霞祠虽然名声很大，但庙宇并不算太大，神职人员也不算太多，道职的设置没有如上述那么复杂。笔者查阅有关文献和进行采访得知，碧霞祠的道士们除管理庙产、接待香客和游人外，还有如下几项宗教活动：

（一）修炼

道教徒对“真人”“仙人”最为崇钦，在他们心目中仙、真人是得道而通神的人，是他们的“老师”和“榜样”。碧霞祠等所供奉的碧霞元君，传说就是在泰山后石坞黄花洞修炼成仙的，道教徒效法者甚多，不过由于修炼之法对外保密，文献记载亦不多，这里只好从略。一般说来，道教的修炼，是修内丹、外丹以成仙，其中炼外丹主要是烧炼药石；修炼内丹的方法有服气、吐纳、导引、胎息、辟谷、房中术等。不知道碧霞祠的道众们是如何修炼法。

（二）祭炼

即为死者进行施食、追荐和超度的仪式。道教认为，通过祭炼可使死者生前的罪过得到宽宥，早入“天界”，脱离“鬼道”，此正如《道藏》之《太极祭炼内法序》所云："所谓祭者，设饮食以破其饥渴也；所谓炼者，以精神而开幽暗也。"同时《道藏》之《太极祭炼内法议略》又认为，祭炼之要，在于静心存神，以神度鬼；如果仅设一餐之食而精神不至，鬼魂就不能"超度"。在明清笔记、小说中，西门庆是一个罪大恶极的坏蛋，重病之时，虽然其妻曾到泰山碧霞祠烧香许愿，但仍不能救其性命；死后虽然也曾作祭炼之举，但仍不能超度。《金屋梦》中描写的西门庆魂游东岳府，西门庆在东岳阴府的蒿里山及奈河桥就经历了种种折磨。

（三）攘灾祈福

攘灾祈福的内容很广，如攘灾者有为驱除住宅内邪魔的"镇宅"者；祈福者有为无嗣的祈求得子者，为病人祈愈者，为老人祈寿者等等（图6-1）。在这些活动中，一般都要诵经礼拜、画符箓、写奏章，表示上告神祇。

图6-1　碧霞祠的法器

（四）斋醮

这是他们最主要也是最经常性的宗教活动。何谓"斋"？按《云笈七签》之《说杂斋法》云："斋者，齐也，齐整三业，乃为齐矣。"道教十分重视修斋，"学道不修斋，徒劳山林矣"。斋法可分为三种：一者设供斋，二者节食斋，三者心斋。前两者是外表口味上的斋法，后者是内里心识方面的斋法。所谓"醮"，是指祈求活动。因为醮与斋都属于法事或称道场的范畴，所以斋、醮往往连称。斋醮的仪式有：设坛、摆供、焚香、画符、念咒、上章、诵经、赞颂，并配有烛灯和音乐起程等。泰山道士们的宗教活动受到了皇家的重视，史载，明神宗皇帝朱翊钧曾于万历二十七年（1599）向泰山颁发道教经书若干，《道藏》一部，同时还颁发"圣旨"一道，令道众颂诵。下面重点介绍碧霞祠道士们的诵经内容，即《功课经》。《功课经》每日早晚两次诵念，称之为早坛和晚坛，阴历每月初一、十五；正月初一至十五及尊崇的神祇诞生日，加诵午坛《功课经》。

早坛《功课经》(经韵)：澄清韵、举天尊、提纲、双吊挂、香供养、提纲、小启请、中堂赞、小赞韵、三皈依。

〔澄清韵〕

天无氛秽，地无妖尘，冥慧洞清，大量玄玄也。

〔举天尊〕

大罗天宝，大罗天宝，天尊。

〔提纲〕

灵音到处，灭罪消愆；宝号宣时，扶厄救难。将当有讽经演教之偈，仰劳道众，同声应合。

〔双吊挂〕

上坛齐举步虚声，祝国迎祥接寸诚，当日澄清今阙内；今朝霞香霭玉炉焚，皇图巩固山河壮，帝道遐昌日月明；万民瞻仰尧舜日，岁稔丰登乐太平。

〔香供养〕

香供养常清常静天尊。

〔提纲〕

其心清静道为宗，譬彼中天宝月同，净扫迷云无点翳，一轮光满太虚空，上药神中神气精，人人具足匪亏盈，能知混合回风道，金鼎黄芽日日生。

〔小启请〕

道场众等人各恭敬，对道前诵经如法。

〔中堂赞〕

向来诵经，念之存诚，千真拱听，乃圣道灵，应之合气，普化分形，九天有命，三界遵行，消实忏罪，请福延生，功圆行满，大道正盟。经功浩力不思议，回局十方诸圣众，原见真心求忏悔，河沙罪障悉消除。忏悔众等!

〔小赞韵〕

诵经功德不可思议，诸天诸地转灵机，皇王寿天齐，大道慈悲万化乐雍熙。向来礼念诸功德，全赖慈悲为主盟，仰瞻仙仗隐空玄，法部真灵常拥护。

〔三皈依〕

志心皈命礼无上，道宝当愿众生常待天尊，永脱轮回。志心皈命礼无上，经宝当愿众生生生世世，得闻正当。志心皈命礼无上，师宝当愿众生学最上乘，不落邪见。

晚坛《功课经》(经韵)：步虚、举天尊、提纲、下水船、香供养、小启请、中堂赞、小赞、三皈依。

〔步虚〕

大道洞玄虚，有念无一契，炼质入仙真，遂成金刚体，超度三界难，地狱五苦解，悉皈太上经。静念稽首。

〔举天尊〕

太乙救苦、太乙救苦天尊。

〔提纲〕

(同早坛提纲)

〔下水船〕

救苦天尊庙难求，身披霞衣屡劫修，五色祥云生足下，九头狮子导前游，盂中甘露时常洒，手内杨柳不计秋。千处寻师千处降，爱河常作渡人舟。

〔香供养〕

香供养十方救苦天尊。

〔干倒拐〕

种种无名是苦根，苦根除尽善根存，但凭慧剑威神力，跳出轮回五苦门，道以无心度有情，一切方便是修真，若皈圣智圆通地，便是生天得道人。

〔小启请〕

道场众等，人各恭敬，恭对瑶坛，诵经如法。

〔中堂赞〕

东华妙严，慈相亿千，身居长乐，安座金莲，慧光无碍，照烛幽泉，枯骸朽骨，威得光鲜，甘露流润，偏洒空玄，拔度沉溺，不滞寒渊。上请天官解天厄，地官解地厄，水官解水厄，五帝解五方厄，四圣解四时厄，南辰解本都厄，北斗解一切厄，于是七元君。

〔小赞〕

青华教主太乙慈尊，玉清应化显金身，大千甘露门，接引群生永出爱河津。愿灭三障诸烦恼，愿得智慧心明了，普愿灾障悉消除，世世常行无上道，四恩三有均利益，十洲三岛任逍遥，回向四府众龙神，社谢道经师三宝，向来诵经福无边，风调雨顺民安乐。愿以此功德，普及与一切，我等与众生，共成无上道。

〔三皈依〕

（同早坛三皈依）

午坛《功课经》（经韵）

〔步虚〕

三元神共护，万圣眼同明，无灾无障，永保道心宁。

〔举天尊〕

三元赦罪天尊。

〔提纲〕

（同早坛提纲）。

〔吊挂〕

酌水献一，花满瑶坛，供养天地水三官。五色祥云临凡世，九气清风降人间。卷卷句句消灾障，字字行行灭罪愆。赤脚大仙曾请问，受持功德广无边。

〔香供养〕

香供养三元赦罪天尊。

〔小启请〕

（同早坛小启请）

〔大赞韵〕

酬天地，盖载恩德；蒙日月，照临身形。四大深恩实难报。登宝殿，讽演仙经；焚香礼，拜谢神恩；千忏悔，罪灭福生。

第二节　仪范与禁忌

所谓仪范，是约束道众思想言行的戒律、清规，以及种种仪式。众所周知，道教崇敬神仙，注重祭祀祈祷，且以神仙禀质清净文雅、整洁肃穆，故要求祭祀者必须在祭祀之前沐浴更衣，不饮酒，不吃荤，整洁口、心，以示虔诚。道教的仪范十分烦琐复杂，如《正一威仪》便规定了一百三十二条，仅子目便有“法服、入靖、奏请、读经、演经、事师、奉斋、受戒、忏悔、礼拜、烧香、燃灯、鸣磬、章奏、醮请、法具、食器、器用、居处、卧具、屦履、井泉、用水、饮食、动止、随行、住观”等二十七大项。下面重点讲一讲道服、受戒、戒、戒律、清规及禁忌等。

（一）道服

通俗地讲就是道众们的穿着打扮。道众服饰，古无定制，自南北朝刘宋陆修静立道服之号后，道士服饰始有仪法。《传授经戒仪注诀·衣服法第九》说：“衣者，身之章也，道俗不可混杂。”规定道士须具“葛巾、单衣、被、履、手板”五件，“皆应新净，勿用故败”。“富不得奢靡，贫不得秽陋，调和中适，依按师仪”。规定巾帽服饰袴衫裙襦行縢臂衣各二，能够换洗新净，如果有三件则要施给别人。据《道书授神契》云：“老子徒之服，不与俗移。”故道众们的服装仍然为古服。现在的道教服饰约有六种：一是大褂，袖宽一尺四寸，袖长随身。二是得罗，袖宽一尺八寸，袖长随身，大礼服。以上衣服均为蓝色。三是戒衣，袖宽二尺四寸，袖长随身，受戒用，黄色。四是法服，方丈大典用，紫色。五是花衣，出外念经用，杂色。六是未受戒道士之大褂及得罗均应为黄色。道士所戴的头巾有九种，即唐巾、冲和巾、浩然巾、逍遥巾、紫阳巾、一字巾、纶巾、三教巾、九阳巾。道士曾受初真戒者用纶巾，戴偃月冠；曾受中极戒者用三教巾，戴三台冠；曾受天仙戒者用冲和巾，戴五岳冠。一般说来，道众所戴帽子有四种，即偃月冠、五岳冠、莲花冠和三台冠。所穿的鞋袜多为青鞋配白布袜。以上是从理论上讲的，实际穿着上也不完全那样严格。笔者考察碧霞祠的道士们多着蓝色或青色服装。

（二）受戒

受戒一词原指佛教徒通过一定的仪式，接受佛教戒律。另外，“受戒”还是阿拉伯文Ihrām的意译。伊斯兰教指朝觐者进入麦加前履行的一项宗教仪式，包括在规定的地点沐浴净身，披戒衣，叩头跣足，戒修饰，戒房事，戒争吵，戒流血，戒狩猎或伤害陆地生灵和“圣地”树木等，直到朝觐活动结束。道教中的所谓受戒，是受佛教受戒影响而产生的。道教中的戒，一般分三个层次，即初极戒（又名初真戒）、中极戒和天仙戒。初真戒是初级的，受戒的道士和“戒子”，由本庙主持推举到十方丛林受戒。受戒者先学道教仪范、道经、戒律等。传戒前必须“考试”，成绩第一者为天字号，受戒毕，留观习经，日后可作丛林方丈的候选人。受戒道士或待戒的在俗人等必须先受初极戒，次受中极戒，最后受天仙戒，这三部分道教称之为“三坛大戒”，整个过程是一百天。

（三）戒律

戒亦作诫。作劝告讲，所谓道戒即是“道君”对人所降的劝诫、警告、文告等。戒律是由道诫发展而来的，所谓“戒律”即教团假借天神之名，用以制约教徒思想言行，防止“恶心邪欲”“乖言戾行”的规定。道教中最早的戒律是《道德尊经想尔戒》，全文为：“行无为，行柔弱，行守雌，勿先动，此上最先三行；行无名，行清净，行诸善，中最三行；行无欲，行知止足，行推让，此下最三行。”此后又有所谓“三戒”“五戒”“八戒”“十戒”“二十七戒”之说。碧霞祠道士们的戒律主要是“五戒”，即不得杀生；不得茹荤酒；不得口是心非；不得偷盗；不得邪淫。

（四）清规

道教除戒律外，还有“清规”。所谓清规，是对违反戒律道士的惩罚条例，清规由各道观自己订立，轻者被罚跪、责杖、驱逐，重者被处死。北京白云观（此观也供奉泰山娘娘碧霞元君）于清咸丰六年（1856）公布的清规条文内容有：开静贪睡不起者跪香（就是罚跪，等一支香烧完了才能起来）；早晚功课不随班者，跪香；上殿诵经不恭敬者，跪香；三五成群，交头结党者，迁单（即驱逐）；公报私仇，假传命令，重责迁单；毁谤大众，怨骂斗殴，杖责驱出；茹荤饮酒，不顾道体者，逐出；违犯国法，奸盗邪淫，坏教败宗，顶清规，火化示众。

（五）禁忌

所谓禁忌是在特定的场合下不得说什么、做什么，而并不一定是否定其事。如《礼记·祭义》讲：“君子有终身之丧，忌日之谓也。忌日不用，非不祥也。”这就是说，忌日是亲属的死日，这一天（而不是天天）不做其他事，不是因为以死为不祥而回避。道教禁忌继承和发展了汉代以前有关禁忌的宗教迷信，并把它贯穿于道教信仰者的日常生活中。道教徒的行走坐卧、饮食起居以及各种仪式都有禁忌，如暮莫远行、卧莫燃烛，供花忌献梗生残刺——月季之类，菜禁兼味，食后忌坐。斋戒时，特忌斩衰孝子、新婚妇人、月信未断及痎疟疮疥废疾者升斋堂庭坛等。这些禁忌有的出自崇拜信仰方面的原因，有的是普通的生活常识如暮莫远行，有的有养生保健的科学道理如食后忌坐，有的则纯属无稽之谈如举足从火、对灶招祸。“卧莫燃烛”，既是生活常识，也有科学道理：一是晚上睡觉燃烛本身是一种浪费；二是也有害人体健康。人和多数生物一样，都在以自己意识不到的方式利用着自然光，而烛光长期照射，会扰乱生物体内的平衡，促使人体产生一种“光压力”，光压力会使人体的生物、化学系统发生一系列变化，使原来极有规律和循环有序的体温升降、化学成分变化以及心脏跳动、脉搏、血压等变得不太协调，久而久之则会导致生病。

第三节　教中之人的恶作剧与出格行为

一心向善，这是教中之人的信条，绝大部分教中之人做到了，但也有不规矩者，现摄取几个镜头，提供给看官。首先需要说明的是，这些镜头取材于明清文人笔下的笔记、小说，不可作为信史，但也不可否认有社会真实的影子，对社会黑暗的批判，对丑恶行为的揭露，对下层道僧的同情，总之有一定的进步意义；再者这里取材的是与泰山娘娘有关的庙宇人员，如碧霞祠、后石坞娘娘庙以及斗母宫的道尼等。斗母宫原供斗母，属道教性质，后来虽然由僧尼管理，但也祀碧霞元君，故把斗母宫的逸闻趣事也摄入了镜头。

〔镜头之一〕

从前去登泰山，见到有个妓女和与她相好的嫖客都上山进香，在旅舍中相遇。两个人趁着空偶然接个吻，不想两个人的嘴唇就如同胶粘住一样，怎么也分不开了，用手使劲一掰，竟然痛到心窝骨头。众人连忙为他们向神灵认罪悔过，才得以分开。有人说：这是庙祝故意拿钱让妓女装出这个样子，以便让人确信有神。

——清·纪昀《阅微草堂笔记》

〔镜头之二〕

西门庆的妻子吴月娘因其夫病重，到泰山碧霞祠进香，恰遇贪财好色之辈、趋时揽事之徒的道士石伯才值班。石伯才为巴结方丈和本地的权贵，专一藏奸蓄诈，替他们赚诱妇女，供他们奸淫。这次石伯才见吴月娘姿容非俗，又打起坏主意，想法接近，百般殷勤，酒菜款待。当吴月娘推辞不用酒时，伯才劝道："老妇人连路风霜，用些何害？好歹浅用些。"当吴月娘要下山时，伯才又劝道："日色将落，晚了，赶不下山去。倘不弃，在小道方丈权宿一宵，明早下山从容些。"当月娘身子乏困和衣躺着时，忽听到响亮一声，从床背后纸门内跳出一个人来，淡红面貌，三柳髭须，头戴渗青巾，身穿紫锦袴衫，双手抱住月娘，说道："小生姓殷，名天锡，乃高太守妻弟。久闻娘子乃官豪宅眷，天香国色，思慕已久，渴欲一见，无由得会。今既接莫标，乃三生有幸，死生难忘也。"一面搂着月娘在床上求欢。

——《金瓶梅词话》第八十四回

〔镜头之三〕

碧霞祠方丈的房内，里面糊得雪白，正面芝麻花坐床，柳黄锦帐，香几上供一轴洞宾戏白牡丹图画（按民间传说，宋代方士颜洞宾以邪术狎妓白牡丹，后附会于吕洞宾事），左右一联："携两袖清风舞鹤，对一轩明月谈经。"方丈手下有两个徒弟，皆十六岁，生的标致，头上戴青缎道髻，用红绒绳扎住总角，后用两根飘带，身穿青绢道服，脚上凉鞋净袜，浑身香气袭人。客至时递水送茶，斟酒下菜。到晚上，背地里便拿她们解馋填馅。明为师徒，实为大小老婆。更有一件不可说，脱了裤子，每人小腹里夹着一条大手巾。

——《金瓶梅词话》第八十四回

〔镜头之四〕

1.泰山斗母宫，多女道，"中一年少者，鬓边才剃，皮头青如抹黛，着藕色道服，小眉丝毂，白庞如月，额正中有一痣点，比凝脂，侪诸群偶，真无其伦”，她就是常静莲。肥邑郑法坤非常喜欢她，常静莲也一见钟情。……静莲十分想念法坤，后在佘邸之白华庵巧遇法坤之妻，打听法坤的情况。郑法坤得知，便备骑驰五十里到庵，受到热情招待。老尼道：“郎君为我师侄友也，今薄暮，盍与吾侄作抵足谈？”“莲与生在禅室中设榻，老尼去厨下就寝。生与莲备极燕好”。静莲对法坤的感情是真挚的，希望一宵之情能图百年之好。但法坤毕竟是有妇之人，没有明确表态，静莲不再说什么，从此音耗遂隔。六年后，郑法坤再登泰山，听说常静莲住在后石坞，独行至后石坞，不仅见到了常静莲，而且还见到了他们的儿子。是夕，法坤留宿，并计划一同回家，常静莲却说道：“人贵适意耳！况闲云野鹤，性成脱略，岂能向足缠绺发阵巾效奔走充下陈耶？”郑法坤只好携子而归。其子十五岁领乡荐，大设喜筵，宾朋沓至，瓜葛盈门。此时，常静莲亦到，全家团圆，相与悲喜交集。郑法坤劝常静莲享子之荣，常静连却说：“泡影浮沤，久不作尘中想矣！”拂衣欲去，坤与子泣，苦苦挽留，乃许村前建刹，静莲清修其间。刹中竹林茂盛，秋夏多凉，法坤与静莲谈宴棋酒，往来不绝。

——清·曾衍东《小豆棚》卷七

2.泰山斗母宫有妙香者，年仅十五，貌甚美。太仓人吴孟材“远来特为卿耳”。席间互相酬酢，妙香为吴君唱“折柳阳关”一阕。妙香与吴君作促膝谈。妙香本姓陆，父亲也是名士，不幸过早地去世，家道中落。继母年轻，不能守寡，嫁给一位武官。他们想把妙香卖给妓院，妙香不干，就出家做了尼姑，谁想到又误入了火坑，犹如瑶光寺中学道的嫔妃一样任人蹂躏，又好像天女散花似的，脱离不开尘世间的烦恼。虽是尼姑，而实际上如同妓女一般。幸亏宫中住持可怜她守志不异，开始还不很逼她接客，否则只有一死了之。妙香这枝尚未经过风雨的白梨花，渴求脱离无边的苦海，过上人的生活，终身相托于吴君。豪杰之士的吴君正独身一人，也有此意。他们便在妙香供奉的白衣观音像前烧上香，点上蜡烛，行了交拜之礼，百年婚姻，由此开始。夜深了，吴君催妙香上床，而妙香则谓不然，“我要保留住这白璧一样的身体，去等待那新婚之夜的幸福。如自己稍有不慎，那和淫乱私奔有什么不同呢”。遂和衣而卧，与吴君共枕谈心。此宵中的吴君屡屡情欲冲动，就用手去抚摸妙香的娇躯，然而渐渐摸到佳处时，妙香则拒绝不许。

——清·王韬《淞隐漫录》卷十一

3.老残及德慧生和德夫人游泰山，暂歇斗母宫，巧遇妙尼逸云陪游。逸云秀丽，温柔，聪敏，学识过人，甚得德夫人的喜欢，她们在“爷儿们听不着”的房子里“胡说”了许多秘密：一是斗母宫的尼姑们接客，二是逸云的恋爱史……（略）。

——刘鹗《老残游记续集》

“酒肉穿肠过，佛主心中留”。这是个别教中之人对其出格行为的自我开脱，也是人们对其出格行为的讽刺。《金瓶梅》的作者对此大声疾呼，极力鞭挞：但凡人家的好儿好女，切忌休要送与寺观中出家，为僧作道，女孩儿做女冠、姑子，都称瞎男盗女娼，十个有九个都着了道儿。有诗为证：

琳官梵刹事因何？道即天尊释即佛；
广栽花草虚清意，待客迎宾假做作；
美衣丽服装徒弟，浪酒闲茶戏女娥；
可惜人家娇养子，送与师父作老婆。

以上前讲的是黑暗的一面，但也要看到问题的另一面，即良家女子出家做女冠、做姑子，一般说来，除虔诚的信道信佛外，家庭困难是一个主要原因，如妙香就是因为父亲早逝，家道中落，母亲年轻不能守寡，要把她卖给妓院，不得已才出家的。出家女子，长大成人后，由于生理的原因、社会的原因、再加上斗母宫向有接客的陋俗，摆脱不了尘世间的烦恼，渴望得到爱情，于是有了“出格”之举。不过她们的“出格”并不是为了一时的快乐（如妙香一直保持着白璧一样的身体），也不是为了荣华富贵（如常静莲不愿享子之富贵），而是图个真挚的爱情抑或“百年婚姻”。这种“出格”是对黑暗社会的抗争，值得同情，也值得赞扬！

第七章
泰山娘娘与有关神祇的比较

各种神祇的形成、发展和演变有其自成体系的一面，同时也有相互影响、沟通和融合的一面。这种影响、沟通和融合或许是传说的乃至附会的，不过神界不同于凡界，在探讨神的“社会关系”及“活动”时，“单用研究历史的方法去研究神的略历，无论如何是不能尽得神的神秘的”（罗香林《碧霞元君》）。

第一节　泰山娘娘与东岳大帝

从东岳大帝这四个字的字面上就不难看出，他就是东岳泰山之神，且是泰山的正统神祇之一。关于东岳大帝的身世，概括起来，主要有七种说法。

（一）金虹氏说

《神异经》曰：“昔盘古氏五世之苗裔，曰赫天氏，赫天氏曰胥勃氏，胥勃氏曰玄英氏，玄英氏子曰金轮王，金轮王弟曰少海氏，少海氏妻曰弥轮仙女也。弥轮仙女夜梦吞二日，觉而有娠，生二子，长子金蝉氏，次曰金虹氏。金虹氏者，即东岳帝君也。”金虹氏、金蝉氏是其母夜梦吞二日所生，显然他们是一支崇拜太阳的部族。我们在第一章中已经谈到泰山文化圈内的古代东夷人也崇拜太阳，因此把金虹氏看作是早期的泰神，有其合理的成分。

（二）太昊说

《枕中书》云："太昊为青帝，治岱宗。"《洞渊集》曰："太昊为青帝，治东岳。"太昊氏属于史前时期的东夷集团。综合《左传》之《昭公十七年》及《僖公元年》的有关记载，太昊之墟在陈，即今河南省濮阳县境内；太昊风姓，风即凤；再说太昊之"昊"字从"日"从"天"，即《帝王世纪》所谓太昊帝"主春，象日之明"。因此把东夷集团内崇拜日与鸟的太昊看作是治岱宗的泰山神，也有合理的成分。

（三）上清真人说

此说见之于《文献通考》：五岳皆有洞府，有上清真人降任其职。按《云笈七签》的说法："上清真人总仙大司马长生法师主三天君，姓柏成，讳欻生，字芝高，乃中皇时人。岁在东维之际，诞于北水中山柏林之下。夫名为欻生者，以母感日华而怀孕。"此说影响虽小，但就其"母感日华而怀孕"和名曰"欻生"而言，有崇拜太阳的意思。

（四）盘古说

《述异记》讲："昔盘古氏之死也，头为四岳，目为日月……秦汉间俗说：盘古氏头为东岳，腹为中岳，左臂为南岳，右臂为北岳，足为西岳。"此把泰山与传说中的创世主盘古联系在一起，除能表明泰山信仰源远流长及名声显赫外，没有更深层次的内容，无法看作是泰山神——东岳大帝身世的由来。

（五）天孙说

《孝经援神契》谓："泰山，一曰天孙，言为天帝之孙也。"天帝虽然神圣，但子虚乌有。天孙说仅能说明泰山神出身不凡，别无他意。

（六）黄飞虎说

此说出自《封神演义》第九十九回：姜子牙封武成王黄飞虎为"东岳天齐仁圣大帝"，"执掌幽冥地府十八重地狱，凡一应生死转化人神仙鬼，俱从东岳勘对，是为五岳之首"。此为小说家言，虽然在民间有一定影响，但不足为信。

（七）少昊说

此为笔者的观点。泰山文化圈内的史前文化，距泰山最近的一支部族是少昊氏，少昊之墟在泰山之南百余里的曲阜。权威学者指出，大汶口文化（以首先发现于泰山脚下的大汶口而得名）就是少昊文化，我们在第一章中曾经谈到，大汶口文化的创造者——少昊氏既崇拜鸟，也崇拜日，又崇拜大山。崇拜鸟者，如大汶口文化中造型如鸟的陶鬶及《左传·昭公十七年》记载的少昊氏鸟王国的情况；崇拜日者，如史前时期东夷地区发现的一系列太阳纹图案及少昊之“昊”字从日从天；崇拜大山者，如大汶口文化陵阳河遗址出土的陶尊文字作“”之形，其意为在大山顶上燎祭于日。活动在泰山一带的部落首领理所当然地就成了泰山神了。正是因为少昊氏的崇拜对象为鸟、为日、为大山，所以我们确认少昊为原始的泰山神的同时，认为金虹氏、太昊等为泰山神说也有一定的合理性。

原始的泰山神——东岳大帝，在魏晋时称“泰山府君”；唐玄宗于开元十三年封东岳为“天齐王”；宋真宗于大中祥符元年加封东岳泰山之神为“天齐仁圣王”，四年改封为“天齐仁圣帝”；元至元二十八年又加封为“天齐大生仁圣帝”；明太祖朱元璋虽然又改称为“泰山神”，但民间习惯上仍称之为“东岳大帝”。理清了泰山神——东岳大帝之后，现在我们再回到东岳大帝与泰山娘娘碧霞元君的比较上来。

（一）在原始的泰山神——少昊与原始的泰山女神——九天玄女身上，都体现了相同或相近的信仰崇拜：一是二者有着几乎相同的活动范围。如少昊之墟仅距泰山百余华里，而九天玄女也是居于泰山一带的（黄帝求战法于九天玄女就是在泰山）。二是二者都崇拜鸟。少昊氏是东夷人鸟王国的首领，而九天玄女的形象是“人首鸟身”。

（二）被人们看作是东岳大帝前身的少昊氏抑或金虹氏、太昊氏和上清真人等都崇拜太阳，少昊、太昊之“昊”字中含有日，“金虹”及上清真人讳“歘生”都有阳光的意思，而泰山娘娘的封号曰“碧霞元君”，“碧霞”二字也含有阳光之义。

（三）有谓东岳大帝与泰山娘娘有着亲属关系：一曰夫妻关系。如《醒世姻缘传》中素姐讲：“那泰山娘娘脱不了也是做女人，赌不信那泰山爷爷要像你这们拗别扭手，那泰山奶奶也没有饶了那泰山爷爷的”。素姐在这里以泰山爷爷对泰山奶奶，显然是把他们看作夫妻。二曰父女关系。这种看法在民间影响甚大，如《三教源流搜神大全》讲："帝一女玉女大仙，即岱岳太平顶玉女娘娘是也。"三曰兄妹关系。《封神演义》讲，黄飞虎为东岳大帝，而民间认为黄飞虎就是泰山娘娘的哥哥。

（四）东岳大帝主死，泰山娘娘主生。东岳大帝的功能与司职，一般讲有三点：一是主王者易姓，保江山稳定，这就是历代帝王封禅泰山的主要原因之一。二是保寿安，使人长命成仙，《史记·封禅书》记载了当时的流行说法是："封禅则不死"；《太山镜铭》也保留了这方面的资料："上太山，见神人，食玉英，饮澧泉，驾交龙，乘浮云，白虎引兮直上山，受长命，寿万年。"三是统领鬼神，知人生命之长短。在民众心目中，这是东岳大帝的最主要最基本的司职，汉代以后，诸如"生属长安，死属泰山"，"中国人死者魂神归岱山（泰山）"等等不绝于书。在泰山这方面的实物也不少，如蒿里祠、奈河桥、丰都大帝庙等。我们在第三章中已详细记述了泰山娘娘的司职是送生保育、祛病防疾、除暴安良，而东岳大帝虽然也有主生的一面，但主要是主死，泰山娘娘则主要是主生，二者其一主死，其一主生，生死虽然都很重要，但还是重生者多，这就是泰山娘娘的影响逐渐超过东岳大帝以致明清以来占据绝对优势的原因之一。

第二节　泰山娘娘与泰山石敢当

泰山石敢当的影响遍及大半个中国乃至日本、朝鲜、东南亚及欧美华人世界。石敢当是中国古代灵石崇拜的遗俗，而最早的文献资料见于西汉史游的《急就篇》："师猛虎，石敢当，所不侵，龙未央。"颜师古注云："卫有石碏、石买、石恶，郑有石癸、石楚、石制，皆为石氏；周有石速，齐有石之纷如，其后亦以命族。敢当，言所当无敌也。"关于石敢当的功能，福建莆田县出土的唐大历五年（766）石铭作了简要的概括："石敢当，镇百鬼，厌灾殃，官吏福，百姓康，风教盛，礼乐张。"石敢当在其整个发展演变过程中有两条线：一是灵石崇拜。将石敢当之石碣或小石人埋于房基或砌于房屋墙壁，立于桥头道冲等均属此类。这方面的资料颇多，如《淮南·万毕术》讲："埋丸石于宅四隅，槌桃核七枚则鬼不能殃也。"《通俗编》引《继古丛编》云："吴民庐舍，遇街衢直冲，必设石人或植片石，镌石敢当以镇之。"有关这方面的民间故事传说也很多，如有一则叫作《镇宅石》的传说讲：三国名医华佗在泰山采药时，其徒弟带回一块泰山石，上书八个大字："泰山压顶，百鬼宁息。"当巫人装鬼来害华佗时，华佗乃举泰山石将其击败。老百姓听说华佗用泰山石能镇鬼魔，便到山上采石凿上"泰山石敢当"五个字，砌在墙上以避邪。

广东徐闻县的一则民间故事传说也很有意思：清康熙年间，数任知县皆到任不几日即死在任上。某黄知县知其事，携一风水先生陪同赴任。先生察明系本县一座宝塔之影正好落在县太爷的公座之上，诸知县皆因不能经受宝塔之压力而死，遂于县衙内立石碑，上刻"泰山石敢当"五字，谓泰山之力可抵宝塔。

另一条线是人格化的石敢当。前述颜师古之注，即有石敢当为人说的意思。此后石敢当人说的种种民间故事传说更不胜枚举。泰山娘娘的信仰与石敢当信仰的可比较之处也主要在这个方面。

（一）石敢当信仰的缘由与泰山女神的缘起，都与原始的自然崇拜——山石崇拜有关。泰山娘娘信仰的缘起与大山崇拜有关，我们在第一章内已作了详细介绍，如"五女圈石"等等，而石敢当信仰缘起于古代灵石崇拜，宗力、刘群在《中国民间诸神》中讲得非常明确："实际上，此（石敢当）即古代灵物崇拜之遗风，以石为灵物，赋予辟邪镇鬼之神力，埋于宅下，后又借用'石敢当'句，以壮其声威。即如近代简化为小石碑、小石人，实亦视为辟邪之灵物耳。"特别值得注意的是，宋元时期又在石敢当前增加了"泰山"二字，更增加了石敢当的威力。

（二）人格化的石敢当与泰山娘娘可比较之处就更多了。

1.在民间故事传说中，有泰山娘娘是石敢当的女儿这种说法。大意是：泰山娘娘碧霞元君是石敢当的三女儿，住在泰山东南的徂徕山下，三姑娘从小勤劳善良，长大成人后，经常上山打柴，有时还避雨于山洞。有一天，洞主老太太对三姑娘讲，你是下凡的仙女，命大福大造化大，到泰山去吧。玉皇大帝为泰山选主之日，聪明的三姑娘在老太太的指点下，智斗做泰山之主的柴王，被玉皇大帝封为碧霞元君。

2. 民间谓石敢当与泰山娘娘都是由人而神的。《集说诠真》讲“石敢当本为人名”。《姓源珠玑》讲，石敢当是五代时刘智远的勇士（实际上是石敢其人而非石敢当）。至于泰山娘娘，也有认为是真有其人的，如《玉女卷》讲，泰山娘娘名玉叶，中元七年甲子四月十八日子时生，是西牛国孙宁府奉符县善士石守道的女儿。石敢当是因为勇敢被奉为神的，而玉叶（泰山娘娘）则是修炼成仙的。

3. 石敢当与泰山娘娘都为人治病。泰山娘娘的属神有眼光娘娘、耳光娘娘、癍疹娘娘、痘疹娘娘等，都是为人治病的神。而石敢当也有“大夫”之说，如王世祯的《古夫于亭杂录》讲：“齐鲁之俗，多于邨落巷口立石，刻‘泰山石敢当’五字，云能暮夜至人家医病。北人谓医士为大夫，因又名之曰石大夫。”

4. 石敢当与泰山娘娘都除暴安良。泰山娘娘除暴安良表现在抗玉皇、斗龙王、救民女、爱百姓等方面。石敢当除暴安良主要表现在驱鬼、驱妖上。陶阳等所编的《泰山民间故事大观》收录了驱妖型石敢当故事两则，驱鬼型石敢当故事一则。有则驱妖型的故事梗概是：泰安城南大汶口镇，有一个美丽的姑娘，因被妖魔缠身，整天面黄肌瘦，久治不愈。姑娘的父母听说石敢当能驱妖降魔，就把石敢当请来了。石敢当说道：“这事好办，请准备十二个童男、十二个童女。男的一人一个鼓，女的一人一面锣。再就是准备一盆子香油，把棉花搓成很粗的灯捻，准备一口锅，一把椅子。只要把东西准备齐了，我准能把妖魔镇住。”天黑时候，从东南来了一阵妖风，此时石敢当用脚一踢，踢翻了锅，灯光一亮，十二个童男童女一齐敲锣打鼓，妖怪看见灯光一亮，就闪出屋，朝南方跑了。妖魔在南方作怪，石敢当到南方去捉；妖魔又跑到了关东，石敢当又赶到关东去捉。石敢当心想：我拿他一回儿，他就跑得很远，全国这么大地方，我也跑不过来。泰山石头很多，找石匠打上我的家乡及我的名字——泰山石敢当，这样谁家闹妖怪，就把它放在谁家的墙上，那妖怪就跑了。“驱鬼”型的故事讲：一天石敢当外出打柴，发现一娶亲者后边有四个鬼跟着，石敢当就追上去了。鬼看见石敢当来，就闪到一边去了。当石敢当刚要走，那鬼就又跟上了。石敢当不放心，就跟着花轿走到了新郎家门口。石敢当看没有事了，就离开了，他刚离开，这四个鬼接着就往门口拥，石敢当拣了两块石头咋呼道：“放在这门口，就代表我石敢当。”那四个鬼见到石头，就不敢进去了。

第三节　泰山娘娘与菩萨

明代中、晚期，泰山的有关碧霞元君庙（殿）以“九莲菩萨”和“智上菩萨”配祀于泰山娘娘，这是一个非常有趣的问题。

菩萨是佛教中的高级职称，地位仅次于佛。菩萨是菩提萨埵（梵文Bodhisattva）的音译之略，意译为“觉有情”“道众生”“道心众生”等。菩萨的职责是帮助佛，解救在“苦海”中的芸芸众生。中国人有所谓四大菩萨之说，即“文殊菩萨”“普贤菩萨”“观音菩萨”和“地藏菩萨”。而在中国民间影响最大的是观音菩萨，把她看作是“大慈大悲”的救世主（图7–1）。明人谢肇淛《五杂俎》卷十五称：“佛氏之教，一味空寂而已。惟观音大士，慈悲众生，百方度世，亦犹孟子之与孔子也。”清人蒲松龄也说：“故佛道中惟观自在（观世音），道仙中惟纯阳子（吕洞宾），神道中惟伏魔帝（关帝），此三圣愿力宏大，欲普度三千世界，拔尽一切苦恼，以是故祥云宝马，常杂处人间。”观世音之大慈大悲与泰山娘娘之有求必应，从这个角度讲，二者有相近之处。

图7–1　送子观音菩萨

菩萨是佛教中的神，而在明代以九莲菩萨和智上菩萨配祀于泰山娘娘是有其原因的。九莲菩萨和智上菩萨不同于一般意义上的菩萨，是特指。九莲菩萨是指明万历皇帝的生母孝定李太后，于万历四十二年死后谥号为“孝定贞纯钦仁端肃弼天祚圣母太后”。《明史》讲她“顾好佛，京师内外多置梵刹，动费巨万，帝（指万历帝）亦施无算”。《明史》之《悼灵王传》讲得更清楚：“九莲菩萨者，神宗母，孝定李太后也。太后好佛，宫中像作九莲座，故云。”“九莲”

图7-2　九莲菩萨

在明代也是一个特殊含义的术语，如明刊《佛说皇极结果宝卷》讲："证皇极不落四生，入九莲不遭六道。"最为玄乎的是，这位九莲菩萨死掉若干年后还能在宫中"显灵"。《悼灵王传》载："（悼灵王）生五岁而病，帝视之，忽云：'九莲菩萨言，帝待外戚薄，将尽殇诸子。'遂薨。"所谓帝待外戚薄是指，孝定李太后的族孙武清侯李国瑞与其庶兄李国臣争，国臣称其父遗赀四十万，愿助军饷，崇祯帝向国瑞勒取，国瑞不能应，遂夺其爵，株连家人，李国瑞被吓死，于是九莲菩萨"显灵"了。另据《皇烈小识》载："悼灵王病笃，上临视之。王指九莲花娘娘现立空中，历数毁坏三宝之罪，及苛求武清云云。言讫而薨，上大惊惧，极力挽回，亦无及矣。"所谓"毁坏三宝之罪"，是指崇祯帝曾诏令把宫中所有的佛像撤出宫外。撤象的原因，一说是皈依天主教之故，一说是以铜像充军饷，或二者兼而有之。"显灵"显然是某些人利用悼灵王病笃制造的骗局，但还真的骗住了崇祯帝，不仅把撤出的佛像搬了回来，而且还命礼臣议孝纯皇太后道号。"孝纯"是崇祯帝生母的尊谥。据聂剑光的《泰山道里记》记载：崇祯辛巳（崇祯十四年，即1641年）在泰山天书观九莲殿后建"智上殿"。副使左佩玹碑云："皇上追崇孝纯皇太后为西天净土极乐世界菩萨，号曰智上，建宝刹于岱。"（图7-2）这位"智上菩萨"追随"九莲菩萨"之后，也到泰山归于泰山娘娘的麾下了。如元君下庙正殿神案上有三位神像，中为泰山娘娘，左、右两旁是九莲菩萨和智上菩萨。

众所周知，"孝定"也好，"孝纯"也罢，本与泰山娘娘没有任何必然的联系，也没有泰山娘娘的那些恩德，谥号为××菩萨及配祀于泰山娘娘，无非是想沾大慈大悲的菩萨的光及分享泰山娘娘的香火。

第四节　泰山娘娘与天妃娘娘

天妃娘娘亦称天后娘娘、妈祖等，也是在民间影响很大的女神之一，据说仅台湾就有大大小小天妃庙500余座。天妃娘娘的势力范围主要在南方特别是沿海一带，一般把她看作是“海神”；而泰山娘娘的势力范围主要在北方，一般把她看作是“山神”。她们之间虽然有地域之差和海神山神之别，但可比较之处甚多。

（一）泰山娘娘和天妃娘娘的身世都有原为民女一说。泰山娘娘原为西牛国孙宁府奉符县善士石守道的女儿，后修炼成仙，这种说法见之于《玉女卷》，此不再赘述。据说天妃娘娘也是真有其人的。《集说诠真》讲：“或称天妃为福建莆田县都巡检林愿女，为浙江温州方士林灵素女，为闽中蔡氏女。”其中以林愿的女儿林默说最为流行。天妃娘娘林默的祖辈可追溯到唐代。唐宪宗时，莆田县有一个林牧，有九个儿子都做了刺史，人称“九牧林氏”，传至九世孙有林愿者，即天妃娘娘林默的父亲。据《莆田县志》记载，林默出生时“地变紫，有祥光异香”。《三教源流搜神大全》也讲，林默母“尝梦南海观音与以优钵花，吞之已而孕，十四月始娩身，得妃。……诞之日，异香闻里许，经旬不散”。林默长大成人后，“通悟秘法，预知休咎事；乡民以病告，辄愈”。而她最大的能耐是对海事有着不同凡响的“灵感”。后因林默抢救海上遇险的渔民而死，民间谓之升化成仙。天妃娘娘的身世与《玉女卷》所讲泰山娘娘“貌端而性颖，三岁解人伦，七岁辄闻法，尝礼西王母，十四岁忽感母教”等，有着较为相似的一面。

（二）泰山娘娘与天妃娘娘都是心地善良的善神。泰山娘娘乐行善事。天妃娘娘的善事也非常之多。《铸鼎余闻》卷一记载甚详：“（元）王元恭《四明续志》卷九《祠祀篇》引程端学《天妃庙记》曰：神姓林氏，兴化莆田都巡君之季女，生而神异，能力拯人患难。室居，未三十而卒。宋元祐间，邑人祠之，水旱疠疫，舟航危急，祷辄应。宣和五年，给事中路允迪以八舟使高丽，风溺其七，独允迪舟见女神降于樯而免。事闻于朝，锡庙额曰‘顺济’。绍兴二十六

图7-3　天妃娘娘

年封灵惠夫人。三十年海寇聚江口，居民祷之，神见空中，起涛风烟雾，寇溃就获。泉州上其事，封灵惠昭应夫人。乾道三年兴化大疫。神降曰‘去潮丈许有泉可愈病’。民掘斥，甘泉流出，饮者立愈。又海寇作乱，官兵不能捕，神迷其道，俾至庙前就擒，封灵惠昭应崇福夫人。淳熙十一年福兴都巡检使姜特立捕温台海寇，祷之即获，封灵惠昭应崇福善利夫人。既而民疫忧旱，祷之愈且雨。绍熙三年特封灵惠妃。庆元四年，瓯闽诸郡苦雨，唯莆三邑祷之霁且有年，封灵惠助顺妃。时方发闽禺舟师平大奚寇，神复效灵起大雾，我明彼暗，盗悉扫灭。嘉定元年，金人冠淮甸，宋兵载神主战于花靥镇，仰见云间皆神兵旗帜，大捷。及紫战金山，复见神像，又捷三战，遂解合肥之围，封灵惠助顺显卫妃。嘉定十年亢旱，祷之雨。海寇犯境，祷之获，封灵惠助顺显卫英烈妃。嘉熙三年，以钱塘潮决堤至艮山祠若有限而退，封灵惠助惠嘉应英烈妃。宝祐二年旱，祷之雨，封助顺嘉应英烈协正妃。三年封灵惠助顺嘉应慈济妃。四年封灵惠协正嘉应慈济妃。是岁又以浙江堤成筑，封灵惠协正嘉应善庆妃。景定三年祷捕海寇，得反风。胶舟就擒，封灵惠显济嘉应善庆妃（图7-3）。宝祐之封，神之父母女兄以及神佐皆有锡命。皇元至元十八年，封护国著天妃。大德三年，以漕运效灵封护国庇民明著天妃。延祐七年，封护国庇民广济明著天妃”。仅就这段记载即不难看出，天妃娘娘与泰山娘娘差不多一样，也是一位有求必应的万能善神。

（三）泰山娘娘与天妃娘娘都有“碧霞元君”之称号，都有送生保育以至“永保漕河福德”之职能。泰山娘娘称碧霞元君源自宋真宗的加封。天妃娘娘称碧霞元君见于《古今图书集成·神异典》所引的《使琉球杂录·天妃》：“明庄烈帝（即崇祯帝）封天仙圣母青灵普化碧霞元君，已又加静贤普化慈应碧霞元君。”《黟县志》亦云：“泰山碧霞元君祠，宋真宗时敕建。又，天后明亦曾封为碧霞元君。”康熙御制庙碑也讲：“元君初号天妃。”

值得注意的是，民间也有泰山娘娘称天妃的说法：“碧霞元君又称老奶奶，乃是山东人氏，十五岁时，因事外出，路遇仙人，授予异术。归至家中，举动大变，人有疾苦，只身往救，家人不能禁，又喜白昼睡觉，尝整日不醒。后往泰山黄花洞，炼丹修道，死后便变为神，历代均有封号，或称天仙，或称天妃，而尤以碧霞元君一名为普遍”。（罗香林《碧霞元君》）有人认为，泰山娘娘与天妃娘娘混同，是因为误天仙为天妃，当然是说甚是，不过我们已有言在先，探讨神不同于研究历史，因此不能过多地指责误传。民间还有一种说法是泰山娘娘和天妃娘娘都是观世音所变：“观世音为千百亿化身，在南为海神天后，封碧霞元君；在北为泰山玉女，亦封碧霞元君，皆一人也。”（转引自清·韩锡胙《元君记》）

作为泰山娘娘的碧霞元君，其送生保育的司职这里无须再言。而作为天妃娘娘的碧霞元君，其送生保育的司职也有一定的影响。如天津小直沽天妃宫，正殿供奉天妃娘娘，天妃娘娘左右侍立着许多娘娘，其中与送生保育有关的娘娘有，千子娘娘、百子娘娘、子孙娘娘、乳母娘娘，另外还有眼光娘娘、耳光娘娘、瘢疹娘娘等。再者，后面还供泰山娘娘碧霞元君。到此宫烧香祈子者甚多。这里天妃娘娘与泰山娘娘同供于一宫内是值得玩味的。再如九龙有一座名叫“大庙”的“天后宫”，宫内设有天妃娘娘的寝室，室内设有龙床，每逢农历三月二十三，婚后未育的信女们，常来拜求娘娘。更有求子心切者为获得摸一下龙床和得到庙祝“早生贵子”的祝福，常常掏腰包，使小费，向庙祝们行贿。这里的送生习俗和北方地区（特别是泰山）娘娘庙的送生方式方法有所不同，即不见北方（其实不限于北方）常见的那种拴娃娃习俗。

天妃娘娘是海神水神，保佑出海乃至内河航运平安无恙应是其主要司职，但随着泰山娘娘影响向南辐射及天妃娘娘影响向北辐射，在二位娘娘的司职方面出现了相互影响和彼此移植的现象。明崇祯年间，江苏兴化县人李清所著的《梼杌闲评》写道：江苏宝应县“城北泰山庙，香烟最盛，四季皆是挨挤不开，香气尝闻四、五十里”。还谈到该庙是因黄、淮决口，碧霞元君显灵助修河堤而建。碧霞元君自称奉玉帝敕旨，来淮南收服水怪，保护漕堤。因而人们称她为“永护漕河福德神”。

（四）天妃娘娘地位的抬高与泰山娘娘地位的抬高极为相似。天妃娘娘和泰山娘娘作为善神，能够得到民间的信仰崇拜是不言而喻的。稍有不同的是，出海打鱼、航运等常遇风浪或恶鱼作怪，祈求平安无事的心理，形成了以渔（船）业为主的信仰区，这就是天妃娘娘的信仰。而泰山娘娘虽说是山神，但东天一柱的泰山的地理环境，形成了以农业为主的信仰区。渔（船）民也好，农民也罢，他们都是劳苦大众，都需要有一个精神上的寄托，这就是经典作家所谓“精神鸦片”。民间还称泰山娘娘为“泰山奶奶”“泰山老奶奶”；称天妃娘娘为“妈祖”等。天妃娘娘和泰山娘娘地位一再抬高的另一个原因是统治阶级维护统治地需要。泰山娘娘初名玉叶，继而为玉女，为天仙，宋真宗皇帝封之为天仙玉女碧霞元君，并敕建宫观。从宋至清历代对天妃娘娘册封多达四十余次，封号累计有五十六字：如辅国护圣、护国庇民、灵惠助顺、妙灵昭应、宏仁普济、昭灵显佑、广济明著等。地位也由最初的林默姑娘而为夫人，为天妃，为圣妃，直至抬高为天后！祭祀也由民间祭祀而逐渐升格为朝廷派大臣致祭，并载入国家祀典。

第五节　泰山娘娘与王母娘娘

王母娘娘是由西王母演变而来的，这是人所共知的事。早期的西王母即原始的泰山女神，我们在第一章第五节中已有详述。本节重点探讨是作为民间信仰的王母娘娘（而非那个早期的西王母）与泰山娘娘的关系。

由西王母演变为王母娘娘经历了一个很长的过程。早期的西王母蓬发载胜，豹尾虎齿，形象非常丑陋，其司职为“司天之厉及五残”，是位凶神。从成书于战国时期的《穆天子传》中，西王母的形象变化已初露端倪，以后逐渐被美化、仙化，汉晋时期（也就是道教形成和发展的时期）成了群仙领袖，并握有不死之药。民间认为，王母娘娘与泰山娘娘一样，也是有求必应的善神。

（一）在道教仙话中，有谓王母娘娘即泰山娘娘的意思。《瑶池记》云：“黄帝尝建岱岳观，遣女七，云冠羽衣，焚修以迓西昆真人。玉女盖七女之一，其修而得道者。”岱岳观位于“王母池”（古称“瑶池”或“群玉庵”）之西邻，李谔的《瑶池记》所谓之瑶池无疑应是指王母池。既然王母池所供奉的是王母娘娘，那么《瑶池记》中的玉女显然就是指王母娘娘了。值得注意的是，明清所谓七女之一的玉女是指泰山娘娘。谢肇淛《登岱记》云：“元君者，黄帝七女之一也。”王思任《观泰山记》载：“考元君之始，黄帝封岱，遣七女云冠羽衣，迎昆仑真人。元君其一也。”文翔凤的《登泰山记》亦有相同的看法：“至碧霞之宫。相传为黄帝时遣七女，云冠羽衣，于岱岳之上以迓西昆真人，而玉女其一有道术者。”

（二）王母娘娘握有长生不死之仙药与泰山娘娘主生意有相近之处。《穆天子传》记载，西王母曾为天子谣曰：“将子无死。”到了《淮南子》中就出现“羿请不死之药于西王母”的说法了。到了魏晋时期，假托于班固所著的《汉武故事》和《汉武内传》中，不死之药变成了仙桃。《汉武内传》载：到七月七日，乃修除宫掖，设座大殿，以紫罗荐地，燔百和之香，张云锦之帏，燃九光之灯，列玉门之枣，酌蒲桃之醴，宫监香果，为天宫之馔。帝（汉武帝）乃盛服于阶下，敕端门之内不得有妄窥者；内外寂谧，以候云驾。到夜二更之后，忽见西南如白云起，郁然直来，径趋宫庭。须臾转近，闻云中箫鼓之声，人马之响。半食倾，王母至也；悬投殿前，有似鸟集：或驾龙虎，或乘白麟，或乘白鹤，或乘轩车，或乘天马。群仙数千，光耀庭宇。既至，从官不复知所在，唯见王母乘紫云之辇，驾九色斑龙，别有五十天仙，侧近鸾舆，皆长丈余，同执彩旄之节，佩金刚灵玺，戴天真之冠，咸住殿下。王惟扶二侍女上殿，侍女年可十六七，服青绫之褂，容眸流盼，神姿清发，真美人也！王母上殿东向坐，着黄金褡襕，文采鲜明，光仪淑穆，带灵飞大绶，腰佩分头之剑，头上太华髻，戴太真晨婴之冠，履元璚凤文之鞋。视之可年三十许，修短得中，天姿掩蔼，容颜绝世，真灵人也！下车登床。帝跪拜问寒暄毕，立。因呼帝共坐。帝面南。王母自设天厨，真妙非常，丰珍上果，万华百味，紫芝萎蕤，芬芳真槷，清香之酒，非地上所有，香气殊绝，帝不能名也。又命侍女更索桃果。须臾，以玉盘盛仙桃七颗，大如鸭卵，形圆青色，以呈王母。母以四颗与帝，三颗自食。桃味甘美，口有盈味，帝食辄收其核。王母问帝。帝曰：欲种之。母曰：此桃三千年一生实，中夏地薄，种之不生。帝乃止于坐上。酒觞数遍，王母乃命诸

图7-4　王母娘娘

侍女，王子登弹八琅之璈，又命侍女董双成吹云和之笙，石公子击昆庭之金，许飞琼鼓震灵之簧，婉凌华拊五华之后，范成君击湘阴之磬，段安香作九天之钧，于是众澈明，灵音骇空；又命法婴歌元灵之曲。（图7-4）后世之祝寿礼品，不可缺桃，盖亦缘此。在这里稍有不同的是，泰山送生保育是管小儿的，而王母娘娘使人成仙长寿是管长者的。

（三）王母娘娘与泰山娘娘一样，也有赐福、赐子、祛灾的司职。汉人焦延寿的《易林》明讲："稷为尧使，西见王母。拜请百福，赐我善子"。"引船牵头，虽拘无忧。王母善祷，祸不成灾。"笔者曾在泰山王母池做过调查，朝拜王母娘娘的香客，祈求赐福者有之，祈求赐子者有之，祈求祛灾者有之，且与朝拜泰山娘娘一样虔诚。另外，泰山之"梳妆院""万仙楼"等都既祀王母，也祀元君。

第六节　泰山娘娘与玉皇大帝

泰山极顶称玉皇顶，建玉皇庙，供奉玉皇大帝；与之近临的碧霞祠供奉的是泰山娘娘——碧霞元君。二者同居于岱顶（图7-5），其中的奥妙是什么呢？

玉皇在道教中的地位仅次三清，为高级神明之一，在世俗的心目中玉皇大帝却是中国最大的神祇，是众神之王，如神话小说《西游记》中，玉皇大帝管辖着天神、地祇、人鬼，以致三清也成了他的辅臣。这恰如《聊斋志异》所说：

图7-5　泰山玉皇庙

“天上有玉帝，地下有皇帝。”玉皇大帝的原型可追溯到上古时期的天帝崇拜（后详），东汉末年纳入道教系统。后来道教理论家所编的《玉皇经》，说他本是极遥远年代的光严妙乐国的王子，后来舍弃王位，在山中学道修真，辅国救民，变化群生。经过三千二百劫，始证金仙，当上了“清净自然觉王如来”。又经过亿劫，当上了玉皇大帝。这实际上是改头换面的释迦牟尼的故事。玉皇大帝的形象，一般是身穿九章法服，头戴十二行珠冠冕旒，手执笏板，旁侍金童玉女，完全是秦汉帝王的打扮。

（一）玉皇大帝的原型来源与泰山娘娘的缘起有近似之处。泰山女神（含原始的泰山神少昊）的缘起都与天、地及大山崇拜有关，此有封禅为借泰山之高筑坛祭天为证。玉皇大帝的原型就是上古时期的天帝。天帝崇拜源于人类早期的宗教信仰——自然崇拜，因而各种各样的自然神祇很多。到了殷商时代，诸神中出现了最高神，这就是天帝。当时人们称这个最高神为“上帝”，“上帝有很大的权威，是管理自然与下国的主宰”（陈梦家《殷墟卜辞综述》）。西周以后，天帝信仰已广泛流传，有了皇天、上天、旻天、天帝、皇天上帝、昊天上帝等多种尊称。周及后世统治者的天帝崇拜是有政治目的的，即宣扬“君权神授”。儒家也有这方面的说教，如《论语·颜渊》讲：“死生由命，富贵在天。”历代帝王都到泰山封禅，也含有宣扬“君权神授”的意思。

（二）民间传说中，还有泰山娘娘是玉皇大帝的属神、女儿或妹妹等说法。《泰山民间故事大观》收录的有一则叫作《泰山顶上为什么没有树》的民间故事，讲得就是玉皇大帝与泰山娘娘兄妹俩争占泰山这块宝地的故事：传说泰山娘娘是玉皇大帝的妹妹，兄妹俩都想占据泰山这块宝地。后来大家说定，谁先到泰山，这个地方就归谁。玉皇大帝跑得快，先到了山顶。为了证明他已到达，便在山顶上埋了个念经用的木鱼。泰山娘娘来晚，发现玉皇大帝已经埋下了木鱼，便把自己的绣鞋又埋到了木鱼下边。泰山娘娘找到玉皇大帝（图7-6），玉皇大帝说：“妹妹，你来迟了这块地方归我了。”泰山娘娘说：“哥，你才来迟了，这

图7-6　玉皇大帝

个地方归我了！”玉皇大帝说：“我先到这儿，有木鱼为证。”说着从地下挖出木鱼来。泰山娘娘说：“你再往下挖，看看还有什么？”玉皇大帝往下一挖，挖出了泰山娘娘的绣鞋，不觉愣了。泰山娘娘说：“后来居上，哥，你还不知道？”玉皇大帝输了，可是又不甘心，愤愤地对泰山娘娘说：“泰山就归你！我要把山顶上的树都拔光，晒死你这个黄毛丫头。”说完，就把山顶上那么多的树全都拔光了。

（三）据说宋真宗为封禅而伪造的降天书的闹剧与玉皇大帝也有关。玉女石雕像是宋真宗封禅泰山时发现的，又是宋真宗封为“碧霞元君”的。所谓宋真宗封禅与玉皇大帝的关系，《宋史》有载：“帝（宋真宗）于大中祥符五年十月语辅臣曰：朕梦先降神人传玉皇之命云：‘先令汝祖赵某授汝天书，令再见汝，如唐朝恭奉玄元皇帝（太上老君）。’”《宋史》还载，这位赵天子的祖上就是“灵仙仪卫天尊”，宋真宗梦见他对自己说道：“吾人皇九人中一人也，是赵之始祖，再降，乃轩辕皇帝，凡世所知少典之子，非也。母感电梦天人，生于寿丘。后唐时，奉玉帝命，七月一日下降，总治下方，主赵氏之族，今已百年。皇帝善为抚育苍生，无怠前志。”宋真宗善于假戏真唱，在宫内滋福殿恭设玉帝像，不久（即大中祥符七年）又上圣号为“太上开天执符御历含真体道玉皇大帝”。“玉皇大帝”之称，盖始于此。

第八章
泰山娘娘信仰之盛的原因

自宋真宗大中祥符元年（1008）封泰山玉女池内发现的女性石雕像（泰山娘娘）为天仙玉女碧霞元君后，信仰者渐多，明清两朝是最盛的时期，明人王锡爵于万历二十一年（1593）撰写的《东岳碧霞宫碑》描写道：自碧霞宫兴，而世之香火东岳者咸奔走元君，近者百里，远而数千里，每岁办香岳顶者，数十万众。清代信仰泰山娘娘盛况，时人韩锡胙的《元君记》也描写："统古今天下神祇，首东岳，而东岳祀事之盛，首碧霞元君……自京师以南，河淮以北，男、妇日千万人，奉牲牢香币，喃喃泥首阶下。"那么泰山娘娘信仰之盛的原因是什么呢，这是本章需要回答的问题。

第一节　母性崇拜的文化积淀

泰山娘娘的性别是女性，自古至今没有争议。母性崇拜是中国传统文化的重要组成部分，其历史之悠久，影响之广泛，是其他任何崇拜都无法比拟的，如中国大凡歌颂、赞美最崇高最神圣的都比作母亲：大地是母亲，故乡是母亲，祖国是母亲，人民是母亲，党是母亲等等。

社会发展史告诉我们，原始社会中有一个母系氏族社会发展阶段，在这个阶段中女性是社会地位最高的人，是统治者。换句话说，就是母性最伟大。原始社会，由于生产工具的简陋和生存环境的险恶，人类生存、生活的维持，很大程度上取决于人数的多少，诚如普列汉诺夫所说："氏族的全部力量，全部生活能力决定于它的成员的数目，因而每一个成员的死亡，对于其余的人是一个重大的损失。”（《普列汉诺夫美学论文集》第一卷）在当时基本没有医学知识可言的情况下，人的生育（种的繁衍）即成为“历史的决定因素”之一。（恩格斯《家庭、私有制和国家的起源》序言）

在科学技术不发达的蒙昧时代，人们不知道生育是男女两方“合作”的结果，仅直观地发现是女人们的事情，因而古人只知有其母而不知有其父。《庄子·盗跖篇》讲：“古者……民知其母不知其父。”《吕氏春秋·侍君览》也讲：“昔太古……其民聚生群处，知母不知父。”西方学者也发现了这个问题，爱尔乌德在其所著的《社会问题》中说道：上古的人，不知父与子女有生理上的联络；反之，母与子女有生理上的联络，则是显而易见的。虽然不知道生理，也能知道母子是有关系的。其他如列维—布留尔、詹·乔·弗雷泽、布雷多克、斯宾塞、罗素等人也都提出过这种看法。既然认为生育与父无关，那么古人怎样解释女人怀孕呢？在“古代的人们看来，之所以能够生育子女，是由于图腾童胎入居妇女体内的结果”（于省吾《“履帝武敏歆”解》）据古典文献记载，商人的先祖契是简狄吞鸟卵而生，周人的先祖弃是姜嫄履大人迹而生，大禹是修巳吞薏苡而生，乃至还有传说汉刘邦是其母刘媪“吞赤珠而生”。因此，有人得出“圣人皆无父，感天而生”的结论。

中国传统文化中的崇拜母性，还有许多典型的例子，如把大地叫“地母”，“地”字从土从也，而“也”《说文》解释说，即“女阴也”。大地乃生长万物之母，女性乃诞生人类之母，二者有着相互感应难解难分的关系。再说天帝，皇帝之“帝”字，甲骨文字形作“”等，上边的那个倒三角形，实为妇女下体“女性三角区”的抽象摹写。卫聚贤讲：“▽，象女子生殖器，”（卫聚贤《古史研究·三皇及五帝》）赵国华亦认为，“▽”作“帝”，其“字形源于象女阴的抽象鱼纹”（赵国华《生殖崇拜文化略论》）。还有姓氏之“姓”字，从女从生。《通志略·氏族略序》讲：“三代以前，姓氏分而为二，男子称氏，妇人称姓。……氏同姓不同者婚姻可通，姓同氏不同者婚姻不可通”。“氏所以别贵贱，姓所以别婚姻”。在极重血缘伦理的中国文化中，婚姻是一件至上的大事，“姓”是婚姻的枢纽。而“氏”却与婚姻无关。

中国土生土长的道家及道教对女性崇拜最为突出。老子在其著名的《道德经》中指出：“浴神不死，是谓玄牝，玄牝之门，是谓天地根。”此处浴字作

“谷”，也为“溪谷”，古人常以有水的溪谷比拟女性生殖器；牝字为牡的对应字，是一切动物的母性生殖器。老子这四句话用现代语言表达就是：太空的元神不死而永生，这就是微妙的母性，黑色的女性阴户，是产生天地、人类的根本。詹石窗先生对道教与女性之关系曾作有专门的探讨，詹氏认为：在先秦即存在女神崇拜和女仙崇拜两种表现形式。后来，由于交往圈的扩大，由于神话传说的模糊性和心理、伦理、审美的种种原因，女神崇拜与女仙崇拜发生了融合，道教不仅继承了带有融合特征的女性崇拜的观念和仪式，而且对此有了很大的发展。这既表现为女性神仙的形象变化，又表现为女性神仙队伍的扩大。而这一切在中国文化史上发生广泛影响，尤其是民间传说和文学艺术更受到深刻的渗透。(詹石窗《道教与女性》)

中国特色的佛教信仰也崇拜女性。佛教传入中国后，与中国本土文化有斗争、有交流、有融合，逐渐形成了中国特色的佛教文化。观音菩萨由“男”变“女”就是一个明显的例子。观音，是观世音的简称，为佛国众菩萨之首，他(她)在世俗中的知名度和影响绝不低于如来佛，特别在女信徒心目中的地位，甚至超过了释迦牟尼。菩萨在佛国中的地位仅次于佛，又叫“大士”。菩萨的意思是“觉有情”，“道众生”。其职责是协助佛普度众生到极乐世界去，了却一切烦恼，永远欢乐。今天人们所熟知的端庄美丽、楚楚动人的观音菩萨，最初的原形为古印度婆罗门教中一对可爱的孪生小马驹，叫双马神童，象征着慈悲和善。它神通广大，能使盲人复明、不孕者生子、公牛产奶、朽木开花。佛者产生以后，神马驹渐次成为一位慈眉善目的菩萨，叫马头“观世音”，形象依旧是一匹小马驹。以后它被人格化，塑造为男人身，观音菩萨变成了一位威猛的伟丈夫。净土宗在中国流传以后，极乐世界的观音菩萨也受到广泛的崇敬。受中国本土文化的影响，为了满足中国世俗的需要，观世音逐渐由男变女，成为一位大慈大悲的女菩萨，深受中国民众的欢迎。观音菩萨不仅性别改变了，而且国籍、民族也发生了变化，甚至被附会为汉家的公主，把她说成是楚庄王(妙庄王)的三女儿妙音。车广锦同志用象征考古学的方法研究中国传统文化，指出葫芦瓶是“孕妇形体的象征”，“葫芦瓶被佛教文化所袭用，观音菩萨总是一手拿着葫芦瓶，一手持羽状物或碓头状物沾取葫芦瓶的圣水洒向大地，立即便死物复苏。……葫芦瓶的口和内腹则是女阴的象征，而其外形又是孕妇形体的象征。这完全是在歌颂人类和自然界的生殖力量，以‘生’的伟大力量战胜死亡。中国古代和世界其他一些地区流行葫芦生人的传说，并且伴有洪水故事，常被称为葫芦文化或洪水文化。所谓葫芦生人实际是孕妇分娩，而洪水则象征分娩时的羊水”[①]。这里还值得注意的是，观音菩萨的大慈大悲以及能使盲人复明，不孕者生子等与泰山娘娘的司职有着惊人的相近之处。

儒家思想从总体上是重男轻女的，说什么“唯女子与小人难养也”。但具体到“母”或“祖母”等女性长辈，情况就不同了。中国古代之丧礼，考、妣是一样的。特别是丧夫的寡母，法律赋予她更大的权威，子不孝母，有可能被指控为犯有“恶逆”“不孝”等罪，而这些罪在古代则是十恶不赦的。儒家学派的创始人孔子、孟子也受到母权文化的影响。众所周知，孔子、孟子都自幼丧父，其生养和教诲都是由母亲一手完成的，儒家学说的核心是“仁”，“仁”之核心是“孝悌”，而“孝悌”的基石是人伦亲亲的血缘关系。儿女不仅为母亲所生，而且为母亲所养，母亲对子女人格、智力、情感、心态等的影响和塑造比父亲更直接更深重，因而母亲的形象要比父亲的形象更恒久地留在儿女的内心中。

文物考古资料也有许多女性崇拜的实物出土，如新石器时代的马家窑文化遗址中曾出土雕有女性头像和硕大女阴的陶壶。辽西红山文化女神庙遗址出土不少裸体孕妇塑像（图8-1），被认为“是奉为开天辟地至上神的崇拜偶像。特别是其中两尊用红黄胶泥精细塑造的孕妇像，是远古先民模拟人间母亲模样构造的生育之神的形象。那圆鼓鼓凸起的肚腹，突出于女阴上的压印三角纹，寄托着先民对生育繁殖的强烈祈求”。“裸体孕妇塑像，其鼓圆形的大肚子象征圆圆苍穹（天），僵硬背部象征方形大地。它充分显示了女娲的形象特征，还透露出一个女娲造人的秘密——史前时期先民们崇拜生育神，孕妇们在冬至日集中生孩子的习俗”。讲的再明确一点就是“红山文化女神像乃女娲形象”（石云子《红山文化女神像乃是女娲形象》）。

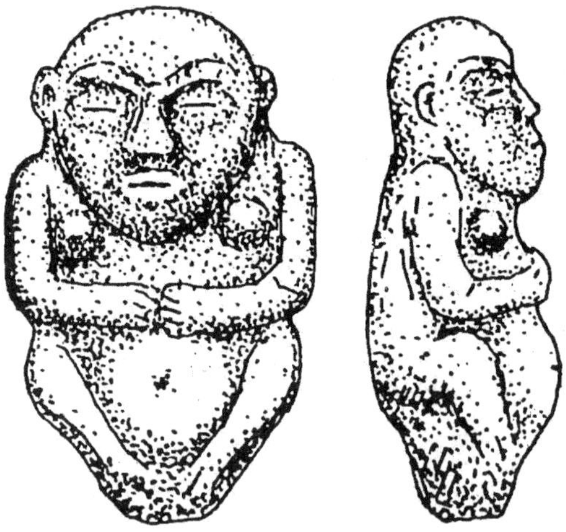

图8-1　红山文化的女神像

① 车广锦：《中国传统文化论》，《东南文化》1992年第5期。

仪平策先生在《论中国母性崇拜文化》一文中指出，“由于原始母权的潜留，中国文化形成了偏于女性化的特色，通过母亲之角色和儿子之中介，中国女性将她们的精神贯注到了男权文化的各个领域中”（《民俗研究》1993年第1期）。泰山娘娘不仅是一位女性，且是一位居于名山的女神，再加上她那大善大悲及有求必应的好心眼，广泛地受到崇敬是不言而喻的。

第二节　民众的心理因素

社会存在决定社会意识，这是马克思主义的基本观点之一。经典作家指出：“宗教可以在人们还存在异己的自然和社会力量的支配下的时候，作为人们对这种支配着他们的力量的关系的直接形式，即有感情的形式而继续存在。”①又指出：“宗教是被压迫生灵的叹息，是无情世界的感情，正像它是没有精神的制度的精神一样。”②在生产力水平低下的社会发展阶段，当人们在天灾人祸面前束手无策的时候，在阶级社会里，当被压迫者没有勇气或没有条件去反抗压迫阶级的时候，人们便把信仰作为摆脱痛苦和压迫的寄托。泰山娘娘的信仰也具有这种质的规定性。

容肇祖先生分析北京妙峰山香客的心理，主要是情感的发泄和满意的安慰两大部分。此说甚是，不仅妙峰山如此，泰山也是如此。

中国是一个农业国家，农民是这个国家的主体，他们成年累月地面朝黄土背朝天的劳作，却仍然衣不蔽体、食不果腹，如果受到了天灾人祸，那日子就更难过了。在科学技术不发达，无法“人定胜天”的古代，民众只好求助于神了。罗香林先生在《碧霞元君》“民众迷信碧霞的原因”一节中对此做了很好的分析：

> 中国北部几省（山东直隶），几百年来，因为天气和人事的变迁，所

① 《马恩选集》三卷下。

② 《马恩选集》二卷上。

有的耕地，已渐渐的变为不易种植的荒田了。尤其是妙峰山附近一带业农的居民，一年的生活费用，全靠着桃杏及一些其他农产品的收获。除极小部分，可以得水涧水的灌溉外，每年都是眼巴巴望天吃饭，要是天不作美，一遭旱魃，什么收割都没有了。“……在这种自然环境之下，心理上总要求帮，要求一个支配自然的权力者，不能不想到神。”（引容肇祖先生语）碧霞元君是一位慈祥的女神，一方面已有人传说她生前如何的为人救苦救难；一方面又有历代的君主，在那里褒封。前有所慕，后有所迫。一般农民，便不期然而然地走到朝顶进香求娘娘保佑的路上去了。现在的《圣母灵签》，每号都有关于田蚕禾稼的解释。所以然者，也就是因为要应付这般农民罢了。进香的时候，大家都虔虔诚诚地在祈祷。如果一年得了丰收，当然就是神的恩惠，反之，就是自已不虔诚。

中国人（尤其是北方几省的人）素来不讲卫生，疾病是很多的，叫大夫吗？一来破费，二来中国普通的大夫，实在也没有什么用处；所以遇了稍微麻烦的病，便没有法子使他痊愈；然而家人父子，又不能恍然不问，辗转思维，没法解脱的时候，那么，只好去求娘娘的保佑了。所谓“人没福、叨光神福”，也就是这个道理。

生活的不安定，也可以使人走到奉神的路上去。中国北方几省，如直隶、山东等地，向来是出英雄而且为兵家必争的。从历史上看，宋、元、明、清以来，差不多每代都曾在这些地方鏖战过。乡村的民众，死于非命的，不知凡几。所谓“宁为太平狗，勿为乱世民”便是这些地方的谚语。他们最怕的是兵灾，因为大兵一到，不但是家产难保，就是要救这条老命，也是不容易的事。然而又没有法子可使打仗的不打仗，不杀人。所以唯一的办法，就只有听从僧道的说话，去求神的保佑了。碧霞元君是慈祥的女神，当然是不喜欢见人们家散人亡的。他们经过了这样的解释以后，所以也就相继而到娘娘庙里来了（图8-2）。

图8-2 “有求必应”刻石

泰山娘娘有求则必应（是否真的如此，那是另一回事，民众们的心灵深处都是这么认为），信仰她，崇拜她，感激她也就是情理之中的事了。

至于情感的发泄，也是一个重要的心理因素。在封建专制制度的黑暗统治之下，广大民众政治上受压迫，经济上受剥削，情感受压抑。朝山进香，祀神拜佛就是发泄情感的一种表现。我们在有关章节中曾谈到明水镇的老张、老侯两位道婆如何哄骗素姐到泰山朝拜碧霞元君，道婆之所以能达到目的，使用的是心理战；素姐之所以加入朝山进香的行列及后来入会，也是心理因素的作用。素姐的脾气虽然很泼，但无论在娘家还是婆家，其活动都受到有形或无形的限制，“这素姐见了这两个道婆，就是见了前世的亲娘也没有这般的亲热，让进密室献茶”。当道婆讲到四月十八日泰山娘娘生诞的盛况时，素姐没等他两个说了，就截着说道：“这门好事，你二位不合我说声，挈带我出去走走么？”道婆的攻心战已经取得了初步成果。当素姐问到会里有没有像模像样的人家时，道婆编造说：杨尚书宅里的娘儿们就有五、六位，北街上有孟奶奶娘们，东街上有洪奶奶、汪奶奶、耿奶奶，大街上有张奶奶，南街上有张奶奶，后街上有刘奶奶娘儿们，都是些大人家的奶奶。当素姐问道泰安的路程时，道婆讲，人说有二百五十里，但这路好走，顶不上别的路二百里走，沿路都是大庙大寺，一路的景致，满路的来往香客，香车宝马，士女才郎，看不了的好处，只恨那路不长哩！当素姐问山上有景致么时，道婆答得更妙：“你看天下有两个泰山么？上头把普天地下的国度、龙宫海藏、佛殿仙宫，一眼看得真真的哩。要是没有好处，为甚么那云南、贵州、川湖两广的男人妇女都从几千几万里家都来烧香做甚么？且是这泰山奶奶掌管天下人的生死福禄。人要虔诚上顶烧香，从天上挂下红来，披在人的身上，竹箫细乐的往顶上迎哩；要不虔诚的，王灵官就把人当时捆住，待动的一点儿哩！心虔诚的人，那奶奶就是真人的肉脸；要不虔诚，看那奶奶的脸是金面。增福赦罪，好不灵验哩。山上说不尽的景致，像那朝阳洞，三天门，黄花屿，舍身台，晒经石，无字碑，秦松、汉柏，金简、玉书，通是神仙住的所在。凡人缘法浅的，也到得那里么？”这一席话说得素姐“心痒难挠，神情飞越”。谁阻挡她朝山进香就给谁过不去，无论他是公公、丈夫还是娘家弟弟。实事求是地讲，素姐一路上，既没有吃好，也没有住好，上山时晕轿呕吐，到山顶，圣母殿门封锁着，素姐踩着丈夫的两个肩膀，来个“打登梯”，才得以看到娘娘的金面，但素姐心里却非常高兴，非常满足。这就是因为情感得到了发泄。外边的世界很精彩，但百闻不如一见，对长期禁锢在“一亩二分地”的爷儿们和整日活动在院内灶头的娘儿们，能有机会到外边走一遭，到赫赫有名的泰山去一趟，到有求必应的泰山娘娘像前叩个头、烧炷香，无疑是件快乐的事情。只有在这个时候，压抑感才暂时消失了，胸臆才得到舒展。

第三节　轮回思想的影响与灵签的吸引

中国本土宗教是道教，但很早以前佛教就传入了中国。佛教的那种轮回思想，对中国民众在心理上、生活上都有着很大的影响。按照轮回说的理论，将人生划分为前世、今世和来世三个阶段。谓今世乃是前世的果，来世的因。今世生活的艰苦，是因为前世做过了亏心事，上天要罚他吃苦的。今世若不行善事，来世将要吃苦；假若今世行善积德，到了来世就可以无忧无虑了。古谓泰山主生亦主死，如《封神演义》第九十九回云：“执掌幽冥地府一十八重地狱，凡一应生死转化人神仙鬼，俱从东岳勘对……特敕封尔为东岳泰山天齐仁圣大帝之职。”更有甚者，泰山之蒿里，古有神祠，祠内设森罗大殿，七十五司，俗谓人死原魂归蒿里山，受鬼司审判。今世作恶者，在阴曹地府的蒿里山是不好过的。《金屋梦》载，恶棍西门庆纵淫毙

图8-3　西门庆魂游东岳府

命后（图8-3），魂游东岳府，受尽了种种折磨，先是被剥得赤条条，既而又有人把西门庆踩住，用马鞭大棍打起，用砖头石块把西门庆打得口鼻出血……恶有恶报，善有善报，今日行善事，来世必有报应。民众这样认为，民众乐行善事。如妙峰山的香会，除了组织香客进香外，差不多都有相当的施舍工作，道路有人修，路灯有人挂，渴了有茶棚，鞋破了有人补。诸如此类都为朝山进香提供了方便。罗香林先生曾感慨地说道："碧霞元君的运气真不差，已有了人主替她撑幌子，又有天灾人祸替她造机会，又有了行善的人替她拉香客，怪不得她把一切神都压倒了"。（罗香林《碧霞元君》）

神及神的灵应本来是没有的，但民众们宁信其有，不信其无。神棍们窥到民众们的这种心理，编造了"圣母灵签"以愚弄民众。妙峰山的灵签包括人生八大事，即所谓财利、官禄、婚姻、子息、疾病、行业、是非、离散。任何人，任何事，这八大事都可以影射到。用婚姻的迟早、行人的至否、子息的多寡诸判语以麻醉妇女，用财利的有无、官禄的进退诸说以迷惑士商阶级，用田赋的熟否诸判语以麻醉农夫，用讼狱的赢输、灾难的有无、疾病的吉凶诸说以愚弄遭了变故的人们。据罗香林先生调查研究，妙峰山"圣母灵签"计为分四类：大吉的十四号；上上的十二号；中平的十二号；下下的十五号。签文多笼统或模棱两可之言，但其下文的解释则均有迷惑人心的作用：

第四十二签　大吉

灾殃已退祸已消，谋望出行任逍遥。旧事重新宜迁改，心作良田福自招。

解曰：上官吉利，见贵欣喜，远行有财，讼事有理，婚姻可成，经营倍利，失物还得。诗曰：此签详之，诸事和合，更改迁移，无不顺心；只是莫坏良心，自然神明加护。

第四十九签　上上

月到十五正光明，普照山河大地春；任君走遍天下路，到处相逢遇好人。

解曰：求谋立就，见贵生欢，婚姻结彩，疾病可痊，孕生贵子，经营得利，行人即至。诗曰：此签详之，乃时运大通之际，万事可成，动止逐心，如明月当空，大地山河，无必朗曜可喜。

第二十一签　下下

日彼云遮不见光，官私口舌事忙忙。所谋难就终有阻，耐时退步得安康。

解曰：求谋不遂，争讼无理，婚姻不成，病症沉重，莫问行人，失物不见，提防小人。诗曰：此签详之，凡事有碍，事事小心，求神保佑，自然亨通，安分守己，等候来春。

第三十五签　中平

夏火炎疮疾病多，人情反复不相合；焚香祈祷神天佑，秋暮之时得解脱。

解曰：所求不逐，见贵生忧，病患难医，经营不成，婚姻不就，失物不见，田蚕荒废。诗曰：此签详之，自从夏初，患病重重，事事忧心，凡事忍耐，祈神庇佑，待秋时方再安泰。

因为签的释文方面多，所以无论请求何事的，都可以当作一种公式套了进去。求到好签的人，一方面以为他的前面有极大的希望，一方面以为他的后头有娘娘在保护，所以能够心旷体胖，凡事能按部就班地去做，不灰心，不着急，结果也就同那有技能而又有自信的航海舵手一样能够战胜波涛，达到彼岸。求到恶签的人，一方面惧祸及，一方面无胆量，遇事迟疑，矫枉过正，或者神经错乱，举动失常。结果也就像失了主张的海员，偶遇风涛，手忙心乱，心神不宁，终归身死。一般民众，不知自信增减与工作效能的关系，偶见求到恶签的人，受到恶果，便谓娘娘灵佑无比，凡事都能未来先知。因此而迷信她的程度也越发加大，签的势力，也越发伟大。

图8-4 “仰答神庥”刻石

另外，与轮回思想和灵签吸引密切相关的还有一个因素，那就是民众长期受儒家思想的熏陶，形成了崇德报恩的心态，泰山娘娘有求则必应，求而应者，就要报答，泰山有所谓“仰答神庥”的刻石就是例证（图8-4），许多以还愿为主的香客，其心态大多如此。

第四节　统治者的“榜样”作用与文人墨客的宣传

泰山娘娘的信仰在宋代以前影响并不太大，以至于石像沦于水池而无人问津。宋真宗封禅泰山时发现了这尊石雕像后，以为祥瑞，封为天仙玉女碧霞元君，并敕建“昭真祠”（碧霞祠）以供奉之，泰山娘娘的地位逐渐提高。

明清两朝是泰山娘娘地位最显赫时期，有史料记载，不仅多次拓建、整修碧霞祠，而且崇拜有加。就拿“九莲菩萨”和“智上菩萨”陪祀于泰山娘娘来说，就是一个十分明显的例子。“九莲菩萨”和“智上菩萨”在明代是一个含有特殊含义的名词。明神宗朱诩钧的母亲孝定皇太后死后追封为“九莲菩萨”，明思宗朱由检的母亲孝纯皇太后被封为“智上菩萨”。换句话讲，九莲菩萨和智上菩萨是孝定皇太后和孝纯皇太后的化身。二菩萨享祀于泰山，《泰山道里记》有载：“凤凰山东为围屏峰……东北有万寿殿址，《泰山小史》称‘万寿宫’。又有御香殿，亦曰御香亭，万历四十二年建，祀九莲菩萨，并造大钟一，上有御制钟赞。崇祯十四年复祀智上菩萨。殿久圮。移像于青帝宫，置钟于后石屋。按二后升祔时先后建祀岱顶，并置祀山下天书观内。”又载：“天书观自正德间即其中为元君殿，尝遣中官致祭……其后为智上殿，崇祯间敕建。副使左佩玹碑云：皇上追崇孝纯皇太后为西天净土极乐世界菩萨，上号曰智上，建宝刹于岱。辛巳，启土鸠工，三载告成。考神庙（指万历皇帝）时尊孝定皇太后为九莲菩萨，即今智上前殿者，像设皆范铜镀金为之。”皇帝将其母陪祀于泰山娘娘，纳入泰山娘娘的麾下，无疑抬高了泰山娘娘的地位。清朝人对泰山娘娘的崇拜也是有过之而无不及，康熙皇帝认为“泰山为五岳之长”，“泰山之神齐功社稷”，利用南巡的机会三到泰山，登岱顶“为苍生祈福”。雍正皇帝宣扬泰山神是“灵显昭著，佑庇万民”。乾隆皇帝不仅一生多次登泰山，祀神祇，而且在他即位之初就把影响民众到泰山朝拜的香税裁革掉了，他认为，应“从民之欲”，“在国家亦宜顺达其情”。征收泰山香税，“若使力艰于输税而不及登山，非所以从民之欲也”。至今碧霞祠大殿仍悬有清朝三位皇帝的褒奖题额，圣祖（康熙）的题额是“坤元

图8-5　碧霞祠题额

叶应”；世宗（雍正）的题额为“福绥海宁”（图8-5）；高祖（乾隆）的题额曰“震维灵岳”，“赞化东皇”。慈禧太后也曾为妙峰山的碧霞元君殿题额，额曰“功侔富媪”。另外还有资料讲：“涿郡去京师百余里，其涿郡娘娘，宫中咸敬之，中官进香者络绎”。（《酌中志》卷二十四。）

在封建社会，统治者特别是最高统治者的行为寓意是臣民们的行为准则。地方官吏们对最高统治的意图是心神领悟的，最高统治者崇拜泰山娘娘，地方官吏也崇拜泰山娘娘，就拿香社来说吧，本来是民间性的组织，但地方官绅要参与进去。如清代历城北斗永善香社，其签名首位者为胶东道尹吴大人，以下有丁公馆、李公馆等，首面人物均为当地绅宦（参见泰山红门《己卯北斗永善香会碑》）。官方甚至还直接插手了某些香社，如清咸丰年间的胶东某香社，除接收候补知县、候补县丞的捐赠外，还直接接收县衙、府署、盐署的捐资各五千。再说广大的社会最底层的民众，由于统治者长期推行愚民政策的结果，人云亦云，上行下效者更多。清人初入主中原时，深惧汉人不服，便想了一个借神安民的政策，对于市井年少，极力鼓励他们去祀神。当时不管是寺院或道院，均比前代为盛。据康熙六年七月礼部所奏：“……计算直隶各省巡抚造送册内，敕建大寺庙共六千七十三处。小寺庙共六千四百九处。私建大寺庙共八千四百五十八处。小寺庙共五万八千六百八十二处。僧共一十一万二百九十二名，道士共二万一千二百八十六名。尼姑共八千六百一十五名。以上通共寺庙七万九千六百二十二处。僧道尼姑共一十四万一百九十三名。”当时僧道之风极盛，随便哪里的神庙，都能拉拢不少香客。诚如容希白先生所说：“崇其祠观，代加封号，乃人主愚民之术。庙宇满天下，宁独一碧霞元君已哉？”（罗香林《碧霞元君》）。

泰山文化包括三个方面的内容，即帝王文化，文人文化和平民文化。文人文化是文人们创造的文化，它与帝王文化有一定的联系而又对平民文化产生不少的影响。历代文人登临泰山者不知其数、写泰山者不知其数。孔夫子编定的《诗经》中就有“泰山岩岩，鲁邦所瞻”的诗句；《孟子》有所谓孔子“登泰山而小天下”的名言；曹子建作有《泰山梁父行》；陆机作有《泰山吟》；李白游泰山留有诗作六首；杜甫到泰山写了气势磅礴的《望岳》诗：“岱宗夫如何？齐鲁青未了。造化钟神秀，阴阳割昏晓，荡胸生层云，决眥入归鸟。会当凌绝顶，一览众山小。”明清乃至民国时期的诗词歌赋，散文小说更是不胜枚举，如《西游记》《水浒传》《金瓶梅》《醒世姻缘传》《老残游记》等都有从不同角度对泰山进行了描写，且不少是从宗教信仰的角度描写泰山一带的民风民俗的。至于与泰山娘娘信仰直接有关的作品也很多，如《金瓶梅》《醒世姻缘传》等对民间朝拜泰山娘娘都有着精彩的描述。文人的作品是要发表的（不论采用何种形式发表），都起到舆论宣传作用，特别是名文人的宣传作用更大，宣传舆论的作用是不可低估的。

第五节　神山与游览胜地

泰山古有“神州”之称，当地历有“济南府人全，泰安州神全”的说法。此说并不夸张，新中国建立以前，泰山有道教、佛教、儒教和多种民间宗教并存，据调查所知泰山（包括泰安县）有各种庙宇400余处，仅见于《泰安县志》记载的大庙宇就有188处，约占泰安城面积的一半以上。

道教：泰山是以道教为主的名山，为道教三十六洞天之一，道观密布，主要有玉皇庙、元始天尊庙、老君堂、岱庙、东岳庙、灵应宫、碧霞祠、王母池、三阳观等，供奉的神祇有玉皇大帝、元始天尊、太上老君、东岳大帝、碧霞元君、王母娘娘等，其中以碧霞元君和东岳大帝影响最大。

佛教：泰山的佛教寺院也有很多，计有灵岩寺、普照寺、玉泉寺、资佛寺，神宝寺、法华寺、藏佛寺、天峰寺、西幽寺、牛山寺等，其中以灵岩寺影响最大，为唐代全国四大佛教寺院之一。泰山上至今还留有北朝人所刻的大片经文，俗称“经石峪”。

儒教：泰山之南的鲁、邹是儒家文化的发祥地，孔夫子与泰山有着不解之缘，他编定的《诗经》有“泰山岩岩，鲁邦所詹”的诗句；他过泰山则留下了“苛政猛于虎”的名言；他登临泰山留下了“孔子登临处”“望吴圣迹处”；他晚年体力不支时，自我感叹道“泰山其颓乎？梁木其坏乎？哲人其萎乎”。故《孟子》曰：“孔子登泰山而小天下。”明人还曾在泰山上修建了孔子庙，主祀孔子，以颜、曾、思、孟为四配。严云霄《咏孔子庙》曰：“孔子圣中之泰山，泰山岳中之孔子。”此把孔子与泰山密切地联系到一起了。

泰山还供奉许多杂神，关帝、药王、火神、福神、喜神、瘟神、痘神、路神、碌碡神、蚂蚱神、机神、娼妓神、石敢当等，其中以石敢当影响最大。

泰山上下庙宇之多，神祇之多，功能之齐全，无论信什么教，信什么神的人都可到泰山找到朝拜对象。就绝大多数平民百姓而言，他们是不管这教那教的，有神就拜，既拜玉皇也拜释迦，既拜孔子也拜关公。既然泰山娘娘是泰山一带乃至整个北方地区影响最大的神祇之一，朝拜其他神祇的人也绝对忘不了朝拜泰山娘娘。

礼神无疑是朝山进香的主要内容，但也有游玩的一面。而泰山风景之美好恰好是一个游兴的好去处。

就自然景观而言，雄、奇、险、秀、幽、奥、旷七景具全。具体讲来，有十大自然景观和十大自然奇观。

十大自然景观是：

1.黑龙潭。位于岱阳西溪内。潭北是百丈崖，西溪之水潺涓而来，骤然飞落绝涧，气势磅礴，然后顺斜坡直冲入自然大穴。因石穴常年被山水冲击而形成小口大腹，深广数丈，传黑龙潜此镇山治水，故名黑龙潭。清泰安知府王构曾题联曰：“龙跃九霄，云腾致雨；潭深千尺，水不扬波。”

2.扇子崖。又名“仙人掌”，位于岱阳西溪西侧。它像一堵巨石竖起的城墙，高耸入云，峻奇如扇，故名。

3.天烛峰。位于岱阴后石坞。这里峡谷万丈，溪水飞流，深潭叠瀑，云深林茂，在谷口北侧有两根巨石，拔地而起，大者高100余米，小者高80余米，秀峰如削，直插云天，酷似两只欲燃的蜡烛，故名大小天烛峰。

4.桃花峪。位于岱阴西麓。此峪长10余千米，西侧有险峰怪崖20余座，茂林修竹，林深路幽，万壑汇川，花果满谷。曾因此谷两侧遍植桃树，每到春天而桃花烂漫，故名桃花峪。

5.对松山。位于岱顶前。这里双峰对峙，古松密布，苍翠蓊郁，盘道中通，下有千仞深渊，上有百仞青松，云出其间，天风莽荡，松涛大作。唐代大诗人李白曾赞颂道："长松入云汉，远望不盈尺。"清帝乾隆也谓："岱岳最佳处，对松真绝奇。"

6.三潭叠瀑。位于岱阳中溪斗母宫东侧。因瀑涧内三潭毗连，断崖叠瀑而名。游人至此，听泉观瀑，清静深幽，心旷神怡，无不流连忘返。

7.云步桥。位于对松山南。大壑忽临断崖，壁立如削，崖上石坪坦豁，谷内诸水从云间奔流而来，银瀑飞泻，蔚为壮观。

8.壶天阁。位于岱阳中溪。此处山势陡峭，峰回路转，四面环山若壶。

9.小洞天。位于岱阳中溪红门宫北，这里山谷曲绕，清溪碧池，林茂草密，森森阴阴，别有洞天。

10.谷山胜境。位于岱阴深山中，此处有水色紫黑、大旱不减的古泉——"玉泉"、有树冠近30米，蔽荫山岗的古松——"一亩松"等。

泰山的十大自然奇观为：

1.旭日东升。登泰山，观日出，以岱顶日观峰处最佳，春、秋两季效果最好。明人于慎行看到的景色是："顷之，平地涌出赤盘，状如莲花，荡漾波面而烨炜不可名状，以为日耶。已，又一赤盘大倍于先所见，侧立其上，若两长绳左右汲挽，食顷乃定。"清人孔贞瑄所看到的则是另一番景象："少顷，日中忽如一灯吐焰，次如炬，次如瓶，次如垒樽，次如葫芦。上黄白，下紫赤，类薄蚀状。"

2.云海玉盘。据《春秋公羊传》记载：泰山之云"触石而出，肤寸而合，不崇朝而雨遍雨乎天下，唯泰山尔"。每当夏秋之交，泰山之云，呼风唤雨，变幻无穷：有时白云滚滚，如大海白浪滔天；有时白云如棉絮平铺，唯岱顶似海中仙岛，又似大玉盘中的仙果；有时白云缠山腰，状如达官贵人腰间玉带，这便是云海玉盘。

3.夕阳西照。每当雨过天晴，天高气爽，夕阳西下时，在岱顶仰望西天景色瑰丽：残云如峰似峦，夕阳穿云破雾，云峰上镶嵌着金灿灿的亮边，云朵内闪着奇珍异宝般的光，五彩缤纷，待夕阳沉入云低，西天一片火红，天际、云朵、峰峦尽在燃烧，大地上的湖泊、河川、潭溪成为一片火海，壮丽无比。

4.黄河金带。天高气爽，万里无云，若新霁无尘，夕阳西下时在岱顶向西北方向远望，就能看到黄河像一条金色的带子延伸在西边天际：黄白相间，金银织就，波光粼粼，莹莹烁烁，清代诗人袁枚颂赞说："一条黄水似衣带，穿破世界通银河。”

5.碧霞宝光。因此等奇观多出现在碧霞祠东、西、南诸神门外的云雾中而名，俗称佛光。若遇浓雾或密云，背光细察，便见云雾经强光照射而衍生出一个彩色光环，彩带呈现红、橙、黄、绿、青、蓝、紫七色，有时还见到双环，可持续几十分钟，绚丽动人。

6.雾凇雨凇。泰山的冬天，气温常在-20℃左右，潮湿气流缓行过山，抬升冷却成雾，在运动中触及树枝、房顶、岩崖即冻结为冰粒，层层而叠，就形成了茸毛状蓬松冰粒层。岩石变为璞玉，枯枝化作巨大的白珊瑚，灌木丛绽开了花朵，阳光一照，晶莹闪烁。雨凇是细雨接触物体，形成了光滑的冰层，树枝可变成直径达24.6毫米的冰棍，整个岱顶变成了琉璃世界。

7.天门云梯。南天门恰处于登山中轴线的顶端，东有飞龙岩悬崖摩天，西有翔凤岭峻拔如削，前为石壁谷，万仞壁立如一线天。“门辟九霄，仰步三天胜迹；阶崇万级，俯临千嶂奇观。”门下石壁谷中有盘道，俗称十八盘，游人仰望南天门如天上琼阁，又似嵌在翠峰空上的一颗红宝石；十八盘如云梯悬空，又似天河倒泻，时隐时现，引人入胜。

8.云龙三现。岱阳西溪内有三座相邻的百丈崖，每夏秋阴雨连绵之际，黑云在崖畔缭绕，溪水自巨崖上飞流直下，如三条玉龙从云中凌空而降，轰鸣如雷，惊心动魄，自古被誉为“云龙三现”。

9.石坞松涛。后石坞险谷奇峰，古松蔽天盖地，有的厕身于壁障，有的屈曲于壑，有的直刺云天，有的横空欲飞，万顷松林，如茫茫松海。山风吹来，推波助澜，松涛大作，山音雷动，龙吟虎啸，使石坞越发惊险幽奥。松涛、泉声、鸟鸣，汇成了一曲美妙而震撼人心的交响乐。

10.盛夏冰洞。后石坞背阴天寒，终日云雾缭绕，深涧绝壁，古洞险奥，洞内自洞顶而下有裂隙泉，冬天结为冰柱至第二年的夏天仍难以融化，形成奇观，清代大臣蒋陈锡在洞口题“灵山玉柱”，赵国麟有“洞名黄花冽清泉，六月寒冰坚玉柱”的诗句，盛夏洞中寒气袭人，如隆冬季节。

泰山还有众多的人文景观。人们常道，泰山为五岳之长，自古为历代帝王封禅之所，平民百姓朝拜之地，道、释、儒各种教派繁盛之区。此并非夸张，除历代文献有大量记载外，至今还遗存有诸如秦碣汉碑唐摩崖，岱庙红门碧霞祠，沉香狮子温凉玉等数万计的珍贵的文物古迹（图8-6）。泰山的自然景观与

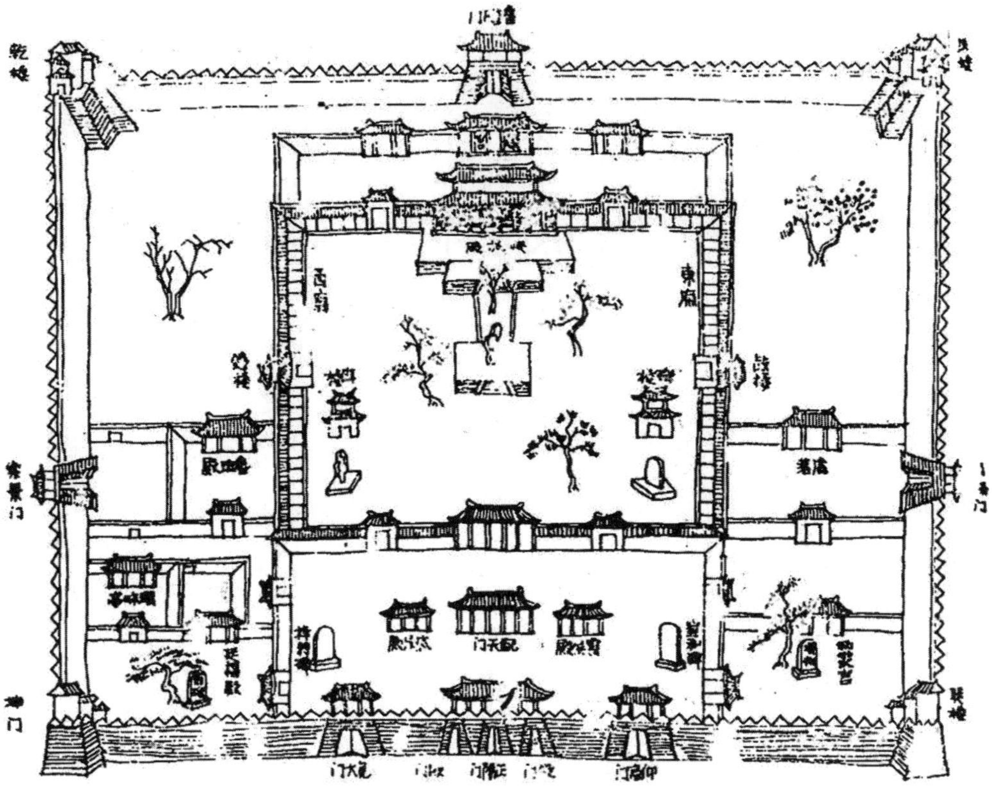

图8-6　岱庙全图

人文景观又往往有机地结合在一起，美上加美。1987年联合国教科文组织的高级专家卢卡斯实地考察泰山时评价道：“泰山是自然和文化有机结合的典范”，“这意味着中国为世界贡献了一份特殊的、独一无二的遗产”。

泰山既是一座神山，又是一处绝好的游览胜地，虔诚的香客到此完成主要任务又可以顺便游玩；一般游人为增加游览情趣也随大流的朝拜神祇。神山与游览胜地集于一身，泰山神祇们特别是泰山娘娘就沾大光了。

第九章
泰山娘娘信仰之影响

泰山娘娘信仰之影响是与对泰山崇拜密切地联系在一起的，因此我们在探讨泰山娘娘信仰之影响时，不能孤立地就泰山娘娘论泰山娘娘，而应该多层次多角度地探讨其影响。

第一节　对政治的影响

泰山自古为中国的圣山，而泰山娘娘又被尊崇为北方地区的“女皇”，泰山以及泰山娘娘对中国政治之影响是巨大的、深刻的。概括起来，有如下几个方面：

（一）统治者愚弄人民的手段

我们知道，一部泰山封禅史说明，历代帝王之所以乐此不疲地到泰山封禅，为表明其政权“受命于天”是一个重要的因素。宋真宗为封禅泰山，伪造了许多祥瑞，赵恒等之所以把泰山上一个水池中发现的女性石雕封为“碧霞元君”，建观供奉，原因之一就是把她作为天赐的祥瑞，宋代政权受天保佑、神保佑，这样就增加了“夸示夷外”的力度。明清两朝乃至民国时期的军阀们，虽然不再搞封禅，但多次拓建，维修碧霞祠，朝拜泰山娘娘，个中原因，诚如进士出身通天大夫、山东等处承宣布政使司布政使，前获理山东巡抚印务、掌京畿道监察御史、翰林院编修刘斯嵋于清光绪十年（1884）所撰的《重修泰山碧霞元君祠碑记》云：

“饮我、食我、福我、寿我，惟神降祥，其（岂）敢梼昧以忘大惠”。

（二）统治阶级内部争权夺利求助于泰山娘娘保佑

明神宗时，郑贵妃为立爱子常询，祈求于泰山娘娘。近年来，在泰山三阳观发现了三通“郑贵妃修醮碑”，碑文的内容提供了这方面的资料：

〔第一碑〕皇醮记文

钦差乾清宫近侍、御马监太监樊腾，遵奉大明皇贵妃郑淑旨，敬诣东岳泰山岱顶圣母娘娘陛前，虔修醮典，遍礼诸圣。仍于三阳庵全真道士昝复明等，复做清醮一百二十位，上叩诸天，遥鉴圣母垂慈，佑保贵妃圣躬康泰，皇子平安，星辰顺度，疾疫痊除，寿命延长，家国协吉。领教奉行，顿首谨意。万历十七年十月十五日，本庵道士昝复明立石。

〔第二碑〕皇醮碑记

钦差乾清宫近侍、御马、尚膳监太监曹奉、李奉，今承明旨，遥叩泰山圣母娘娘，进香遍礼诸神。仍命三阳观住持、全真道士昝复明于玄阁修醮，进香三次，礼醮三坛，伏望诸天默佑，圣母垂慈，上祝皇帝万岁，享圣寿于无疆；贵妃遐龄，衍天年于不替；四海澄清，太子纳千祥之吉庆；边夷靖服，黎民受五谷之丰登。皇图巩固，国脉延绵。领教奉行，顿首谨意。时万历岁次甲午孟春吉旦，本观住持，全真道士昝复明立石。浙江山阴人钱绅书。

〔第三碑〕皇醮碑记

钦差乾清宫近侍，□□监太监□曾，今奉明旨，遥叩泰山顶上圣母娘娘，敬神拜献，遍礼诸神。仍命三阳庵住持道士昝复明等于就玄阁修醮，进香三次，礼醮三坛，伏望诸天默佑，圣母垂慈，上祝皇帝万岁，享圣寿于无疆；贵妃遐龄，衍千年于不替。四海澄清，太子纳千祥之吉庆；边夷靖服，黎民受五谷之丰登。皇图巩固，国脉延绵。领教奉行，顿首谨意。万历岁次丙申季秋吉旦，本庵住持道士昝复明立石。

第一碑立碑时间为万历十七年（1589）十月，第二碑立于万历二十二年（1594）正月，第三碑立于万历二十四年（1596）九月，时间跨度为八个年头，正当国本之争激烈，双方相持不下的阶段。三碑具有大致相同的内容与格式，都是说乾清宫近侍某某太监奉郑贵妃明旨，遥叩或敬诣泰山圣母娘娘（碧霞元君）陛前，并遍礼诸神；然后于三阳观举行修醮典礼，祈求诸天默佑，圣母垂慈，保佑皇帝万寿，贵妃遐龄，太子吉庆；参与其事并立碑者，皆为三阳观住持道士昝复明。

（三）受剥削受压迫的劳动人民利用对泰山娘娘的信仰作为组织反抗黑暗统治的手段

下面仅以白莲教起义说明之（图9-1）。元、明两代，在泰山一带曾发生了多起以白莲教徒为主的农民起义。有人统计，自明一代，利用白莲教等民间宗教进行武装斗争多达120多起，其中发生在山东地区的就有20余起。如永乐十八年（1420）唐赛儿借白莲教发动起义，波及泰安；万历三十四年（1596）济南白莲教徒郭大通起义；四十七年（1615）泰安徂徕山等地信奉白莲教的农民起义，“愍不畏法，日甚一日”，“动皆千百成群”。“一日数惊”。白莲教起义还被文人们写入了小说，如署名“苏庵主人”编次的《归莲梦》（成书于清代），就是以白莲教农民起义为背景的白话文小说。《归莲梦》开篇即云：“话说明朝末年，山东泰安州，”然后转入白莲教在泰安的活动，白莲教及其支派，有许多“宝卷”，如《巍巍不动泰山深根结果卷》（简称《泰山经》）、《东岳天齐仁圣帝宝卷》《泰山东岳十王宝卷》《灵应泰山娘娘宝卷》《天仙圣母源流泰山宝卷》，教徒们主要信奉“无生老母”，也有的还信奉“东岳天齐仁圣大帝”和“泰山娘娘”。据车锡伦先生研究，“对泰山女神的依恋和信仰的基础上，民间宗教家们创造了新的女神无生老母，并迅速成为各教派一致供奉的至高无上的大神”①。

图9-1　红巾军在泰安活动的刻石

① 车锡伦：《泰山女神的神话信仰与宗教》，《泰山研究论丛》第三辑。

第二节　对国家财政的影响

泰山娘娘信仰对经济的影响也是多方面的，本节主要论述的是香税，至于庙会等内容本章第三节中再述。

泰山香税，乃进香泰山者（当然也包括进香于泰山娘娘者）向政府输纳的税款，无力输税者则不许登山进香。泰山香税之征，始于明武宗正德十一年（1516），裁革于清雍正十三年（1735），其间长达220年之久。

反动统治者对劳动人民的压榨是无孔不入的。由于种种原因，泰山成为平民百姓的朝拜之地，特别是把泰山娘娘——碧霞元君抬出来之后，民间信仰更加笃实，香火日益繁盛。所谓“一自祥符禋祀后，太平顶上最崔嵬”[①]。明人张岱在其《岱志》中也有详细的记述：

> 四方香客，日数百起，醵钱满筐，开铁栅向佛殿倾泻，则以钱进。元君三座，左司子嗣，求子得子者，以银范一小儿酬之，大小随其家计，则以银小儿进。右司眼光，以眼疾祈得光明者，以银范一眼光酬之，则以银眼光进。座前悬一大金钱，进香者以小银锭，或以钱在栅外望金钱掷之，谓得中则福，则以银钱进。供佛者以法绵，以绸帛，以金珠，以宝石，以膝裤，珠鞋绣帨之类者则以金珠鞋帨进。以是堆垛殿中，高满数尺，山下立一军营，每夜有兵守宿，一季委一官扫殿，鼠雀之余，岁数万金，山东合省官，自巡抚以至州吏目，皆分及之。

如此众多的施舍钱物，除一部分为庙祝使用外，绝大部分被官绅们搜刮去了。但统治者仍不满足，还要征求香客的“人头税”（香税）。明武宗正德十一年，镇守泰安州太监黎鉴以修缮泰山祠庙为借口，疏请征收泰山碧霞元君祠香钱，当时虽曾遭到都给事中石天柱的反对，但明武宗还是采纳了黎鉴的意见。

---

① 李益：《登岱诗》。

到了万历年间，神宗皇帝“溺志货赋”，更是随处派遣矿监、税监征收各种税金。据《明史·李三才传》记载，当时，仅泰山岁入国库的香税为二万余两。明人谢肇淛在《登岱记》中讲，“元君者……其肸蚃灵明足以奔走万方之士女，所入香缗，岁不下六万，其布舍财帛称是官收，其收入以佐匪颁，比者中使榷税复增十之二矣，而膜顶祝厘者犹肩相触也”。张岱的估算更大一些：“山税有例……每人一钱二分，千人百二十,万人千二百，岁入二、三十万[①]”。明末，政府为了摆脱由于政府腐败和庞大的财政支出造成的严重经济困难，香税之征有增无减，直至明朝政权的最后崩溃。

每名香客应纳香税金额诸书记载不同。《岱史》记载，最初省内外登山香客所纳税额有别：本省香客每名纳银五分四厘；外省香客每名纳银九分四厘。至万历八年（1580）因有外省香客冒充本省香客而短少香税，遂议改为不分本省外省香客一例征收香税银八分。而张岱《岱志》所记每人应缴香税为一钱二分。乾隆裁革香税碑的谕令谓，香税“每名输银一钱四分”。《泰山述记》所记泰山香税税额与《岱史》所记初期相同，即本省香客每名输银五分四厘，外省客每名输银九分四厘。《岱史》成书于明万历丁亥，即万历十五年（1587），作者查志隆作为泰安地方官吏，其所记当无疑义，即自正德十一年至万历八年香税分别为：本省每名五分四厘，外省每名九分四厘。万历八年后通改为每名输银八分。张岱作为一位“进香泰山”的游客，在《岱志》中所记亦不会有误。泰山香税由每人八分提高到每人一钱二分，约在万历末年至天启初年。乾隆谕令所说一钱四分当是明末崇祯四年之后的税额。当时，国家经济危机四伏，加派风行，泰山香税银每名也增加了二分。与初征时比，明末的香税较本省香客所输增加了一点六倍，较外省香客所输增加了零点五倍，成为征收香税以后的最高税额。《泰山述记》成书于清代中期，其所记本省每名登山香客税银五分四厘，外省每名香客税银九分四厘是清初之后的征收数，而且直到全部裁革税额不变。满族入关统一全国后，为有效地统治汉人，平息反抗情绪，巩固政权，除武力镇压外，实行了一系列减轻人们经济负担，尽革明末诸所加派、发展生产的政策。泰山香税亦恢复到了初征时的水平。不同时期的香税税额大体如下：

---

① 张岱：《岱志》。

正德十一年至万历八年，本省香客每名输银五分四厘，外省香客每名输银九分四厘。

万历八年至万历末天启初，每名香客税银通为八分。万历末天启初至崇祯初，每名香客税银通为一钱二分。

崇祯中后期，每名香客税银通为一钱四分。

清初至雍正十三年，本省每名香客税银五分四厘，外省每名税额九分四厘。

为有效征收和管理泰山香税，明代泰安地方官府不仅专门设有一定数量的官佐，而且具有明确的分工。据《岱史》记载，初设总巡官一员，于府佐内委任，专一督理香税，负责上下稽查。分理官六员，于州县佐贰官内委任。其中坐定遥参亭二员，一收本省香税，一收外省香税，俱填单给予香客；玄武门一员，收山后香税，亦填单给香客，红门、南天门各一员，俱验单放行，顶庙碧霞宫门上一员，查放香客出入。至隆庆五年（1517）议革遥参亭分理官一员，并红门、南天门验单官二员；只存分理官三员，一在遥参亭，一在玄武门，一在碧霞宫。《泰山述记》所载略同，惟不载隆庆时所载分巡官一事。

香税的输纳一般由香客下榻客店的店户包封署名，上诸遥参亭银库，待夏冬二季起解。万历十年前后，解送户部的香税银，春季大约一万两，冬季大约一万二三千两。万历末年至天启年间泰山香税岁入总计约二三十万两。“山税之大，总以见吾泰山之大也[①]”。泰山香税之征确实使明朝政府发了一笔横财。

泰山香税的施用或谓支出，据《岱史》记载，每年香税并混施银两，多寡不等，但每年总是照数全支。首先是解赴户部银两。嘉靖三十七年（1558）决定，泰山顶庙香税钱，除幡盖、袍服等物照旧拨派山东省官员折俸外，其余金银首饰等项按季差官解送户部国库。至万历十年前后二季解送户部的银两达二万二三千两。其次，存山东布政司，以专供公堂、庆贺、表笺、扛夫、车价、公差、八役、六房文册纸扎、写字书手工食及德、鲁、衡三藩府各郡王的禄食等项。第三，修城，其银亦储在布政司，以供修理城垣之费。第四，修庙，其银亦储在布政司，以供岳顶诸庙修理之费；规定每香税八分内取五厘修庙。第

① 张岱：《岱志》。

五，公费、供给征收香税和委官的廪给并跟随人役之食，其银即于泰安州支给。第六，铜钱，旧例解送礼部……可见，泰山香税银在明代有六大用场，其中修庙抽成仅仅是香税收入的十六分之一，而解送户、礼二部及存布政司用以官俸王禄者却占了十六分之十五。最初提请征收香税用以修缮祠庙的主旨已退居到了极为次要的地位。故时人揭露香税之征说："香税也，四方祈禳之士女捧瓣香谒款神明因捐施焉，而有司籍其税以助国"[①]。更有人讽刺说："自是神人同爱国，岁输百万助升平"[②]。

至清康熙二十八年（1689）清圣祖谕令："泰山为五岳之长……不宜使之渐就寥落，合将每岁香税钱粮内量给数百金，使上下岳庙与元君诸祠守祀者得有资赖，晓夜尽心，兼可时加修葺，以壮往来观瞻"[③]。这时泰山香税的施用因循到了皇帝必须亲自过问才能拨款修缮祠庙的地步，香税之征的初衷已无影无踪。

清初，康熙、雍正励精图治，社会经济有了很大的发展，到高宗即位之时，国家政府已不需要借助收取泰山香税来增加财政收入了，更不允许地方官吏假借征收香税以自肥，再加上最高统治者为达到长期统治人之目的，也崇拜泰山，崇拜泰山娘娘，因而雍正十三年（1735）十一月，清高宗即位之后，即谕令裁革泰山香税。其谕曰："朕闻东省泰山碧霞灵应宫，凡民人进香者，俱在泰安州衙门输纳香税，每名输银一钱四分，通年约计万金，无力输税者，即不许登山入庙。此例起自前明，迄今未革。朕思小民进香祷神，应听其意，不必收取税银，嗣后将香税，永行蠲除。如进香人民，有愿舍香钱者，各随愿力，不得计较多寡，亦止许本山道人收存，以资修葺祠庙山路等费。不许官吏经手，丝毫染指，永著为例。"至乾隆元年（1736）六月谕令"镌石树祠，用垂永久。"根据清高宗的谕令，地方政府遂于泰山碧霞祠树立石碑一通，名曰"裁革香税碑"。从此，泰山香税之征被革除了。

---

① 《岱史》卷十三。

② 《重修泰安县志》卷一二。

③ 清版《泰山志》。

第三节　对商业经济的影响

泰山娘娘信仰对商业经济的影响，主要表现在促进庙会及饮食服务业的繁荣上。

据考，明清以来，凡有祀神的地方多有庙会，这里主要谈一谈东岳庙会的情况。东岳庙会形成于唐，发展于宋，鼎盛于明清，至今不衰。泰山庙会的正式出现与唐代在泰山岱岳观造神像有关，据唐《双束碑》记载，唐高宗显庆五年（660），女冠出身的武则天摄政，于次年二月二十日，敕使东岳先生郭行真、弟子陈兰茂、杜知古、马知止奉为皇帝皇后七日行道，造塑像一躯，二真人夹侍。像成之后斋醮七日，善男信女云集庆贺，道教性质的泰山庙会正式出现了。后来又增了庆贺东岳大帝和碧霞元君的生日，庙会之期逐渐固定下来。庙会期间，香客游客云集，需要吃、住、购、娱，于是商贸活动随之而出现，庙会变成了一种融贺神、经贸、娱乐为一体的综合性活动。东岳庙会商贸的盛况，文献记载颇多。

《水浒传》第七十三回：

> 原来庙上好生热闹，不算一百二十行经商买卖，只客店也有一千四五百家，延接天下香客。到菩萨圣节之时，也没有安着人处，许多客店都歇满了。

明·张岱《岱志》：

> 东岳庙大似鲁灵光殿，棂星门至端礼门，阔数百亩，货郎扇客，杂错其间，交易者多女人稚子。

清《醒世姻缘传》第六十八回：

四月十八（泰山）顶上奶奶的圣诞，比这白衣奶奶的圣诞更自齐整，这是哄动二十合属的人烟，天下的货物都来赶会，卖的衣服、首饰、玛瑙、珍珠，甚么是没有的。

民国年间的东岳庙会情况，冯玉祥将军隐居泰山时曾作考察，并作有“丘八诗”——《庙会的市面》一首（图9-2），诗曰：

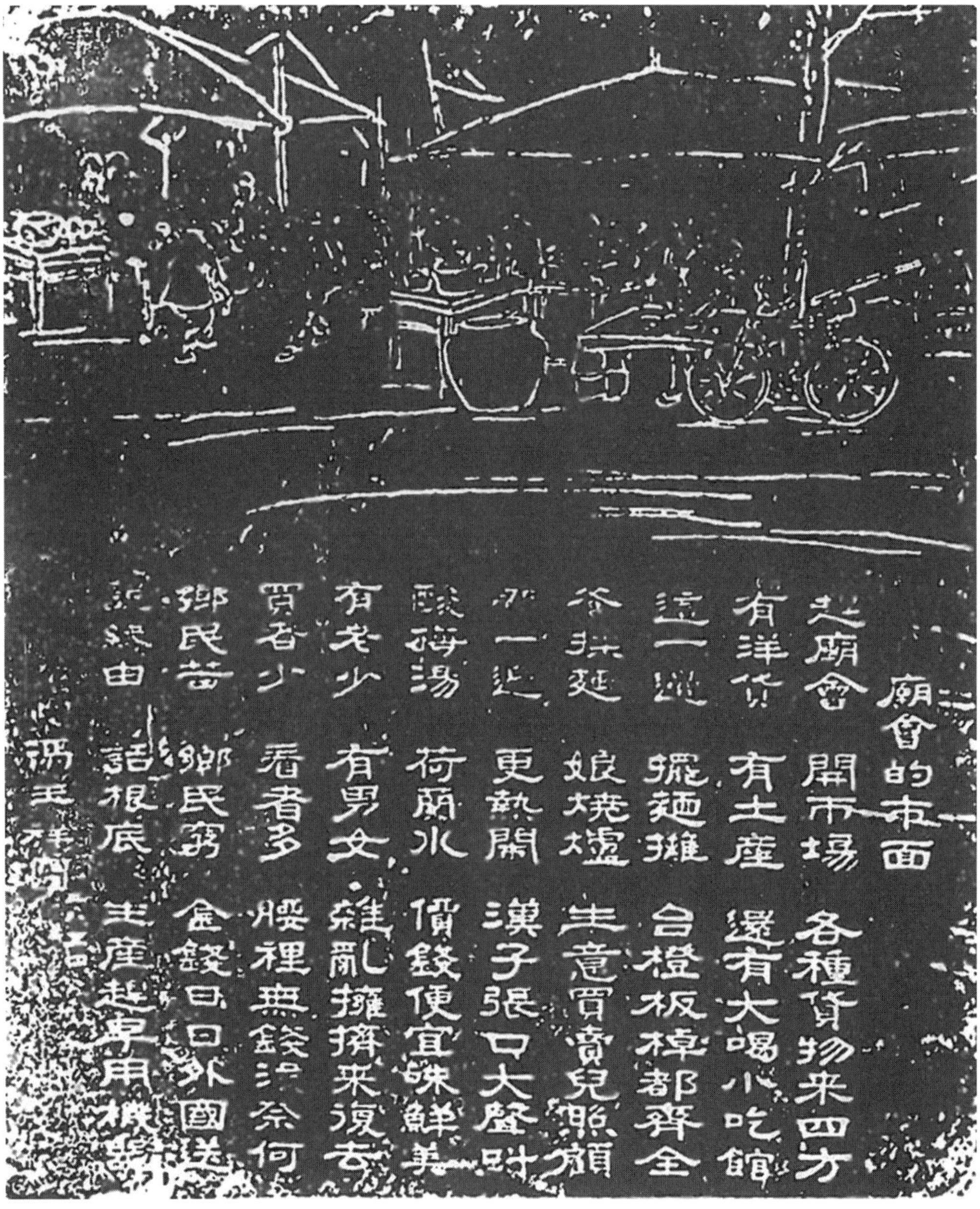

图9-2 冯玉祥《庙会的市面》

赶庙会，
开市场，
各种货物来四方。
有洋货，
有土产，
还有大喝小吃馆。
这一边，
摆面摊，
台凳板桌都齐全。
爹揉面，
娘烧炉，
生意买卖儿照顾。
那一边，
更热闹，
汉子张口大声叫。
酸梅汤，
荷兰水，
价钱便宜味鲜美。
有老少，
有男女，
杂乱拥挤来复去。
买者少，
看者多，
腰里没钱没奈何。
乡民苦，
乡民穷，
金钱日日外国送。
说缘由，
话根底，
生产赶早用机器。

“文化大革命”期间，东岳庙会曾一度被视为封建迷信活动而停办。改革开放的春风吹到东岳泰山，一度停办的东岳庙会经过一番“取其精华，去其糟粕”的改造后，于1986年又复会了，商贾游人，逐年增多。据《1993年度泰山庙会总结》提供的资料，“庙会分南、北两区，占地面积近10万平方米，1600多家经营摊点，19个大型文艺表演团体、400多座商业大棚，以及每天二十余万的赶会者和流动叫卖者，把会场挤得水泄不通，直到收会的最后一天下午，仍人山人海，人们兴犹未尽，流连忘返”。关于举办这届泰山庙会的意义，《总结》认为：“泰山庙会以最少的投入，带来了较大的经济效益。一业带来百业兴，庙会期间，泰城的车站、商场、旅馆、饭店到处是顾客盈门、生意兴隆。泰山庙会给泰城的各行各业、方方面面都带来了生机和活力，其综合效益是难以用文字说明的”。“庙会是最直接、最好的信息中心，十天来赴会群众达270多万人次，其中包括了社会不同地域、不同阶层、各个行业的人士，他们的所需所求基本上反映了一个地区的消费指向。生产厂家、经营单位都能从这里捕获到有用的信息，根据这些信息指导生产与经营，必将会产生最佳的经济效益”。“庙会通过其历史影响力和丰富多彩的形式，如商品交易、文娱活动、评品小吃、参观游览等等，把广大的群众聚拢到一起，人们在这里购物、观赏、交流、洽谈，获得了精神与物质上的满足，其乐融融，一片祥和升平的景象，这对于创造一个更加适宜改革开放的良好环境也是具有积极作用的”。有关人士评价：“举办泰山庙会是振兴泰安经济的又一重大举措”。

泰山的饮食服务业主要有两大集中点，一是山下的泰城，一是山顶的天街。

泰城饮食服务业的繁荣盛况，明人张岱在其《岱志》中也有记载：

> 离（泰安）州城数里，牙家走迎。控马至其门，门前马厩十数间，妓馆十数间，优人寓十数间。向谓是一州之事，不知其为一店之事也。到店，税房有例，募轿有例，纳山税有例。客有上中下三等，出山者送，上山者贺，到山者迎。客单数千，房十处，荤素酒筵百十席，优傒弹唱百十群，奔走祇应百十辈，牙家十余姓，合计入山者八九千人。

清末民初，泰安城最有名、生意最兴隆的香客店是张大山香客店。张大山香客店位于泰城北关东青龙街。店主张大山，原是城东南上高村人，靠开香客店发家。张大山香客店的门面形若府第，高大的门楼坐北朝南，门两旁有上马石，拴马桩等。进入大门，朝北是宽大的甬道；东西向有对称的四合院为瓦房，各有小型的门楼。四合院内种有冬青、石榴、百日红等花木。这种院落多为仁宦或外地乡绅登泰山的临时公馆；也可作为外地香火会的集体宿舍。正北院戏楼后的一带是一群平房，为一般香客的住房，既有单间，也有双大铺。店内伙食分上中下三等，供不同身份的香这各选择：上等的为有鱼翅、海参的大席，中等的有鸡、鱼、肉、鲜菜，下等的为大锅菜、馍馍。店内服务项目齐全：如小型戏曲、鸦片、牌桌、妓女、地方小吃、理发，及销售元宝、香烛等。店内还设有小型的泰山娘娘殿，香客进店后先生在这里烧香叩头，舍香钱，表示向山顶上的泰山娘娘“报到”。张大山香客店最兴盛时有八九十人，除张氏族人在店内服务外，也招收部分外人做伙计。张大山香客店之所以生意兴隆，除采取了“会”（会茬子——派联络员外出拜会香客）、“接”（派人到驿道旁或车站迎接香客到店，并为之“接风”）、“陪”（陪同香客一起上山进香）、“迎”（迎客下山，酒菜“道喜”）、“送”（大摆宴席，送客返回）、“娱”（安排各种娱乐活动）等措施外，还巧妙地利用香客虔诚信仰泰山娘娘的心理，在店内设小型泰山娘娘殿，真可谓经营有术了。

岱顶天街的饮食服务业，不仅生意兴隆，而且颇具民俗特色。明人谢肇淛在《登岱记》中谈到了天街的情况：“梯穷而得平壤，乃有周庐廛巷成小村落，皆衣食元君祠者也”。清版《泰山志》载，乾隆中后期，天街有“庐而市者三十余家”。民国年间傅振伦游泰山所作的《重游泰山记》也讲道：自南天门而东北，有茅舍十余家，是为天街。……又前为双鞭子何记老店，则舆夫及进香夜间之所寓也。傅氏所谓的“双鞭子何记老店”，就是指天街客店有着独特的实物招牌。天街客店至迟在明代中叶即已出现，而实物招牌可能出现于清代。天街客店的实物招牌有单有双，单的计有笸箩、金牛、鹦鹉、鞭子、金钱、棒槌、金钟、响旦、笊篱等；成双的计有双升、双鞭、双棒槌、双牛、双钟、双钱等。客店因这些实物招牌而得名，分别称为金牛家、金钟家、双升家等等。甚至泰安人抬杠也以此构成歇后语：“天街上面头一家——你笸箩家”（读为“你别价”，泰安人念“别”为bó）。这些客店为什么不使用文字招牌呢？究其原因，这些客店都是些下等小店，规模大些的不过五六间客房，小的仅有一二间，白天卖香火元宝等，晚上供香客住宿，也就是说，店主也是穷人，他们请人写招牌请

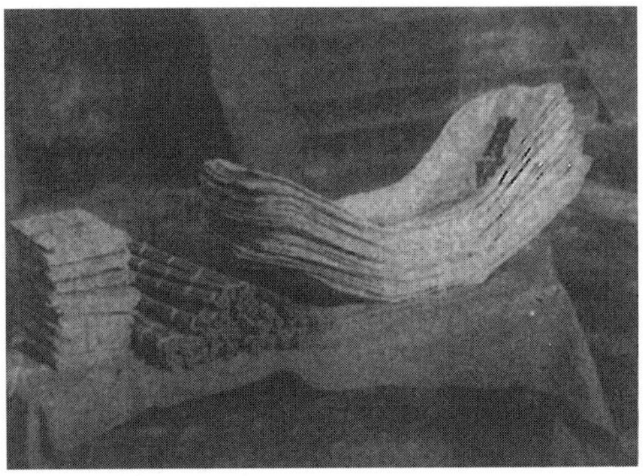
图9-3　香烛元宝

不动也请不起，再者，住店的香客也是穷人，大多不识字，用实物招牌好认，好记。天街客店的规矩是不收房钱、饭钱，只收香火钱，其实都在香火钱里找齐了，这样主、客都觉得方便，面子上也好看，再加上热情周到的服务，给人留下了很好的印象。一般说来，虔诚的香客们只要来泰山进一次香，就要年年进香（图9-3），第二年香客们还找老店，店主已把香烛元宝一应用品备齐，不用香客操心，形成了良性循环。

第四节　对民族心理的影响

中华民族的心理个性特征，许多文化学者们提出了不少观点。陈独秀在《东西民族根本思想之差异》中认为：西洋民族以战争为本位，东洋民族以安息为本位；西洋民族以个人为本位，东洋民族以家族为本位；西洋民族以法治为本位、以实利为本位，东洋民族以感情为本位、以虚文为本位。郭沫若在《复兴民族真谛》中指出中华民族的精神有：富于创造；富于同化；富于反侵略性。梁漱溟在《中华文化要义》中将民族品性总结为十条：自私自利；勤俭；爱讲礼貌；和平文弱；自足自得；守旧；马虎（模糊）；坚忍及残忍；韧性及弹性；圆熟老到。林语堂在其《吾国与吾民》一书中将中国人的德行概括为八条：圆熟；忍耐；无可无不可；老滑俏皮；和平；知足；幽默；保守性。由于时代、认识水平的局限和看问题的角度不同，各家观点不尽相同，现在看来有些观点还可能欠妥，但从这些观点中，我们可以看出不少与泰山娘娘的信仰有关的。

（一）富有凝聚力

研究泰山者无一不认为，泰山是中国的国山，是中华民族的象征之一。泰山被古人认为是“中山”，是群山之首，五岳之宗，历代帝王到泰山封禅，平民百姓到泰山朝拜，乃至“中国人以死之魂神归泰山也”[①]。泰山娘娘——碧霞元君之信仰普及到社会各阶层，影响到全民族，“世之香火东岳者咸奔走元君”，因而顾颉刚先生认为泰山娘娘是北方地区的“女皇”。

（二）富有同化力

唐高宗封禅泰山时邀请了许多国外首领或特使参加，宋真宗封禅泰山之“夸示夷外”，亦有想把他们同化的心理，特别是满族人统治中国，最高统治者接二连三地到泰山，朝拜泰山娘娘，大肆修缮泰山碧霞元君祠，并废除了征收二百多年的泰山香税。泰山娘娘信仰的同化力还表现在对佛教神祇的同化上，如泰山上下有些供奉佛教神的庙宇改供或增供泰山娘娘，明代统治者追封的“菩萨”（九莲菩萨和智上菩萨）则在泰山陪祀于泰山娘娘。

（三）追求光明

泰山位于中国的东部，习惯上认为东方是日出之所，原始社会时期，泰山文化圈的部族首领如太昊、少昊等都与日有关，崇拜太阳。泰山娘娘的封号是碧霞元君，而“碧霞”二字也有阳光的意思。泰山日出是泰山的自然奇观之一，游览泰山者无不以看到泰山日出为快，以看不到日出而感到遗憾。1961年5月，郭沫若登岱顶未能看到日出，特作《登泰山观日出未遂》诗一首：“夙兴观日出，星月在中天。飞雾岭头急，稠云海上旋。晨曦光晦若，东辟石巍然。摩抚碑无字，回思汉武年”。（图9-4）郭老夜宿岱顶，早早地起来看日出，结果云稠雾密，未能如愿，不能不说是一件憾事。就其信仰的深层而言，广大民众千里迢迢到泰山朝

图9-4　郭沫若《登泰山观日出未遂》

① 《三国志·魏书·乌丸传》。

拜泰山娘娘，不也是希望能得到心理上或生活上的“光明”吗？！

（四）出世与入世

一般说来，圣人是入世的，仙人是出世的。入世与出世在中华文化中常常互相补充，二而不二，入世与出世的有机结合，即儒家思想和道家思想的巧妙互补，便形成了中华智慧的主要内容，形成了两千多年来的中华精神。泰山娘娘本来是出世的，十四岁感母教，入泰山黄花洞修炼，但得道成仙后却干了一番入世的事业，如抗玉皇、斗龙王、救民女、爱百姓，使贫者富、耕者岁、贾者息、求子者得嗣，总之有求必应。

（五）中庸、稳重

中华民族具有典型的中庸性格——不偏不倚，无过不及，因而在思想上、行动上都表现得十分稳重即有人所谓的“圆熟老到”。这种中庸性格一般归于最早创立于孔子的中庸之道理论，而孔子思想的形成与泰山有着一定的联系，人们常谓“稳如泰山”是其例证。泰山娘娘的形象在人们心目中虽然不尽相同，但中庸、稳重是一个重要侧面，她对任何人，无论是人主还是平民百姓都一视同仁。

（六）尊老爱幼

尊老爱幼是中华民族的传统美德，而在泰山娘娘身上体现了这种美德。如使人长寿、为人治病体现了尊老；送生保育、引蒙教诲等体现了爱幼。

第五节　对文学艺术的影响

宋代以后，特别是明清以来，几乎所有的文学艺术体裁中的内容都直接或间接的涉及泰山娘娘的信仰。从某种意义上讲它促进了泰山乃至中华文学艺术的发展和繁荣。

诗歌

泰山诗歌从先秦至当代，作品浩如烟海。孔子、曹植、陆机、谢灵运、卢照邻、李白、杜甫、李德裕、刘禹锡、石介、苏轼、苏辙、元好问、张养浩、李攀龙、于慎行、王世贞、朱彝尊、蒲松龄、郭沫若等都登临泰山，留下了许多不朽的诗作。至于辑结成集的诗歌也很多，如《泰山搜玉集》（明・袁稔辑）、《落花全韵》；《青岩居草》（明・宋焘著）、《泰山辑瑞集》（清・林杭学辑）、《云月砚轩诗稿》（清・赵国麟著）、《梅花诗稿》（清・释元玉著）、《茝园小草》（清・范埒著）、《柳园吟草》（清・蒋大庆著）、《磨园诗选》（清・沈桂清著）、《晚翠园遗诗》（清・王锡麟著）、《岱粹钞存》（诗文合集，清・王价藩编）、《历代诗人咏泰山》（墨铸、肖秋编）、《泰山历代诗选》（马铭初编）等。与泰山娘娘信仰有关的诗歌不乏其例。如唐代诗人刘禹锡在其《送东岳张炼师》诗中有“堪为列女书青篇，久事元君住翠微”的诗句，明人肖协中在其《金殿》一诗中写道：“八宝世所珍，五金神不贵。玉女自清虚，安用重耗费？岁祲殍沟渠，蓬蓬乱如卉。朘民筑金楼，圣慈何所慰”。（图9-5）金殿，亦称金阙，明万历四十三年（1615）（建于岱顶碧霞祠内，内祀碧霞元君。现移至岱庙内保存，称之为铜亭。《金殿》一诗以尖锐的

图9-5　明・金阙

笔触指出，耗费巨资睃刮了人民建造这样一个金殿是没有什么意义的。清人任侠的《游泰山黄华洞》也很有意思："青遮黛拥烟峦众，紫迓红迎霜叶动。路精松阴绝壁开，白云送人黄华洞。水沉香尽博山空，玉笙缥缈声如梦。洞边乞取石田耕，我来试觅胡麻种"。博山炉内沉香已缭绕将尽，伴玉女修炼的笙声似乎隐约可闻，使人恍如梦中。欲祈求洞边一陇石田，力行躬耕，或许能一睹玉女的仙容。看来这位任氏对玉女还真情有所钟呢！

散文、游记

泰山题材的散文源远流长。东汉时期应劭所著的《封禅仪记》是中国较早的游记散文之一。明清时期有关泰山娘娘的信仰大量的写入散文、游记，如王世贞的《游泰山记》、冯时可的《泰山记》、钟惺的《岱记》、张岱的《岱志》、姚奎的《游石屋记》、谢肇淛的《登岱记》、王世懋的《东游记》、王衡的《登泰山记》、于慎行的《登泰山记》、史彪的《古岱游记》、文翔凤的《登泰山记》、吴同春的《续游泰山记》以及当代人傅振伦于民国年间所著的《重游泰山记》等等，都或多或少地涉及了泰山娘娘的信仰。

小说

涉及泰山娘娘（含泰山神女）及其信仰的小说最早见于晋干宝的《搜神记》，其后如南宋洪迈的《夷坚记》、明冯梦龙的《却情史类略》、清蒲松龄的《聊斋志异》等对泰山娘娘的信仰也有涉及，特别是施耐庵的《水浒传》、兰陵笑笑生的《金瓶梅》、西周生的《醒世姻缘传》等对泰山娘娘的信仰的描写更为详尽，更为精彩。

民间故事传说

泰山的民间故事传说极为丰富多彩，已整理成书的有《泰山民间故事大观》（以下简称《大观》）、《泰山传说故事》《泰山传说》等，其中以陶阳等整理编辑的、中国民间文艺出版社出版的《大观》最为详尽。在《大观》中，有关泰山娘娘的神话、传说、故事收录多则。神话类有《泰山女神碧霞元君的来历》《泰山奶奶游徂徕山》；有的故事传说还有多种异文，如"碧霞元君占泰山"就有四种异文，即《泰山奶奶到徂徕山》《泰山奶奶与佛爷争占泰山》《碧霞元君》《碧霞元君占山》；其他如“三笑处”的传说类型之一，有“碧霞元君救民女”型一篇，《岱宗坊》的神话也涉及泰山娘娘。

艺术

明清以来，泰山的游艺竞技活动盛况空前。明人张岱在其《岱志》中曾写道，泰山庙会期间：“斗鸡、蹴鞠、走解、说书、相扑台四五、戏台五四、数书人如蜂如蚁，各占一方，锣鼓讴唱，相隔甚远，各不相溷也。”说书演戏不乏与泰山娘娘信仰有关者。颂扬泰山娘娘的民间音乐和道教音乐也很多。泰安市博物馆内至今保留乐谱多册（图9-6），今人马吉玉还编著了一本《碧霞祠钟声——泰山道教音乐研究》。关于泰山娘娘及送生娘娘、眼光娘娘的绘画作品，泰安及外地的文物部门都有收藏。供奉泰山娘娘的民间工艺品更是琳琅满目：如民间特意为泰山创作的金莲绣鞋玲珑精巧，幡帐伞盖肃穆庄严，拴子所用的娃娃体态胖胖，逗人可爱；剪纸、摄影等也有关于泰山娘娘信仰的内容，如中国剪纸学会理事、山东省剪纸学会副会长柯大先创作的剪纸《碧霞祠》构图严谨、轮廓清晰、线条洗练、富有理想的意趣与自然和谐的韵味，在日本第四届剪纸展中获得好评。摄影家和进海拍摄的《泰山碧霞祠》《碧霞宝光》等也曾多次参加国内外摄影展览。

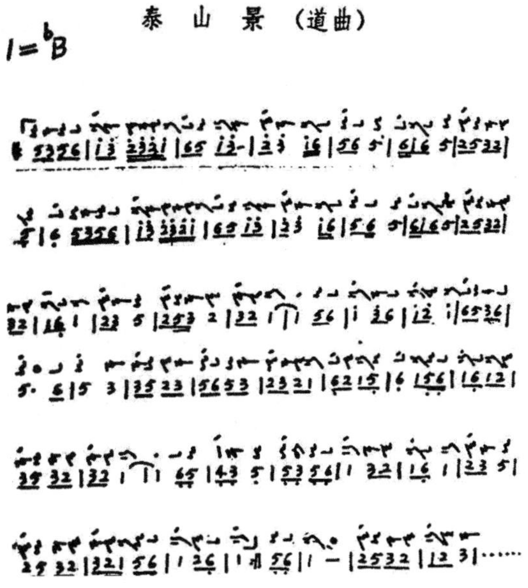

图9-6　泰山道教乐谱

附录1

明·东岳碧霞宫碑记

东岳庙，祀岳神也，庙在岳顶。由庙稍前数折而下，琼宫银阙，连岭被麓，丹青金碧，掩映层霄，香烟烛焰，若云霞蒸吐碧落间，是为碧霞元君之宫。元君者，莫详所自出。《瑶池记》云：黄帝尝建碧观，遣女七云冠羽衣，焚修以迓西昆真人，元君盖七女中之一，其修而得道者。《博物志》又称：天孙，主招人魂，知生命长短。二说未知孰据。总之，岳据东土之中，载青阳之气，位五行之首，是以作宗诸岳，遵迈百灵，造兆庶之休祥，协帝王之符命，疑所谓元君者，夫亦东方万物始生，托坤仪以显灵，故能德配苍穹，功侔造化，征奇表异，若斯之显赫也。自碧霞宫兴，而世之香火东岳者咸奔走元君，近数百里，远即数千里，每岁瓣香岳顶，数十万众，施舍金钱币亦数十万，而碧霞香火视他岳盛矣。庙中无碑，千载而上，秦碣独存，然无文字，或曰：内藏朱文玉字，此特其外函耳。礼或宜然，后之祝贶颂功者，竟莫加片石其上，岂非势极穹峻，盘道纡险，人力莫能致乎。万历庚寅岁，近侍诸臣吕进朝、孙成等百余人言于上曰：臣等供事内廷，阅克补报，愿以公务之暇，恭一瓣香于岳顶，臣等无他祈祷，惟愿陛下万岁，国家永享太平；两宫圣母，寿福山齐；圣子神孙，茂介繁祉。天子嘉其诚，许之。以春秋礼岳，祝厘三年无所倦息。至是思勒碑，答神贶，用昭不朽。谓山势穹峻，盘道纡险，此必不可致之效，诸君乃愈赤心誓诚，尽出所赐金。毕斯役，琢大峪之石以为质，高丈三尺，广四尺，厚一尺有奇。自京师走二千里，辇而致之山下，缠以巨索，翼以大木，数百人挽之，蚁行而上，凡五十余盘，经大小天门，日数十步，行之阅月，始达宫前，厥惟艰哉，非神力宜莫致此。上下数千载，视秦碑才两耳。史锡爵曰：予往行齐鲁，道中顶斋戒弥陀者，声闻数千里，策敝足茧而犹不休。问之，曰：有事于碧霞。问故，曰：元君能为众生造福如其愿。贫者愿富，疾者愿安，耕者愿岁，贾者愿息，祈生者愿年，未子者愿嗣，子为亲愿，弟为兄愿，亲戚交厚，靡不交相愿，而神亦靡诚弗应。其无所愿而往者，千百中不一人焉。夫此千百中而一人，必其人之贤而神休所独注者也。予因叹人之情，岂其自便于跋涉，彼其心必有所营求，是以争千里之逐而不顾，若利之所不在，鲜有不重适莽苍而惮跬步者也。今诸君无前数者之愿，而独愿人主寿康、国家永永太平，涤除瑕慝，以荐馨香，斯不亦所愿者大而神休所尤注者乎，足以碑矣。遂铭铭曰：岩岩福镇，表于东土，群望之宗，百灵之府，近缀梁父，远暵蓬邱，坂岊盘复，积阻重幽貌矣。禅代兹焉，镌成金箧载府，玉简秘灵。帝出乎震，厥有常宅，触石兴云，崇朝遍泽，赫赫东帝，有众司命修短是常，曲直是听，育成万品，光启庶生，不愆其极，无私尔营。瑶宫奕奕，玉女攸居，宝户绘闼，月牖云扉，丹碧嵯峨，祥光陆离，爰奠厥位降福无期于尔。庶士贲然，来思毋念，险巇以崇，厥禧神之格思芝盖羽旂，其旂伊何，翡翠之旓，凤睇之馔，玉禾之羞，镜而明德，陟彼青邱，幽赞皇运，永禔尔休。

右万历二十一年九月王锡爵撰文、田应璧正书、徐文璧篆额。

附录2

清·重修泰山碧霞元君祠记碑

进士出身、通奉大夫、山东等处承宣布政使司布政使、前护理山东巡抚印务、掌京畿道监察御史、翰林院编修，南丰刘斯嵋撰：

凡郡邑之所建，人民之所聚，谷菽之所生，赋税之所出，□有名岳巨镇，能出云物，为风雨，使无愆阳伏阴以生殄疠，天神栖之用，列于望秩之祀，□五岳之所同。而山东泰岳尤为嵩、华、衡、霍长。山之巅故有碧霞元君神祠，相传为唐时建，其铜像铁瓦则仿于明。乾隆初祠灾，内应员外江君都奉敕修之，越今百载。雨雪之浸泻，风日之蒸剥，山水之荡啮，岁月以积，或圮或颓。嘉庆中，当事者一再葺治，然功不可偏举。盖泰山故名胜区，祠又为命祀，远近瞻礼，云合雾散，香气烛光亏蔽几四十里，而秘怪灵爽翊卫尤众，周庐缴道修广袤延。罘罳、棼橑、宎窗、欂栌、黝垩、髹饰之属，制必环伟而宏丽，每一补苴费帑辄以万计，故议兴修难。岁癸巳，前廉访苏君廷玉，奉香帛循例致祭，周览圮废曰：“嘻！已甚其有覆压之惧，神曷以康。且□□存焉，为不可以露出而猋铄”。既归，谋所以重修之。斯嵋韪其议，白中丞钟君祥下其事于前泰安守杨君惠元、前经历赵君品全，咸谓香亭为天子将敬，修之宜亟，又地少费省，毋待帑项。七月香亭成，杨君、赵君任其费。八月杨君卒，役止。甲午春，淮扬生息银至，二月今守郭君文汇至，计所需九千八百七十金有奇。五月，中丞以数入奏报，可。乃于甲午七月廿有二日大兴工作，郭君使赵君及主簿杨君□□董之，为大殿，为配壁，为御碑之亭，为神楼，为石台，为石沟，为山门，为钟楼，为戏楼，为神门，为道房，为朝房，为垣，凡十八所。又于祠后浚沟以行山水，使无伤宫壁基址。奉项不足，捐廉俸以济其事，所属牧令、众缙绅、商民，咸后先踊跃，愿来输助。乙未七月廿有二日工竣，故迹旧新，堕败悉整，山之百灵要眇，惝恍群从元君，肸蚃来会。诸君乃以其略属斯嵋，使为文以纪之石。斯嵋惟岱宗之祀载于虞典，征于生利，杂见于班固、应劭诸人之书。自秦汉降，厥县不替，而皇朝尤为神所福佑。往昔都中旱，天子使定王来祷，仪卫未旋，甘澍降于京师。今年夏，东省苦不雨，麦苗□□，主□□命守土者□□震恐。斯嵋洁斋沐浴，将亲诣以请于神，始式斯大泽来沛，千里沾足，因于六月朔日拜于祠下，是神之大有造于斯民也。继自今，其霜、露、寒、暑四时百物之变，人力所不能及者。阴阳黮黮，饮我、食我、福我、寿我，惟神降祥，其敢梼昧以忘大惠。且诸君不吝勤勚，以克蒇事，足尚。碑乃还其巅，志而为之记。

山东候补知县、嘉庆庚午科顺天副榜、丙子科山西举人，阳城张荐粢敬隶并篆额。

道光十有五年　月　吉日立石

附录3
元君记

〔清〕韩锡胙

统古今天下神祇，首东岳，而东岳祀事之盛，首碧霞元君。元君者，泰山玉女，元君，其封号也。庙在泰山顶，自京师以南，河淮以北，男、妇日千万人，奉牲牢、香币，喃喃泥首阶下。前代设官征税，充度支。陶允宜诗云："自是神人同爱国，岁输百万助升平"。我皇上御极，诏永免其税，于是遐迩来礼元君者，风雨相续，其众多什百前时云。夫玉女，何神也?《道藏》云：金虹太乙定父女也。盖东岳为天孙,《天官书》：织女亦为孙，因其名曰孙。遂撰金虹以为之父。因织女天孙为女，并东岳亦牵合而为女也。《瑶池编》云：黄帝会西昆仑真人，遣女七人，云冠羽衣，往泰山迓之，玉女乃七女中一人。彼六人者又何往乎?《玉女卷》云：玉女姓金，名玉叶，西牛国孙宁府奉符县石守道妻也，汉明帝中元七年四月十八日生，年十四，入天空山黄华洞修道。天空山，即泰山也。考秦李斯从始皇发封，出玉女岱宗之巅，因祀之，称为神州老姥，是玉女早见于秦时，何有汉明帝时降生事？况中华无西牛国，或即浮屠家所云四大部洲之西牛贺洲者，果尔，亦当在身毒国西，相距不知几千万里，无论西牛国无郡县之制，泰山郡无孙宁之号，而强以彼地天空山指为中华泰山，且谓玉女有夫也，渎亦甚矣。《文献通考》云：泰山顶有玉女池，池水苦浊，则山已有玉女名，宋真宗登封，命王钦若先行顿置，池中清泉涌出，诏易池旁石刻女像以玉，奉以石龛而祭之。则前此山固有玉女像，唐刘禹锡《送女道士张炼师归东岳》诗云："久事元君住翠微"，则唐以前已有元君神号。而明杨时乔乃谓，宋真宗授天书，特假元君名，俾五方易于信从，胡臆断若此欤。近世佞佛者云：观世音为千百亿化身，在南为海神天后，封碧霞元君；在北为泰山玉女，亦封碧霞元君，皆一人也。《首楞严》诋十种仙为卑，《华严》举山林昼夜，诸神悉属诸护法听经之列，顾艳玉女、天后二神之灵，而胥实以观世音。又有刻《洞宾集》者，载洞宾与梓潼俱授记佛前。俚鄙诞幻无稽不经，不足辩也。然元君何神也？泰山在鲁境，鲁赐天子礼乐，得郊禘，郊该社，郊圜丘，上帝社。方泽，地祇也。齐桓公九合诸侯，自以为帝王受命不过此，欲并鲁，用郊禘，然方以尊周室为名，因托言欲封禅。封禅，郊社之变名也，管仲知不可穷以辞，亦托言符瑞未臻以阻之。故郊社一歧而封禅，封禅再歧而符瑞，符瑞又歧而神仙也。《祭义》：圜丘称泰坛，方泽称泰圻。说者云，泰坛，鲁郊；泰圻，鲁社，皆在泰山左右也。泰坛事上帝，以人像之，则冕旒王者；泰圻事地祇，以人像之，则翟袆后夫人。又汉时祭泰圻，亦以后夫人主祀，从其类而格之也。又汉武帝封禅，禅石闾，当时以为仙人之间，礼如祀后土，即后世所附会黄华洞石屋也。然则元君地祇也，且夫父严而母慈，胞孕乳哺出于母，而其出之者母不自知之；天尊地亲，五材百货产于地，而其产之者地不自明之，所谓神也。今千万男、妇欲祈年免病，求嗣保寿，日跻崇峦，猿攀蚁接，泥首元君前，皆人世吉祥应有之事，而神即如有意，佑之。非若金泥玉检，冀长生不死，为人世不应有之事，神不能违天以予之也。孔子曰：祭神如神在。则必洞乎如见其形焉，觌乎如闻其声焉。以情推之，朝日夕月，其所谓如在者，将如日之圆而烈，月之盈而亏乎；祭门巷灶中霤其如所在者，亦将如门之阖辟，如巷之逶迤，如灶之曲突与夫中霤之滴沥乎；抑别有冠裳坐立之客，似以肸蚃而陟降者乎；易泰圻而宫室之，貌地祇而珈佩之，是以灵爽之集、百福之综也，谓非天下之正神乎。敬告后之君子，俾有所取信焉。

后　记

《泰山娘娘信仰》是刘锡诚、宋兆麟、马昌仪联合主编的“中华民俗文丛”的一个分册，成稿于1993年12月，1994年10月由学苑出版社正式出版发行。

“中华泰山文库·著述书系”拟收录《泰山娘娘信仰》，笔者考虑再三，宜尊重《泰山娘娘信仰》旧貌，仅对错别字等进行了校订。现在看来，《泰山娘娘信仰》的某些学术观点和资料引用存在不尽如人意的地方，但鉴于我当时水平有限，现权把这看作是历史的局限性吧。

吕继祥

2019年元旦于岱下憨愚斋

泰山

张用衡 著

岱庙全景

泰山十八盘

岱庙天贶殿

南天门

仙人桥

岱顶刻石

天街坊

日出

岱宗坊

泰山刻石

极顶石

洗鹤湾

无字碑

碧霞祠

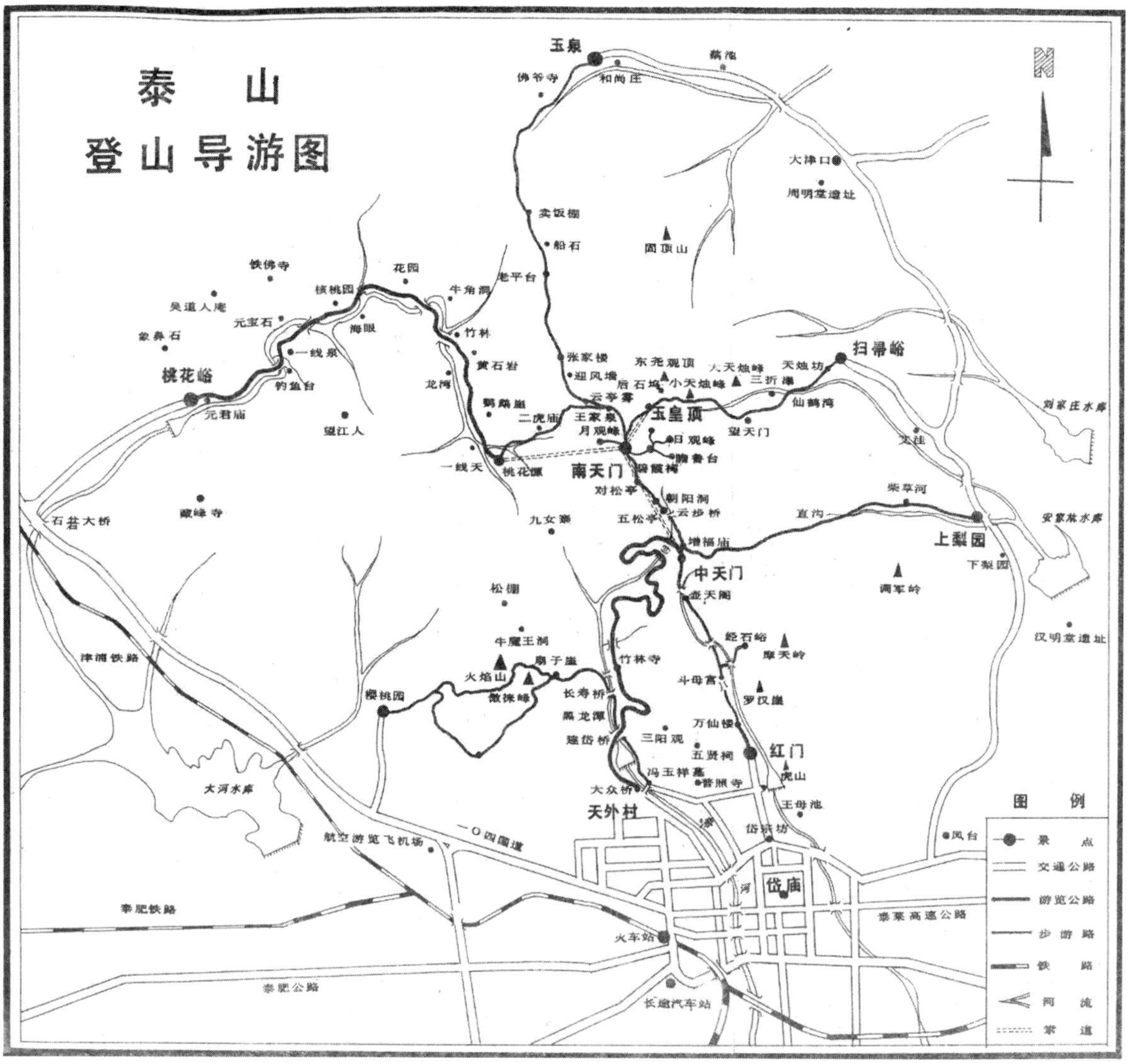
泰　山
登山导游图
玉泉
佛爷寺
和尚庄
大津口
周明堂遗址
卖饭棚
船石
铁佛寺
花园
核桃园
老平台
牛角洞
吴道人庵
元宝石
海眼
竹林
象鼻石
一线泉
黄石岩
张家楼
东亮观顶
迎风墙
后石坞
小天烛峰
三折瀑
大天烛峰
天烛坊
扫帚峪
桃花峪
钓鱼台
龙湾
鹦鹉崖
云亭雾
玉皇顶
仙鹤湾
元君庙
望江人
二虎庙
王家泉
月观峰
日观峰
望天门
南天门
一线天
桃花源
碧霞祠
瞻鲁台
对松亭
朝阳洞
柴草河
刘家庄水库
石岩大桥
藏峰寺
九女寨
五松亭
云步桥
直沟
安家林水库
增福庙
上梨园
下梨园
中天门
调军岭
松棚
壶天阁
津浦铁路
牛魔王洞
经石峪
摩天岭
汉明堂遗址
火焰山
扇子崖
竹林寺
斗母宫
樱桃园
傲徕峰
长寿桥
罗汉崖
黑龙潭
万仙楼
三阳观
五贤祠
红门
虎山
冯玉祥墓
普照寺
大众桥
王母池
天外村
大河水库
岱宗坊
凤台
航空游览飞机场
一〇四国道
岱庙
泰肥铁路
泰莱高速公路
火车站
泰肥公路
长途汽车站
图　例
景　点
交通公路
游览公路
步游路
铁　路
河　流
索　道

序

我很高兴成为张用衡同志这本书的第一个读者。这是一本好书，是一项有关泰山研究的新成果。它显示了古老泰山强大的生命力，展现了泰山风景名胜区各项事业的蓬勃发展，有较强的可读性。用衡同志在比较忙的工作之余，写成这样一本书，是付出了心血的。

自古至今，写泰山的书的确不少，而以世界遗产为中心，以泰山的历史为主线，把博大的泰山内涵中所涉及的史实、自然、趣事有选择地奉献给读者的书实在不多。作者吸取了当代泰山研究成果中的精华，把它们有机地连贯起来，并融入自己独到的见解，这是该书的第一个特色。

该书的第二个特色是通篇贯注了作者热爱祖国、热爱泰山的情感。书中自始至终激荡着一种向上的精神。泰山是伟大的中华民族的象征，因此书中没有过多地涉及一些浅层次的内容，而是尽力挖掘泰山在中华民族成长史中所产生的影响，突出了泰山精神的伟大与不朽。为此，作者在表述上既有写史、叙事，又不时穿插议论和抒情。书中语言清新、活泼，情感充沛，追求着一种与泰山形象相谐的高格调、高品位。

该书的第三个特色是作者在着眼于泰山历史的同时，更注重历史的延续性——泰山的今天和未来。该书对新中国成立以来，特别是改革开放以来泰山的变化着墨不少，着重介绍了近年来泰山保护建设所取得的举世瞩目的成就。在当代泰山人的辛勤努力下，泰山的历史遗迹得到了妥善的保护，旅游环境正日益得到改善，泰山的未来将会像泰山的风光一样无限美好！

泰山的确很大，它的文化、历史、自然内涵是挖掘不尽的，我们在做好泰山保护建设的同时，还要进一步研究它，进一步写出更多的好书。最后，我们愿和更多的热爱民族优秀文化的人士一道，把泰山的各项事业推向新的高峰。

泰山风景名胜区管理委员会主任　**戴有奎**

前　言

泰山很大。《诗经》的《鲁颂》说“泰山岩岩”。“岩岩”为何状，似不好捉摸，但是只要来到泰山，就能够感觉到泰山就是那么一股劲儿，它宛如端坐大地的一位尊严的长者，厚重刚健，气象岩岩，令人肃然起敬。

但是，泰山的著名并不仅仅在于它的大，更重要的还在于人文方面，在于它与中华文化的孕育与形成有着重大关系。就犹如奥林匹斯山之于希腊乃至欧美文化，耆阇山之于佛教徒，富士山之于日本国民一样，泰山的巨大人文价值是不同寻常的。中国古代人可能早就理解了这一点。在中国众多的名山峻岭中，比泰山更高的有之，比泰山更美的亦有之，而泰山却被独独推为“五岳之尊”，推为“天下第一山”，其原因是否就在于此呢？

1987年，当联合国教科文组织的官员和专家来泰山考察时，泰山的博大精深就使他们惊叹了。世界自然保护协会的专家卢卡斯先生面对泰山说：“泰山把自然与文化独特地结合在一起了。它使国际自然保护协会的委员们大开眼界，要重新评价自然与人的关系。”1991年，联合国教科文组织总干事马约尔先生也来到了泰山，他登上绝顶，激动不已，说了如下一番话：“我是1987年担任联合国教科文组织总干事的，就职后签署的第一个文件是将泰山列为世界自然、文化遗产。今天上山，亲临其境，我感到4年前的批署名实相符，心里十分自豪。”

泰山走向世界并受到世人的瞩目是当之无愧的。当我们为祖国的大好河山而骄傲，为祖先所创造的灿烂文化而骄傲时，不应忘记自己的使命，这就是要把祖先留下的瑰宝保护好，并世世代代地传下去。对于这一点，联合国教科文组织驻北京代表泰勒博士是这样认为的：“泰山管理委员会面临着严峻的挑战。实际上每个想保护自然的组织都会遇到类似的挑战，他们都在努力把保护文化遗产和综合利用遗产结合起来。综合利用，包括建立娱乐场所、博物馆，建立可以活跃思想以及进行朝拜的场所，建立科研、教育中心，以发挥其促进社会进步的种种功能。”

新中国成立后，泰安市积极采取措施，在保护历史文物、民族优秀文化，以及旅游区生态环境等方面做了大量工作，取得了可喜的成果。这本小册子所要向您介绍的就是作为世界自然、文化遗产的泰山的昨天与今天。

第一章
岱宗夫如何[1]

苏东坡写过一首著名的咏庐山的诗《题西林壁》，诗云：“横看成岭侧成峰，远近高低各不同。不识庐山真面目，只缘身在此山中。”无独有偶，尽管历史上有无数的人对泰山进行过描述，然而他们也未能完全识得泰山的真面目。当初汉武帝登泰山封禅时，面对泰山便茫然了，他只能发出一连串的感叹：“高矣！极矣！大矣！特矣！壮矣！赫矣！骇矣！惑矣！”前6个词虽极言泰山的高大，但空洞得很，倒是后两个词承认了他对泰山的大惑不解，给人印象颇深。金代文学家元好问有一首《游泰山》写得豪迈奔放，颇有气势，可是在诗的结尾，他却不得不说：“眼前有句道不得，但觉胸次高崔巍。徂徕山头唤李白，吾欲从此观蓬莱。”诗人写了那么多，最后却觉得这一切均不尽如人意了，能说出的泰山之美之雄奇太有限了，而说不出的则是无限的，这就含蓄地承认了自己也“不识泰山真面目”。李白呢？他曾写过《游泰山》诗6首，很华丽，但“他写泰山的几首诗都让人有底气不足之感”[2]。泰山太大，不好写，即使如诗仙李白者，在超经验的景物面前，也找不到合适的语言。近人邱山宁写过一首《泰山颂》：“泰山何其雄，万象都包容。泰山何其大，万物都归纳。泰山何尊严，万有都包含……”说得不错，只是太抽象，使人不得要领。泰山深邃、丰博的底蕴的确是不容易被认识的。因此我们仍要问一句：“岱宗夫如何？”

---

① 见杜甫《望岳》诗：“岱宗夫如何？齐鲁青未了。造化钟神秀，阴阳割昏晓。荡胸生层云，决眦入归鸟。会当凌绝顶，一览众山小。”

② 《新华文摘》1992年第5期，第99页。

第一节　得天独厚的地理位置

古代人说泰山高大，现代人亦说泰山高大，其实泰山与国内诸名山相比，它的自然高度海拔1545米实在并不算高。不用说同珠穆朗玛峰相比，即以五岳而论，其高不如华山，其大不如衡山。五岳之外，如长白、峨眉、黄山、五台与匡庐诸名山，其高大均不亚于泰山，那么为什么泰山被推为五岳之尊，名高天下呢?

在中国历史上，泰山所处的黄河中下游地区首先进入了文明阶段。这一地区古称“齐州”，位于燕山之南，太行、秦岭之东，伏牛山、桐柏山、大别山之北，大海之西，是一片呈三角形的平原。古代这一地区有4条大河，即黄河、济水、淮河和长江。在这泱泱沃土之内，浩浩四水中间，拔地而起、雄峙天东的最高的山便是泰山。在这里生活着的初民们，以他们的认识所及，大地上最高、最大的山自然非泰山莫属，因此泰山最早的得名便叫“大山”。

泰山的“大”是古代人最早推崇它的原因之一，但这还不是主要的。因为当他们后来发现了更大的山之后，泰山的崇高地位并未削弱，甚至仍然在不断增强，如果我们仍然从地理位置的角度去进行考察，就会发现其中有一个同古代方位崇拜有关的更为深刻的历史原因。

这要从对太阳的原始崇拜说起。古代先民赖太阳以生存，太阳给人们带来了光明、温暖、生命和繁荣，太阳既升起在东方，因而东方就变得分外神秘。汉字“東”，《说文》释为“从日在木中”，即取太阳从树木中升起之象；《晋书·五行志》亦谓“说日木，东方也”。东方和太阳密不可分，在中国古代神话和文学作品中，太阳就被称作“东乌”“东君”。东方成了尊贵的方位。例如，据“五行”说，东方属木，其色为青苍，故“东方曰苍天”[①]；在“八卦”中，东方为“震”，“震为长男”[②]；在“四时”中，东方为“春”，春乃四季之

① 《吕氏春秋·有始》。

② 《易·说卦》。

首；在“五常”中，东方为“仁”，仁是天地大德；在“五帝”中，东方是“青帝”，青帝是至高的天神……所有这些都显示了“东方”在中国人心目中的特殊地位。这种出于原始思维的东方崇拜，自然而然使地处中原之东的泰山不同凡响了。《文献通考》说：“岱宗东岳，以其处东，北居寅丑之间，万物终始之地，阴阳交泰之所，为众山所宗也。”《风俗通》亦云：“岱，始也；宗，长也。万物之始，阴阳交代，故为五岳长。昔王者受命，恤封禅之。”而泰山的取名，本身就有东方崇拜的含义，“泰”卦由乾、坤两卦组成，象征天地相交；阴阳交代，“则是天地交而万物通也，上下交而其志同也”①。甚至到后来，泰山几乎与“天”等同起来，“青帝天神也，东岳属焉”②。

地理位置的独特，造就了泰山地位的至尊。而且也因它处于我国东部南北交通与黄河流域东西交通的十字路口，通往古代都城如长安、洛阳、北京、开封、南京、杭州等均无山地阻隔，为数千年来帝王的封禅、祭祀，民众的朝拜与历代文人的云集题咏提供了有利条件，这一切都使泰山的文化不断丰富，影响日益扩大。

第二节　源远流长的历史文化

自从古代人以他们的思维方式认识并肯定了这“东方大山”之后，泰山便同人类产生了千丝万缕的联系。在漫长的岁月中，泰山以其高大、厚重、向上、不摧……的形体，启示、激励着人们，陶冶着民族情操；同时，它也记录下了我们民族精神发展历程中各式各样的心态，成为中华精神文化的载体。

---

① 《系辞上》。

② 《宋史·天文志》。

一、赫赫神山

现代考古研究和大批出土文物证明，泰山东南沂源县鞍子山发现的猿人头骨石、肢骨石，是距今四五十万年前的人类遗迹。新泰乌珠台发现的一枚少女牙齿表明，四五万年前的旧石器时代，已有发展到智人阶段的人类在泰山地区生息繁衍。距今约7500年的北辛文化，以及后来的大汶口文化、龙山文化，标志着这一地区文化的连续性和分布的广泛性。这里就是原始社会中东夷氏族的发祥地。古代东夷人传说是炎帝的子孙，其图腾为鸟。以鸟为图腾的泰山周围各氏族部落结成联盟，舜成为东夷部落联盟的主神。太行山以西、黄河中游的居民，传说是黄帝的后裔。经过夏、商、周三代，炎、黄两大氏族部落最终融为了一体。闻一多先生说："黄河中上游部落联盟的集合图腾为龙，与中下游的凤（鸟）相结合，于是龙凤呈祥，形成了伟大的华夏族。"[①]泰山地区便是华夏文化的两源之一。我们的祖先在这里创造了灿烂的文化，翻开了文明史的第一页。

（一）泰山神话

泰山神话是东夷人集体创造的最初形态的原始文化意识，也是有关泰山崇拜与信仰及历代帝王封禅、泰山宗教、泰山民间俗神产生的源头。

上古时代，生产力低下，人们一方面感激大自然的惠泽，一方面又对洪荒、猛兽、灾难无可奈何，天、地、日、月、风、云、山、水的变化对他们来说是如此神秘，如此莫测。生活在中原大地上的东夷人需要一位超人的大神来抵御灾难，来主宰一切，这位大神就是东夷人的祖先太皞伏羲氏。伏羲"蛇身人首"，几乎无所不能，大凡人间发明，均有其首创之功。他还另有一项了不起的神功，就是能缘天梯使天、人沟通。天梯，一是高山，一是大树。高山乃昆仑山，《山海经》载："西海之南，流沙之滨，赤水之后，黑水之前，有大山，名曰昆仑之丘"，"昆仑虚八百里，高万仞……"昆仑究在何处，古无定论，《尔雅（释丘）》说："是昆仑者，高山皆得名之。"有学者认为，昆仑山就是泰山经过想象加工的产物，而且他们把《山海经》所述昆仑山的地理环境与泰山一带

① 转引自路宗元：《中国泰山》，青岛海洋大学出版社1993年版，第48页。

的山川形势做了一番比较研究，发现赤水即相当于沂水，流沙相当于泗水，黑水相当于大清河，从而进一步得出了上古时期的昆仑山就是泰山的结论。而大树即“建木”。《山海经·海内经》：“青叶紫茎，玄花黄实，名曰建木，百仞无枝。上有九欘，下有九枸，其实如芒。太皞爰过，黄帝所为。”“建木在都广”，而“都广”即广都[1]，即泰山南侧不远处的曲阜穷桑，太皞伏羲氏的发祥地。可见天梯当指泰山。这种天、人之间沟通的神话，既反映了氏族时代东方民族渴望了解自然并驾驭自然的愿望，又是后世帝王封禅的肇始。

神话中的昆仑山——即泰山，还有一位显赫的女神西王母。人们一般认为西王母所处应在西方，但“西”字在此并非指方位。古代“西”同“栖”，鸟所居也。以鸟为图腾的东夷人心目中的这位女神形象十分狞厉：“其状如人，豹尾虎齿而善啸，蓬发戴胜，是司天之疠及五残。”[2]西王母的形象及身份很容易使人联想到希腊神话中的“复仇女神”。所谓“司天之疠及五残”，也就是替“天”主掌瘟疫灾疠和“五刑残杀之气”，含有惩罚之意。她的满头乱发中却装戴着一支玲珑的玉簪，这同希腊女神的满头蛇发既有相似之处，也有明显的不同，但是她们所反映的却都是古代人希求社会有序的愿望。有了这位主生杀的、众神之神的泰山女神，自然可以在自古即有的“善”“恶”两大势力的较量中，成为一个威严的裁判。但是，人、兽合一的形象却阻碍了这位女神更多地参加社会活动，其形象一度消失。到了大约春秋时所作的《穆天子传》中，西王母已由栖居山野的怪神一变而为雍穆的人王，但从其对穆天子的吟诗“虎豹为群，于鹊与处”中，仍能看出其怪神之迹。再后来，到了六朝人所作《汉武帝内传》中，西王母再次被改造成了更为人格化的华贵雍容的王母娘娘，其地位也由大山之神升级为全国范围的女神，其神职也由主刑杀而主人的生死。古老的西王母神话走向传说与宗教，并带上了更多的神秘色彩：战斗中，“佩西王母兵信之符”可免刀兵之灾；在年初互赠西王母所戴之胜，则有避瘟疫的功效；日常生活中的珍稀之品也被冠以西王母之名，如“有药，名西王母杖”[3]，“有虎织草，

① “广”“黄”二字古通用，“广都”即“黄都”，也即“黄帝下都”，在曲阜附近。

② 《山海经·西山经》。

③ 《抱朴子·仙药》。

江东亦织以为席，号曰西王母席”[①]等等。西王母创生不死的神职，正是她的发祥地泰山后来主人生死的滥觞。

古老的神话随着历代社会政治内容的搀入，已失去了本来面目，但时代更迭却割不断泰山与古老民族精神的承续。西王母之于泰山的影响之一就是泰山替代西王母成了一位主生、主死、主兴、主衰的威严裁判。皇帝封禅泰山的动机，亦当与此有关，他们畏于这样一位大神，要在她面前表白一番，以讨得神灵的佑助。有史所载的第一个封泰山的皇帝是秦始皇。他的封泰山极尽美言之能事，将自己的功德说到了极处，但却有人说他没敢登到山顶。《史记·封禅书》记载：“始皇之上泰山，中阪遇暴风雨，休于大树下。诸儒生既绌，不得与用于封事之礼，闻始皇遇风雨，则讥之……”像秦始皇这样一位人物，暴风雨算什么！以他的性格，完全可以横下心来，不顾一切地到达山顶，然而他害怕了，退了下来，其中隐情，只有他自己知道。汉武帝封泰山，不按旧制，只带了霍去病儿子一个人上山，究竟在山顶上搞了些什么名堂，谁也不知道。宋真宗封泰山，干脆另造了一个女神，显得可笑。至于那更多的无功无德的皇帝，压根就不敢到泰山来，世说他们“不配”封禅，其实皇帝想干事情，谁能阻拦？指责其“不配”，似为大悖。唯有赫赫神山，对一切均有公断，能使皇帝们冷静下来掂量掂量。

西王母之于泰山的另一个影响是确立了泰山的女神地位。《五岳真形图序》[②]中说：“东岳泰山君领群神五千九百人主治死生，百鬼之主帅也。”但是泰山的男性神，似乎从来都未受过重视，倒是后来的另一位顶替西王母的女神碧霞元君一举统领了泰山。明代散文家张岱对此不胜惊诧地说：“元君像不及三尺，而香火之盛，为四大部洲所无”，“世世香火东岳者咸奔走元君，近数百里，远数千里，每多办香，岳顶数十万众”。[③]元君者“乃应九气以生，受玉帝之命，证应天仙，统摄岳府神兵，照察人间善恶”[④]。其实这里面仍有西王母的影子，使得泰山宗教和民间信仰更为丰富多彩。

---

① 〔西晋〕崔豹：《古今注》。

② 后汉时托名东方朔撰。

③ 《琅嬛文集·岱志》。

④ 见《碧霞元君护国庇民普济保生妙经》（明代时刻于钟上，作者不详）。

在古代泰山神话中，另一个要提到的人物是战神蚩尤。蚩尤，炎帝裔，姜姓，善作兵器。南宋罗泌撰《路史·后纪四》“蚩尤传”注引《世本》：“蚩尤作五兵：戈、矛、戟、酋矛、夷矛。”炎黄战争中，炎帝兵败，炎帝后裔蚩尤起而为炎帝复仇。《山海经·大荒北经》说：“蚩尤作兵伐黄帝，黄帝使应龙攻之冀州之野。应龙畜水。蚩尤请风伯雨师，纵大风雨。黄帝乃下天女曰魃，雨止，遂杀蚩尤。”之后，虽仍有夸父、刑天、共工等炎帝裔或炎帝臣等继起奋争，但只不过是其余波了。

蚩尤失败了，但败得悲壮，确立了他不屈不挠的战神形象。对这位足智多谋的斗士，后人寄予深切同情，希望他的灵魂常在。他死后葬于泰山之西东平寿张地方，名蚩尤冢。冢中常有英烈浩气如虹贯天。《皇览·冢墓记》：“蚩尤冢……有赤气出亘天，如匹绛帛，民名为蚩尤旗。”当地民众常于十月举行祭祀。蚩尤的精神不死，为后代所崇仰，常以蚩尤形容骁勇善战的将军，如秦汉时名将白起、韩信等被誉为“殆蚩尤之敌，盖开辟所稀也”[①]；君主送将军出征，要授以蚩尤剑，以示威猛；民间还根据蚩尤故事，创作出被称为“蚩尤戏”的舞蹈，来纪念这位英雄。

这位生战于泰山、死葬于泰山脚下的英雄，为泰山精神增加了重要内容，他的英勇不屈、死而未已的形象，鼓舞了一代又一代炎黄子孙为民族利益而前仆后继，血洒疆场。

在泰山的上古神话中，还有飞廉、穷奇、帝舜、后羿等等，无不以人类童年时代物质的纯真与朴素反映人类早期渴望超越、渴望征服现实的美好愿望。泰山神话是泰山文化遗产中的重要组成部分，虽然它表现在意识形态方面，但是后来泰山的一切，包括历代物质的遗存，都与之有着密不可分的联系。

（二）先民祭祀

如果说神话是泰山崇拜的折射的话，那么泰山的早期祭祀就是这一崇拜的直接表达。

据志书记载，泰山之阴桃花源附近的磨山上曾有过一巨大而神秘的石圈。《泰山述记》说：“在笔架山北《岱史》谓仙人牧地，巨石环列，秀丽异他处。”

---

① 《太平御览》引《韩白论》。

《岱史》记载民间传说："夜有呼号相力声，诘朝巨石垒成圈，传五仙女为之。"在海拔1000米左右的磨山上，远古人筑垒了这座石圈，不可能是养牲畜的场所，据专家推测，它大概是5000多年前人们祭天的大型祭坛。

大汶口文化遗址出土的陶器上，曾绘有我国最早的图像文字——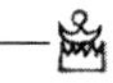，考古学家一般认为，图像上部为太阳，中间为燃烧的火，而下部代表泰山。图像的含义是在泰山上燃火祭祀上天。《尚书·尧典》载："岁二月，东巡守，至于岱宗。柴、望秩于山川。"柴，就是在泰山燃柴祭天；望，则是山下的人们远望山上烟火，以拜祀上天。既有柴望之礼，山上一定有祭坛。《礼记·祭法》云："燔柴于泰坛，祭天也。"可见山上的"五女圈石"，当是古代的祭坛无疑。古代先民们在这样一个泰山之峰的巨大祭坛里燃起了熊熊大火，山上山下一片通红，泰山成了一支巨大的红烛。这大火把人们的企盼，把人们敬神敬天的美好愿望直送九霄，这曾是"东方大山"的一个何等辉煌的时刻。

（三）帝王封禅

先民们对泰山的崇拜，逐渐被统治者所利用，成为帝王专利的祭祀礼仪，这就是封禅（shàn）。封，就是在泰山极顶聚土为坛祭天，报天之功；禅，是在泰山前的社首、梁父、云云、亭亭等小山上辟场祭地，报地之功。只有"功高德显"的帝王才有资格封禅泰山，以报"受命于天"之恩。

封禅起源甚早，可以追溯到泰山的原始崇拜和神话中去。《韩非子·十过》记载："昔者黄帝合鬼神于泰山之上……蚩尤居前，风伯进扫，雨师洒道，虎狼在前，鬼神在后，腾蛇伏地，凤凰覆上，大合鬼神，作为《清角》。"这可能是对早期帝王封禅泰山的描述。孔子则认为上古封禅"观易姓而王可得而数者七十余人，不得而数者万数也"[1]。春秋初期的管子曾谈到封禅，可惜《管子》一书早已不全。司马迁"殚精竭虑"写出了《史记·封禅书》，从管子所说的72家封禅的帝王中，寻找到12家，即无怀氏、伏羲、神农、炎帝、黄帝、颛顼、帝喾、尧、舜、禹、汤和周成王。东汉哲学家王充也在他的《论衡·书虚篇》中说："为王太平，开封泰山，泰山之上，封可见者七十有二，纷纷湮灭者，不可胜数。"是否真有72家帝王封泰山，已无可考，但是先秦时代早有帝王

① 〔西汉〕韩婴：《韩诗外传》。

到泰山祭祀或封禅是大体可信的，因为这同泰山的原始崇拜是一致的。

历史上第一个见诸史册的封禅皇帝是秦始皇。司马迁在《封禅书》《秦始皇本纪》《孝武本记》中对此作了尽可能详细的记载。从此以后，封禅逐渐脱离了“率民事神”的原始形态，增加了更多的社会政治内容和皇帝本人企求长生不老的求仙意识。但是，早期封禅中所反映的天人感应、天人合一的思想并未消失，泰山的神山地位更由封建大一统皇帝的亲临登封而变得愈加威威赫赫、尊冠天下。

秦始皇灭了六国，为了加强对统一大帝国的统治，多次进行全国性巡视。前219年，他打着封禅旗号来到泰山。可是秦始皇并不知道古代封禅的礼仪，询问众儒生也都不得要领，说是古时上泰山封禅要用蒲草包裹车轮子，不能伤害山上的一草一木；祭祀时，地上要铺草秸编制的席子，不能撞踏土地山石。秦始皇听后大不以为然，便斥退儒生，下令士兵开山辟路，带领文武百官登上了泰山。由于整个封禅过程秘而不宣，所以司马迁写史时也感叹无法准确记述。

秦始皇的封禅泰山除了有祭天求神佑的根深蒂固的传统意识外，还有以下三个方面的原因：

一是政治原因。秦统一后，六国的贵族反抗势力心犹不甘，仍在频频策划推翻秦王朝，譬如韩国的张良，便总想伺机报复，他曾在秦始皇出巡时，请力士用大铁锥击杀秦始皇，打碎了始皇的副车。秦始皇对六国反抗势力的残酷镇压以及繁重的经济负担和无休止的徭役，都使得人民的反抗情绪日益高涨。秦始皇敏锐地感觉到了这一点，所以想通过封禅来巩固统治。他的东巡，在政治、文化、道德方面禁其所异、褒其所同，从而在加强帝国的统一方面起到一定的积极作用。

二是宗教迷信的原因。秦始皇迷信神仙，多次派人到东海去寻求不死之药，当然他更相信泰山上住着神通广大的神，到泰山封禅就可以求得长生不死，甚而成为仙人。

三是回归故土的潜意识原因。秦人的祖先是以鸟为图腾的东夷部族，秦始皇的东封泰山与其远祖夷民的泰山崇拜有关，在他的思想意识中，深埋着对祖先文化认同与亲聚的基因。

秦始皇封禅泰山，不纳腐儒之见，开了一条登山大道，这应是他的一个大功绩。否则，这座神山上的一草一石永远不能动，那么“文化遗产”将无以承载。

步始皇后尘，秦二世胡亥又来泰山封禅，这时秦王朝已面临着更大的危机，其封禅的影响便小得多了，只是他所立的刻石，至今仍保留了9个字的残片，成了不可多得的历史珍品。

接下来，另一个有较大影响的封禅泰山的皇帝是汉武帝刘彻。这位具有雄才大略的皇帝曾8次来到泰山，5次登顶修封。

汉武帝于前140年即帝位，时年17岁，共在位54年。西汉自建立以来，便不断遭到匈奴人的骚边，汉高祖畏于匈奴人的强悍，对之实行“和亲政策”，并时常给以大量财物，但是仍未解决根本问题，边患成了西汉的心腹之患。元鼎六年（前111），武帝下诏征涉西方、北方，并亲率大军“行自云阳，北历上郡、西河、五原，出长城，北登单于台，至朔北，临北河，勒兵十八万骑，旌旗经千余里，威震匈奴”[①]，大大地削弱了匈奴人的势力，安定了北方边界。于是，他再也抑制不住埋藏在心中很久的封禅愿望，于元封（因封禅而改此年号）元年（前110）三月来到泰山。但因泰山草木尚未萌芽，乃令人上山立石，其间他东行到了东海，四月还泰山，先于梁父山禅地，又在泰山之东，按照祭祀太一神的仪式举行了封礼，其封台高九尺，阔一丈二尺，下面秘埋了祷神的玉蝶书[②]。封礼之后，武帝独带了霍去病之子霍嬗上了泰山极顶，再行封礼，其过程也是秘密的。第二天，武帝自岱阴下山，按照祭祀后土的礼节，再禅泰山东北的肃然山，开创了两封两禅的先例。典礼完毕，汉武帝在山下周明堂旧址接受群臣朝贺，宣称自己见到了天帝显现的祥瑞征兆，已得到神灵的保佑。第二年，武帝即根据济南人公玉带所献的《明堂图》，在泰山东面重建了明堂，传说该明堂四面无墙壁，屋顶覆以茅草，四面修水道，以水环之，而且，“上有楼，从西南入，命曰昆仑，天子从之入，以拜祠上帝焉”[③]。此后，汉武帝到泰山封禅，这里就成了接见诸侯的地方。

汉武帝虽称雄才大略，但他的迷信思想较之秦始皇尤甚，对于封禅求仙也比秦始皇更为急切。早在他即位之初，就有方士献炼丹术，并称丹砂可化为黄

---

① 《汉书·武帝纪》。

② 刻在玉片上的祈祷文章，封禅时埋于封坛下。

③ 《史记·封禅书》。

金，黄金做成食器能益寿，益寿就能见到蓬莱仙人，见到仙人再封禅则不死，黄帝当年就是这样的。这正中武帝下怀，其实他之所以频繁征战又频繁封禅，乐此不疲，内心深处就是在效法黄帝，只是在其中他更多地加进了炼丹与修仙，在这一点上，汉武帝可谓登峰造极。

汉武帝多次封禅，而尤数第三次最为壮观，据记载是“山上举火，下悉应之”，惊天动地，很有些远古时代“柴望”的味儿。传说此时西王母自天而降，武帝见王母手中有一书，便乞请瞻阅。王母说，这是三天太上皇所制的五岳真形图，能镇妖避邪，非等闲之物，不给他看。武帝再三乞求，王母遂将书赠之。武帝大喜，带回长安，秘藏于他所创建的以香柏为梁的柏梁台，并以此为缘由于太始四年（前93），在京都铸一大鼎，号“神鼎”，上铸“登于泰山，万寿无疆，四海宁谧，神鼎传芳”。4句话把汉武帝封禅的动机说得清清楚楚，但是他却并未成仙，也未能“万寿无疆”，倒是自秦以来的求仙之道，由于屡试屡不灵，从此便渐渐地走向了末途。

汉武帝8次泰山之行，给泰山留下了众多文物古迹，如汉柏及明堂遗址等。

25年，刘秀建立东汉王朝，称光武帝。刘秀是西汉宗室舂陵节侯刘买之后，为推翻王莽新政，恢复刘家政权，他先是利用农民起义军的力量，继而又依靠豪强地主的势力，终于做了皇帝。

刘秀从西汉末年严重的社会危机和农民起义的刀光剑影中走过来，深知缓和阶级矛盾、恢复生产和稳定社会秩序的重要性。他称帝后在这方面采取了一系列措施，如释放奴隶，安辑流民，组织军队屯田，精兵简政，兴修水利等等，使政权获得稳定，经济有所发展，获得了“中兴”之誉。于是就有大臣建议他封禅泰山，酬报天神，刻石记功。而光武帝此时的头脑还是十分清醒的，他自以为政绩不佳，尚无封禅资格，乃下诏曰：“即位三十年，百姓怨气满腹。吾谁欺，欺天乎？”[①]并解释说：孔子曾说过，泰山神比林放一类人懂礼仪，不会接受身份不适合的人的祭祀，我又何必去玷污72位帝王封禅的历史呢？如果有人再敢阿谀奉承，就要割去他的头发，罚他去屯边。但是颇富戏剧性的是，时隔不久，他又表示要封禅泰山了，反差如此之大，是什么原因呢？这里至少透露了三点信息：一是他早存封禅之心，只是尚有自知之明，羞羞答答不愿说出。

①《后汉书·祭祀志上》。

二是封建皇帝欺民则可，欺天还是不敢的，泰山不是由西王母这位主惩罚的大神衍化成的“裁判”吗？三是继求仙问道衰微后，代之而起的另一种迷信方式“谶纬”又在作怪了。

谶（chèn）纬学说兴盛于西汉末年。谶为宗教预言，即以隐语来预决吉凶，原为方士之术；纬是以宗教观点解释儒家经典。汉成帝时，方士甘忠可造了一部《天官历包元太平经》，言“汉家逢天地之大终，当更受命于天”。哀帝即位后，听信这些说教，以为“汉历中衰”，下诏改元，将建平二年改为太初元年，他不称汉帝，改称“陈圣刘太平皇帝”，心想这样就符合了更受天命之意，岂知社会危机依旧，“更受命”成了一出丑剧。王莽为了夺权的政治需要，在倡导谶纬方面起了重大的作用。刘秀的封禅泰山，便是谶纬迷信的继续。

建武三十二年（56）正月，刘秀夜读谶书《河图会昌符》，中有“赤刘之九，会命岱宗，不慎克用，何益于承。诚善用之，奸伪不萌”的话，“赤刘之九”是隐语。原来，战国的阴阳家把金木水火土对应五德，国家的兴盛衰亡是五德循环的结果，汉朝自认为是火德，而“赤”即表示火德，“九”指刘汉第九世孙，推下来，这正是光武帝刘秀。刘秀终于找到了封禅泰山的根据，群臣更投其所好，说在《河图赤伏符》《河图古今篇》《孝经钩命诀》等谶书中有36处示喻光武帝封禅，谶语即天命，不可违背，终于遂了刘秀的封禅之愿。

刘秀于建武三十二年（57）正月二十八日从洛阳出发，路过曲阜祭祀孔子，二月十二日驾至泰山。跟随刘秀封禅的有太尉赵熹、高密侯邓禹、孔子后裔褒成侯等王侯百官及12位“蕃王”。少数民族首领从封泰山这大约是第一次。准备了10天，兵丁整治好了山道，石工立起了刻石。二月二十二日清晨，刘秀乘轿上山，行登封大礼，群臣百官高呼万岁，音动山谷。下山时暮色已深，百官队伍连绵20余里，摸索到山下时天已放亮。两日后禅梁父。四月大赦天下，更年号为中元元年。光武帝所立刻石大量引用谶书语句来证明自己“受命于天”，满篇都是“赤帝九世”“帝刘之九”“九世会昌”“天地扶九”“道在九世之王”……可见刘秀的封禅泰山显然是煞费苦心地借泰山的神威来确立自己的统治地位，以求巩固东汉政权。

秦始皇上泰山，其事皆秘；汉武帝上泰山随从甚少，所以《史记》和《汉书》都语焉不详。唯光武帝上泰山大事铺张，史书上记载颇细，有些文章写得文辞并茂，除记述封禅外，还兼记民俗风情、水色山光，为泰山留下了宝贵的历史资料。

此后，汉章帝元和元年（85）、汉安帝延光三年（124）均于春二月东巡泰山，拜岱宗，祀明堂。东汉末年黄巾起义，军阀乘机割据，遂成三国分鼎之势，继之南北朝，直至隋朝统一，已是400年之后。其间亦有议封禅者，如三国时有人劝明帝封禅，明帝大为惶遽，说闻此言，令我汗出流足。隋文帝开皇九年，朝野皆请封禅，文帝下诏曰："以薄德而封名山，用虚言以干上帝，非朕所闻。"[①]开皇十四年，百官抗表，固请封禅，他又说："兹事体大，朕何德以堪之，但当东巡，因祭泰山耳。"[②]终于未能封禅。

再次把封禅泰山推向高潮的是盛唐。在这一时期，封禅虽仍然与政治密切相关，但迷信的色彩相对少了，而是增加了皇帝本人对自身道德的反思，古老的封禅活动因而增添了新的精神内容。

唐太宗李世民，以"贞观之治"使唐朝进入了繁荣盛世。他虽未到泰山封禅，但他对封禅的认识却达到了一个新的高度。史籍对此有简明的记载，"太宗贞观初，群臣并请封禅，唯魏徵以为不可"，乃作罢。贞观六年，平抚突厥，农业连年丰收，群臣又议封禅，"太宗谓侍臣曰：'朕每见众议以封禅为盛事，颇奏劝朕行之。如朕本心，但使天下太平，家给人足，虽缺封禅之礼，亦可比德于尧舜；若百姓不足，夷狄内侵，纵修封禅之仪，亦何异桀纣？昔秦始皇暴虐之主，汉文为有德之君，以此而言，无假封禅'"。仍不许。贞观十五年，众臣再请封禅，太宗诏准，但行至中途，天上有彗星之变[③]，封禅又止。李世民对泰山是心向往之的，但是他不为求仙，不欲借泰山之名来提高自己。作为封建君主，他把道德与政绩看得比封禅的形式重要得多，在这一点上他已远远地超过了前人，不能不说是一个进步。

唐高宗与武则天的封禅泰山，在历史上颇有影响。"高宗即位，公卿数请封禅。则天既立为皇后，又密赞之。"[④]高宗李治仁厚无能，早已下诏让武则天主持朝政，武氏密赞封禅，高宗当然言听计从，武则天是这次封禅的幕后导演。

---

① 〔明〕查志隆《岱史》。

② 〔明〕查志隆《岱史》。

③ 李世民行至洛阳有报告说：北方铁勒族欲趁天子封禅之机攻击突厥族李思摩领地，李思摩向太宗求救，故称彗星之变，停止封禅。

④ 《旧唐书·礼仪志·封禅》。

在商定具体礼仪时，武则天要求以皇后的身份参加，并主持禅地仪式，实际上是乘机扩大她的政治影响，为女皇登基做准备。

麟德二年（665）十月，封禅队伍从东都洛阳出发，浩浩荡荡连绵数百里。日本、印度、朝鲜、波斯、新罗、百济、突厥、于阗等诸国使节和少数民族首领都率领各自的部属随同陪祭，把道路挤得满满的，气势甚为宏大。一路上走走停停，正月初二到达泰山。

根据武则天的策划，在泰山顶先由高宗登坛，行“初献”礼，然后由武则天登坛行“亚献”礼。在当时，一位皇后在大臣面前抛头露面是不相宜的，于是她让宫人扯起大帷帐遮隔，成了真正的“幕后人物”，最后由赵国太妃燕氏行“终献”礼。30年后，武则天称帝，这次她走到幕前，亲率文武群臣登封中岳嵩山，礼仪一如当年封泰山。由泰山到嵩山，由“亚献”到亲祀，圆了女皇梦。

继唐高宗和武则天之后封禅泰山的另一个皇帝是唐玄宗李隆基。李隆基年轻时是一个干练有为的人物，他26岁那年，一举平息了欲效法武则天当女皇的韦后之乱。两年之后李隆基登帝位，又以极其果断的行动粉碎了太平公主阴谋发动的政变，巩固了自己的权力，使唐朝动荡的政局又稳定了下来。李隆基大权在握后，裁汰冗官，整顿吏治，起用一批正直的人担任重要职务；同时大力发展农业生产，均田灭灾，社会经济迅速发展起来，出现了李唐王朝建立以来，也是中国地主阶级执政以来的最好局面，这便是历史上盛称的“开元盛世”。

如果说国家统一、政治安定、经济繁荣是古代人认为的封禅泰山的必要条件的话，唐玄宗之开元盛世是显然具备了这一条件的。于是开元十二年（724）末，李隆基采纳了张说等大臣的建议，下了《允许封禅诏》。

开元十三年十月，李隆基东封泰山，问礼官学士贺知章为什么前世玉蝶书秘而不宣。贺知章回答：玉蝶书是专让天帝看的文书。前代帝王有的想请求长生不老，有的想请求成为仙人，所以后世人都不知内情。唐玄宗说：我封禅泰山，是为天下的百姓求福，没有个人的秘密请求。遂将告天玉蝶公布于众。他的玉蝶文大意是：高祖和太宗，受天帝之命建立唐朝；高宗封禅泰山，天下兴盛；中宗继承皇位，遭受挫折。上帝佑助我，赐给我忠武的品质，因此平息了内乱。我承帝位已经13年，承蒙天意，四海平安。今封禅于泰山，感谢天地给予的成功，并祈求上天给子孙以厚禄，给万众百姓以幸福。

把自身的道德修养同封禅的资格联系起来，唐玄宗在封禅史上开创了一个新的境界；强调封禅要节俭，也充分表现了这位皇帝当时头脑的清醒；公开提出封禅是为“苍生祈福”，则更是以前任何一个皇帝所未能做到的。在封建社会中，国家的兴盛衰败、人民的平安疾苦均系之于帝王一人之身，最高统治者的个人道德、性格、能力往往决定着社会的一切。唐玄宗封禅泰山的一系列表现，就今天来看，他在思想、人格上都比以前封禅泰山的帝王更胜一筹。或者正是因为这一点，他亲自撰写的《纪泰山铭》一文，一直受到历代的保护、推崇，至今仍完好地保存在泰山上。

《纪泰山铭》洋洋千余言，刻于13余米高的天然峭壁上，字体端方雄浑，文辞驯雅大度。他诚恳地承认自己道德的不足，想着“为民祈福”，认为“道在观政，名非从欲”，这些都表明了他要把自身道德的高下放到实绩中去检验。这种气魄确实是难能可贵的，而且似乎也是前无古人的。

然而，封建的土壤并没有造就“好皇帝”的功能，而是恰恰相反。李隆基称帝前期所取得的一系列成就及他铭刻于神山之上的种种宣言，均由于他在后期犯了许多政治上的错误（如重边兵而轻内卫、纵容内部纷争以及宠爱杨贵妃沉迷声色等等），最终酿成了安史之乱，使唐王朝从此一蹶不振。如今，面对巍巍然的唐刻石，扼腕之际禁不住要叹一声“此恨绵绵无绝期”了。

历史上，最后一个封禅泰山的皇帝是宋真宗赵恒。

本来，封禅是国家统一的盛世之君的专利，而宋王朝实际上始终没有统一过。到了真宗，北方的辽、夏更是大肆入侵，边境烽烟不断。景德元年（1004），辽（契丹族）又大举攻宋，一直打到了黄河北岸的澶州（又名澶渊，今河南濮阳）。宋军在主战派宰相寇准的指挥下，大败辽军，但结果得胜之师却仍然同契丹订立了屈辱的“澶渊之盟”，宋每年给契丹银10万两、绢20万匹，为后人所不齿。宋国境内也是灾害频仍，人民生活日益贫困。在这一背景下，赵恒本是同封禅无缘的，但他却想通过这种仪式来“镇服四海，夸示外国”，以求巩固政权，真可谓病急乱投医了。

宋真宗自然也知道他封泰山是不够资格的，但既然前代已有了“赤刘之九，会命岱宗”的先例，于是这位皇帝便依样画葫芦，同主和派大臣王钦若等紧锣密鼓地筹划起来。他先是声称夜间梦见神人赐天书，遂改景德五年为大中祥符元年。接着又假造“天书”降于皇宫之内，“天书”为二丈黄帛，上书“赵受命，兴于宋，付于恒，居其器，守于正，世七百，九九定……”。“天书”之事得了大臣议论纷纷，但宋真宗仍一意孤行，于四月下了封禅诏书，并派王钦若先期到了泰山。王到泰山后，未几日，泰山脚下就出现了“醴泉”“苍龙”，山上长出了三脊草和灵芝……一应祥瑞之物都突然冒了出来，而且，一天早晨，有樵夫上山砍柴，竟发现树枝上挂着一条黄绸，“天书”又降到了泰山。王钦若“闻讯”后，立即飞报汴京，宋真宗心有灵犀，便以玉辂车载天书为先导，大张声势地来到了泰山。宋真宗治国的政绩是没有的，唯有“天书”是封禅的凭借，他的内心毕竟空虚，为了堵住世人的指责，他在泰山大封了一通“神”，什么“天仙玉女”、什么“济渊公”……并大修庙宇，如“天书观”“天贶（kuàng，赠予的意思）殿”“昭真祠”等等。然而，造假终究不能成真，几千年“君权神授”的把戏，一旦做到极处，被人看透，封禅便失去了存在的意义。

宋以后的皇帝不再封禅泰山，只每年亲临或遣官祭祀。元朝时皇帝祭泰山并加封泰山为“天齐大生仁圣帝”。明朱元璋执政后，又以出身寒微，人间天子不宜对天神加封号为由，只尊其为“东岳泰山之神”。清康熙皇帝两次登泰山，举行了比较简单的祭祀，他还写了一篇《泰山龙脉论》，论证泰山山脉发源于满族世居的东北长白山，其用心是十分明显的。乾隆皇帝一生曾11次来泰安，6次登泰山，他也是只行祭祀礼，对泰山神“三跪九叩”。乾隆一生好出巡，其中除政治需要外，还有着更多的游历成分，他在泰山留下了大量的诗文题刻，书体颇飘逸潇洒。

封禅泰山作为一种特有的历史文化现象，几乎贯串了整个华夏民族的发展史，尤其是史家把它上推到三代，这就同远古先民“东方大山”的崇拜并行起来。封禅大典对于原始氏族及后来的中华民族在形成民族认同感，促进社会进步方面起到一定的积极作用；同时，由于封禅对于封建帝王在国家统一、富强，帝王的政绩、道德诸方面有着严格的要求，因此在客观上也对他们起到一定的约束作用。封禅结束了，但它所引发的泰山其他文化现象却没有终结，它的影响是巨大的。

（四）泰山道教

古老的原始崇拜，帝王的封禅，使泰山成为道教滋生与发展的沃土。泰山崇拜、封禅祭祀都与道教“天人合一”“天人感应”的宇宙观十分契合；泰山地区的古代巫术以及以求仙访药、长生不死为期冀的方术活动，又推动了帝王纷纷东巡至泰山祭山祀天，泰山成为道教势力的重要基地。佛教传入中国后，在泰山也逐渐发展起来，魏晋南北朝时，一度十分兴盛。至隋、唐、北宋，封建统治者对释、道、儒“三教”并用，使得泰山在此期间融三家为一体，形成了泰山独特的文化现象，泰山的“神”山内涵也由此变得更为丰富。

泰山作为“神山”的早期地位的确立，是与中国古代“五行学说”和“五德终始论”有着密切关系的，泰山之所以被称为“五岳”之一，便是五行学说的产物，这对后来的道教影响很大，因此道教在泰山发祥较早。战国时，方士黄伯阳就修隐于岱阴鹿町山岩洞，后人称“黄伯阳洞”。秦皇汉武结合封禅，大肆寻药求仙，更使方士频繁往来于泰山。

西汉中期以后，泰山的道教活动变得频繁与普遍。西汉末年，樊崇率赤眉军驻扎泰山，借道教巫术来维系军心，发布号令。东汉末年张角发动黄巾军起义，就是以太平道为组织工具，号召民众响应起义。黄巾军主力曾在泰山一带与曹操作战，为太平道在泰山的传播起了重要作用。东汉顺帝时，天师道徒崔文子在泰山采药炼成“黄散赤丸”，于瘟疫流行时救人万计，更使道教在泰山建立起深厚的民众基础。

魏晋时期，以长生修仙为本的神仙道教在帝王和士大夫中十分流行。封建君王对知识分子实行严厉的思想控制，迫使部分士大夫脱离仕途，隐逸山林。曹植就曾长期徜徉于泰山，自称“我本泰山人”，写下了大量的游仙诗，以求摆脱险恶的现实，得道登仙。他在《仙人篇》中所写“东过王母庐，俯观五岳间”，证明当时泰山已有专门供奉西王母的祠宇。西王母是道教中第一女神，泰山王母庐是最早供奉西王母的宫观，可见泰山在当时道教中的地位。

唐高祖李渊称帝后，以为得天下是道教始祖老子佑助的结果，于是认老子为李唐祖先，并封其为“太上玄元皇帝”，大力推崇发展道教。唐高宗、玄宗接连封禅泰山，高宗、武则天在泰山建起供奉老子的岱岳观、老君堂、斋醮造像，祈求道教神仙保佑。此时，泰山已成为道教的神灵之府而屡现仙迹。相传唐玄宗时，泰山女道张炼师居岱顶玉女祠。早先张炼师曾于李某同至泰山学道，后来李某借家有妻妾为由辞别而归，官至大理丞。安禄山叛乱时，李携妻至襄阳，后又独去扬州，途中与张炼师相遇，张邀其至家中。李见门庭壮丽，殿宇巍峨，舞伎婆娑，中有持筝者酷似家妻。歌舞毕，张炼师呼持筝者，奖赏沙果，并系于裙带之上，遂散去。次日，李复至门庭，只见荒秽无人迹，速回襄阳寻其妻，果见裙带系沙果，问其故，妻子答曰：梦中曾有舞伎追我，说“张大仙唤你去拨筝”，我便同去，临别仙人以沙果系于我裙带之上。李这才得知张炼师已得仙升天。唐代宗大历八年，张炼师曾陪京都大臣朝拜岱岳，至今山阳万仙楼后桃花涧断崖上，仍存当年张炼师题刻。

宋真宗封禅泰山后，封泰山神为“天齐大生仁圣帝”，并建殿供奉，每年三月二十八日都要举办盛大的庙会，庆贺泰山神生日，使得大规模道教活动成为泰山定制。金、元之际也是泰山道教的全盛时期，道教在金代之前被统称为“天师道”[①]。金大定七年（1167），王重阳在山东宁海（今牟平）创立了以道教为主兼融儒释的全真道。此后，道家正式分为正一、全真两大教派。正一派道士一般不出家，俗称“火居道士”或“俗家道士”；全真派道士须出家。泰山道教以全真派居多。王重阳的众多弟子中，以最年轻的丘处机修行最苦，道行最高，影响最大。丘处机19岁出家拜王重阳为师，以穴居乞食度日。后来他携弟子来到岱麓长春观，常居观内，人称“长春真人”。据《元史·释老传》载，南宋嘉定十四年（1221），邱处机率领十八弟子，朝见成吉思汗。当时元兵大肆杀伐，丘处机极力加以规劝，“每言欲一天下者，必在乎不嗜杀人”。这种努力收到了明显的效果，使得全真道在灾难深重的民众中声威大振。而且，这也使得全真教受到了新崛起的蒙古贵族的青睐，成吉思汗称丘处机为“丘神仙”，元世祖忽必烈也赐号丘处机为“长春演道主教真人”。《泰山小史》载：“泰山南址有长春观，丘以全真为教，元时赐号‘无为演道大宗师’，别号‘长春’，后去峄山遂仙。”《岱史》载，长春观内有丘神仙碟牌，刻成吉思汗皇帝敕旨。后来，丘处机的女弟子訾守慎住持长春观，元帝赐号“妙真”。全真教著名道士、泰安埠上人张志纯，原名志伟，号天倪子，12岁入泰安城“会真宫”学道，数年道行超群，引度道徒，并发愿募捐，创建南天门，重修蒿里山神祠，被元帝赐号“崇真保德大师”，授东岳提点监修官。张志纯96岁“羽化”后，元代文坛盟主元好问亲为作《墓志铭》。

明、清两代，道教命运江河日下，但民间秘密道教组织，如白莲教、罗教等却如洪水泛滥，渗透于各地，规模较大的民间结社进香活动也成为风

① 早期道教的一派，亦称“五斗米道”。东汉顺帝时张道陵创建于四川鹤鸣山。张道陵第四代孙张盛尊张道陵为“正一天师”，故该道以后便称天师道。

气，主祠泰山神的东岳庙和祠奉碧霞元君的“元君庙”开始在全国各地兴建，以便人们就近供奉。泰山神和碧霞元君一统天下格局的出现，是道教另一种形式的延续。

泰山神又名东岳大帝。唐以前，泰山神并无封号，唐玄宗东封泰山时，封泰山神为“天齐王”，宋真宗大中祥符元年又加封其为“仁圣天齐王”，大中祥符四年又升为“仁圣天齐帝”。元世祖至元二十八年（1291）再次晋封为“天齐大生仁圣帝”。泰山的地位越抬越高，到了无以复加的地步。明太祖朱元璋登基后，改革封禅制，由帝王亲封改为遣官致祭。他虽然把泰山神的封号去掉了，但东岳大帝的称号依然沿用。自明代之后，泰山神又成了“黄飞虎”的化身。明人许仲琳在所著的《封神演义》中，姜子牙把西周与商作战的英雄亡灵365位均封为正神，其中封周朝武将黄飞虎任东岳泰山天齐仁圣大帝之职，总管天地人间吉凶祸福。

泰山神主管生与死的神权历史，并非自许仲琳始，其实早在先秦时期的原始崇拜中就已显现源头。根据阴阳五行学说，泰山处于东方，东方为青帝主生，而主生在逻辑上即含有主死的意义。秦皇汉武狂热地封禅、求仙，汲汲于泰山，便是颇受了五行学说的影响。东汉至魏晋期间，泰山主生死主要表现为治鬼说。《后汉书·乌桓传》：“如中国人死者归泰山也。”《方术传》：“许峻自云，尝笃病，三年不愈，乃谒泰山请命。”《三国志·管辂传》：“谓其弟辰曰，但恐至泰山治鬼，不得治生人。”东汉墓中出土的镇墓券中，常有“生人属西安，死属泰山”的说法。可见此期泰山主生死的观念相当流行，这种抽象的观念按照信仰本身的发展逻辑，必然衍化为具体的形象——主生死的泰山神。泰山神虽然神威赫赫，上通天庭、下连地府，然而老百姓却不喜欢这个大神，泰山香火最盛处，是碧霞元君祠。

碧霞元君又叫“泰山玉女”，俗称“泰山老母”。20世纪20年代，顾颉刚等学者对北京郊区妙峰山碧霞元君庙会调查时，有的学者就提出碧霞元君这位泰山女神的信仰肇始于原始社会中的女神崇拜。进入父系社会，特别是到了封建社会中，泰山已成了封建帝王封禅祭天的圣地，当然不允许这样一位女神来做山神爷。于是，经过长期混乱，终于树立起一位东岳大帝。但是，这位女神并没有被忘记。北宋赵恒伪造天书，搞那出封禅闹剧时，便又将这位女神请了出来。这位大宋皇帝之所以崇拜起泰山女神来，就是因为宋真宗既拉了黄帝来做赵官家的祖宗，而这位泰山女神当年曾帮助黄帝战胜了蚩尤，当然也可以帮助这位黄帝的嫡亲子孙摆脱困境。然而，“天仙玉女碧霞元君”的封号究竟是谁加的，却还是一个谜。宋代的史书《宋史》《文献通考》等，对宋真宗封禅记述甚详，但均未谈到他给泰山女神加“碧霞”的封号；明代的各类著作中，多有提及泰山女神者，但也未说明何时加封，如果是皇帝敕封的话，那肯定是要大书一番的。直到明末刘侗、于奕正《帝京景物略》卷三引“稗史”，始称宋真宗东封泰山，“命有司建山祠安奉（女神），号圣帝之女，封天仙玉女碧霞元君”。所谓“稗史”，本指记述轶闻琐事之文，有别于正史，其可信度要大打折扣。

这一封号应是道教所为。按道家之说，男子得仙成为“真人”，女子则称为“元君”。唐代道士已把泰山女神拉去做了道教的“元君”，而把神话中的泰山女神送到天上，做了“九天玄女”。明代的皇帝、后妃们崇奉泰山女神，道教徒投其所好，给女神加上这样一个灿烂的桂冠，并假借一个皇帝来做封赠者，这是道教惯用的手法。然而碧霞元君终于被民众所接受了，她取代了东岳大帝，成了百姓心目中的泰山主神。“礼岱者皆祷于泰山娘娘祠庙，而弗旅岳神久矣。”①泰山地区还有一则家喻户晓的民间传说：泰山老母同老佛爷争占泰山，以先到者为胜，老母为女流，自然跑不过佛爷，但小施智慧却成了胜利者。佛爷不甘心失败，气得拔光了山顶上的树。这个故事的表层含义是解释泰山顶上为什么没有树，内层含义却表现了民众对泰山老母的信仰与喜爱，这是一种历史积淀下来的埋藏在心灵深层的对母亲的爱。人的一生，在残酷的现实生活之中，艰难辛苦，受尽委屈，特别需要得到母亲的抚慰，碧霞元君就担任母亲神的角色。明万历二十二年（1593），王锡爵在《东岳碧霞宫碑》中说：“齐鲁道中，顶斋戒弥陀者声闻数千里，策敝足茧而犹不休，问之，曰：‘有事于碧霞。’问故，曰：‘元君能为众生造福如其愿。’贫者愿富，疾者愿安，耕者愿岁，贾者愿息，祈生者愿年，未子者愿嗣，子为亲愿，弟为兄愿，亲戚交厚，靡不交相愿，而神亦靡诚弗愿。”人们祈求于泰山女神的都是现实生活中的困扰，而这位女神保护人间风调雨顺、农业丰收；惩治强暴，维护弱者；为人送子，为民排忧……所以百姓喜欢她。

泰山女神从原始社会中走来，历尽沧桑，得到千万人的顶礼膜拜，至今仍

① 〔清〕福格：《听雨丛谈》。

高踞泰山之巅，享受着善男信女的香火，召唤着去乡离国的游子。这位女神还将一如既往地为泰山增色。

道教作为多神教，其神谱系统“杂而多端”，既有天神、仙人、真人，又有从佛教中搬来的神祇，更有志怪小说、民间传说中的圣贤人物、历史英雄、高人逸士，以至如碧霞元君一类的民间诸神。这一切几乎在泰山上都有所供奉，目前尚存的就有元始天尊、玉皇大帝、西王母、斗姆、三官、吕洞宾、铁拐李、何仙姑、三茅真人等等。至今保存完好的道教祠庙仍有20余处。

（五）泰山佛教

汉末以来，佛教通过丝绸之路和海上通道进入中国，至魏晋南北朝时期广泛传播。从佛教传入之初，到它完全“化”为中国的宗教，直到封建社会末期，在泰山都一直占有重要地位。泰山佛教以寺院众多、高僧辈出、宗派纷呈而长期成为齐鲁佛教区的中心。泰山佛教的兴衰，对应着中国佛教的际遇。这方佛门净土，是一部凝练微缩的佛教史，给泰山的“神山”形象增添了异域色彩。

据史书载，最早到泰山传播佛教的是天竺高僧佛图澄的弟子郎公。前秦苻健皇始元年（351），高僧郎公在泰山东北麓的昆瑞山建郎公寺，并讲经布教，很快发展到“上下诸院十有余所，长廊延袤千有余间”[①]。传说昆瑞山峰高壑险，虎狼横行，人们平时只有手持武器、结伴搭伙才敢行走。自郎公立寺以后，昆瑞山猛兽归服，人们夜归晨出平安无恙。当时，北方朝代频繁更替，社会动荡不安，但几乎每个朝代的统治者都向这位和尚表示敬意，赠财赐宝。佛教在泰山历经魏晋南北朝四五百年，寺院渐多，先后创建了灵岩寺、神通寺、光华寺、普照寺、玉泉寺等。著名的“大字鼻祖”经石峪《金刚经》就是这一时期的代表作。泰山北麓佛慧山黄石崖上，分布着石窟摩崖造像85尊，系北魏孝明帝正光四年（523）至东魏孝静帝兴和二年（540）所雕凿。

隋唐时代，特别是唐太宗“贞观之治”以后，佛教在中国进入了鼎盛时期，产生了天台宗、律宗、净土宗、法相宗、华严宗、禅宗及密宗等中国佛教宗派。泰山更是梵音四起，伽蓝毗邻，相继又创建了藏佛寺、资福寺、法华寺、竹林寺、天封寺等禅院。其间，石窟造像活动也达到了顶峰。岱阴玉函山及龙洞绝

---

① 〔梁〕慧皎：《高僧传》。

壁山都有隋代造像；灵岩寺方山有唐代释迦牟尼坐像；岱阴神通寺千佛崖，有大小唐代造像200余尊，个个丰满健硕，神态慈祥；泰山北麓佛慧山上有一大佛龛，龛内有唐代天宝年间所造大石佛，高7米多，宽4米多，神采俊逸，为泰山石窟造像之冠。另外，保存到现在的还有许多著名的佛塔，如神通寺建于隋大业七年（611）的“四门塔”、建于唐代的神通寺龙虎塔与九顶塔等等。泰山是道教名山，佛教曾一度受到排斥，再加之泰山主体山岩系花岗石构成，雕凿不易，所以佛教石窟造像均分布于岱阴或偏远地带。但是1985年，在人迹罕至的岱顶舍身崖下，却意外地发现了一尊摩崖造像。佛龛高1.9米，宽1.4米，内雕文殊菩萨骑狮子，南向。在此处造稍大之像，游人在岱顶虽看不见，但在登山盘道上，只要稍加注意便能瞻仰佛容，足见当年佛家为在泰山巍巍之巅争得一席之地的良苦用心。

宋代，宋真宗封泰山后，道教盛极一时，泰山神被捧为“天齐仁圣大帝”，泰山老母也开始争占地盘，佛、道之间的矛盾达到了投诸武力的程度。北宋徽宗时，泰山道教徒在蔡京的支持下，强占泰山原属佛教的建封院，易名升元，改为道观①。但是佛教自有另一套方法来扩大影响。佛教传入中国后，其地狱观念也逐渐流行。至唐末，佛教中已有十殿阎罗之说，这与本来十分盛行的泰山治鬼观念十分契合，于是佛教的地狱观念便被全盘移植到泰山，构成了泰山的冥府地狱系统，其中最为典型的象征就是泰山地狱界河——渿河。渿河自泰山西麓的黄溪河沿山势而下，经泰安城西部向南流经蒿里山旁后汇入泮河。清代顾炎武《山东考古录·辨渿河》说：“其水在蒿里山之左，有桥跨之，曰渿河桥，世传人死魂不得过，而曰渿河。”唐张读《宣室志》卷四记载：“（董观死）行十余里，至一水，广不数尺，流向西南……此俗所谓渿河，其源出于地府。”这条河在现实中本是不存在的，但在泰山却得以附会，以至长期以来形成了泰安城为人间，过渿河至蒿里山是鬼域，而登上泰山极顶则是极乐天堂的说法。道教的泰山治鬼说与佛教的地狱观念在泰山如此契合地归于一途，正是佛、道两家相互斗争又相互融合的具体表现。

宋之后，佛教的某些基本教义为儒家吸收，这时泰山道教也并融儒释，又加泰山儒学历代不息，因此即使佛教时兴时衰，但在泰山仍有很大影响，涉及

① 〔清〕宋思仁：《泰山述记》。

泰山古代文化的各个角落，在乡风民俗、精神生活上都打上了烙印，其中一部分还以物化的形态保留下来。在斗争和融合的复杂过程中，彼此之间相互吸收精华，排除糟粕，经过消化改造，创造出新的思想体系，从而丰富了民族的传统文化。

二、巍巍圣山

泰山在古人眼中被视作神山的同时，自先秦始，在一批又一批中国古代进步思想家那里，泰山并没有同“神”有多少联系，而是同社会同人生连在了一起。儒家创始人孔子，便“不事鬼神”“不语怪、力、乱、神”，他把泰山作为自己精神与生命的象征，像泰山一般坚韧不摧，孜孜于生平事业，被后人誉为“孔子圣中之泰山，泰山岳中之孔子”[①]。被尊为“亚圣”的孔子后学孟子，继承发扬了孔子学说，并提出“民贵君轻”的观点，主张“行仁政”，使“黎民不饥不寒”，这在当时是很难能可贵的，因此人们也给了他极高的评价，说孟子有“泰山岩岩气象”……这一切都拓展丰富了泰山文化内容，对中国历史文化的发展产生了深刻的影响。

（一）孔子与泰山

春秋时期，泰山是齐、鲁两国交界之地，两国之间文交武备，往返频仍。鲁国又是周公封地，设周人祖庙，可以用天子礼乐，所以周朝的政治、文化、典章制度在鲁国保存得较为完整，孔子学说就是在这块富有周朝礼乐传统的土地上产生的。孔子一生以周公为榜样，以恢复周礼为己任。他在泰山活动的目的之一就是为了了解掌握礼乐制度，至35岁时，他对于各代礼乐已十分熟悉，自然不会不对历代帝王隆重的封禅大典给予格外的关注。他认为，泰山封禅与祭祀必须由天子举行，诸侯以下不得僭越。鲁国掌权的大夫季孔氏要祭泰山，孔子便讥笑说：难道泰山也不懂礼仪，会接受这不合规矩的祭祀吗?

同时，孔子当年从事政治活动也在泰山留下了遗迹，著名的有泰山以东的谢过城。鲁定公十年（前500），孔子任鲁国司寇，开始实践自己的政治主张，

---

① 〔明〕严云霄：《咏孔子庙》。

使鲁国逐渐安定强大起来。这引起了齐国的不安，齐景公便邀请鲁定公在泰山东侧的夹谷举行聚会，想以武力威慑鲁国。孔子主张“文事武备”，会见前在军事上作了充分的准备。会见开始后，齐国果然居心不良，先是以演奏地方歌舞为名，刀枪剑戟鼓噪而至，意在威胁定公。孔子见状，不顾常礼抢步上前，厉声喝道：两国国君庄严会见，为什么会有这种野蛮的歌舞！景公无言以对，示意众人退下。过了一会儿，齐国又要求演奏宫廷雅乐，于是有“优倡侏儒为戏而前”，以此侮辱定公。孔子又一步上前大声说：“戏弄诸侯者要依法斩首，执法官应立即执行！”由于孔子义正词严，掌握礼节严谨合度，鲁国军队又严阵以待，齐景公感到鲁定公不是可以轻易挟持的，便匆匆结束了会见。归国后，齐景公埋怨臣下说：“孔子按礼仪辅佐国君，而你们却以旁门左道教我，失礼于鲁国，该怎么办？”于是只好归还以前侵占鲁国的膏腴之地汶阳田、龟阴田，表示谢过。泰安城以东10余里的傅家村附近的谢过城遗址，就是为纪念此事修建的。夹谷会后第四年，齐国担心“孔子为政必霸”，于是又生出计谋，送给鲁君80名美女、30匹高头骏马，想以此消磨鲁君意志，离间鲁君与孔子的关系。鲁定公在齐国女乐未正式进城前，绕小路去偷偷观看，以致流连忘返，无心问政。孔子见鲁君如此荒唐，只得辞职，带弟子离开鲁国。行到泰山南面的龟山，面对肥沃的龟阴田，不禁感触万千，乃赋《龟山操》一曲：“我欲望鲁兮龟山蔽之，手无斧柯兮奈龟山何！”龟山现仍有一五层石塔，称“圣塔”，是金代当地村民为纪念孔子修建的。

鲁哀公十一年（前484），哀公遣使以重金迎孔子自卫返鲁，此时孔子已在各地奔走漂泊了14年，已是68岁高龄。老年归国，心情十分复杂，路经泰山，登高望远，不由感慨系之，作了一首《丘陵歌》抒怀：“登彼丘陵，峛崺其阪。仁道在迩，求之若远。遂迷不复，自婴屯蹇。喟然回顾，题彼泰山。郁确其高，梁甫回连。枳棘充路，陟之无缘。将伐无柯，患滋蔓延。惟以永叹，涕霣潺湲。”这是继《鲁颂·闷宫》之后，第二首写泰山的诗，开创了文人以咏山水抒情言志的先河。

孔子一生主张“仁政”，反对暴政。《礼记·檀弓》记载了一则孔子过泰山的有名的故事：“孔子过泰山侧，有妇人哭于墓者而哀”，孔子听到后就派子路去问原故，妇人说，以前我的公爹被老虎吃了，后来丈夫又被老虎吃了，现在老虎又吃了我的儿子。孔子让子路问，那么为什么不离开这个地方呢？妇人道，因为这里没有苛捐杂税的暴政。于是孔子对弟子说，你们记住啊，“苛政猛于虎”啊！泰山南麓有小山即名“虎山”，相传就是孔子经过处。以帝王争相封之、禅之的泰山为背景来抨击苛政，是发人深思的。

孔子游泰山，还为了观览山川名胜，开阔眼界，陶冶情操。《孟子·尽心》记载：“孔子登东山而小鲁，登泰山而小天下，故观于海者难为水，游于圣人之门者难为言。”是指眼界阔的人志高，眼界小的人志小，只有不断登攀、不断向上，才能达到更高的境界。泰山上现有相传为孔子登山眺望鲁国的瞻鲁台和刻石“孔子小天下处”以及后人立的石坊“孔子登临处”等。

泰山有一著名的刻石，叫“三笑处”，据说也与孔子有关。《孔子家语·六本》载，孔子游泰山时遇到一位90岁的隐士荣启期。荣启期身披鹿皮，腰束草绳，正在弹琴唱歌。孔子问道：先生为何这般快乐呢？荣启期回答，使我快乐的事太多了。天生万物，以人最为尊贵，我能生而为人，是第一件乐事；人又分为男女，男尊女卑，我能作为男人，是第二件乐事；有的人寿命短暂，甚至夭折于母腹或襁褓之中，而我有幸活到90岁，此为三乐。贤德之士的处境通常是贫寒的，死亡是人生的最终归宿，我于通常处境中走向人生的最终归宿有什么值得忧虑吗？孔子听了深有感触地说：“讲得好！你真是个能自我宽慰的人！”孔子一生为施展自己的政治抱负而奔走不息，其精神自然十分可贵，但从另一方面，荣启期等人也给了他以深刻的影响与启发，使他晚年思想上有了明显变化，从而以主要精力教育弟子，编写史书，整理音乐诗歌，致力于文化教育事业。泰山对孔子的影响是巨大的，直至他逝世前的《临终歌》中还提到泰山：“泰山其颓乎！梁柱其摧乎！哲人其萎乎。”7天后孔子溘然长逝。但泰山并未倒，孔子的思想和精神流传了千百年，至今也仍未被人们所忘记，他作为世界最杰出的古代思想家之一，就像泰山一样永远是中国人的骄傲。

（二）圣贤遗迹

孔子被尊为“至圣”后，他的传人中成就最大的颜回、子思、曾参、孟轲被分别奉为“四圣”，他们也与泰山有着不解之缘。

颜回，字子渊，奋发好学，深得孔子称赞。一次，颜回“从孔子上泰山，孔子望吴，阊门外有系白马，引颜渊以指之曰：‘若见吴阊门乎？’颜渊曰：‘见之，有若系练之状’”。吴即今江苏一带，阊门是当时吴国都城（今苏州市）的东门。吴距泰山千余里，人的目力是达不到的，但是当孔子看到吴阊门外有白马时，颜回居然看到了系马的带子。王充在《论衡》中引其例，证其虚妄，未免过分拘泥于现实。其实，孔氏师徒遥望南方，见白云悠悠如马似练，遂产生联想有了这段对话亦无不可。但是在这里，我们只是认为这是一则古代尊师的动人故事。孔子奔走列国，屡遭困厄，但颜回仍坚定地跟随着夫子，他始终敬佩老师学说的博大精深："仰之弥高，钻之弥坚；瞻之在前，忽焉在后。"[①]颜回的这种坚定不移的信念，这种高度尊师的精神，增强了孔子学说的感召力、凝聚力，使孔门弟子在困境中保持团结，以至孔子感动地说："自吾有回，门人益亲。"[②]但恶劣的条件使颜回先孔子而去，孔子哀恸呼号："天丧予！天丧予！"不久孔子也在悲痛和疾病中离开了人间。如今，我们登上泰山，在"望吴胜迹"石坊处，总会想起颜回这位学深命短的孔门弟子。"贤哉，回也！"泰山记住了他。

曾参在孔门弟子中以孝行与修养著称。曾参早年"力耕泰山下，天雨雪，冻甚，旬月不得归，思其父母，作《梁山歌》"[③]。曾参对孔子的学说有深刻而独到的理解，在孔子的指导下写成《孝经》一书，在后世曾产生过很大的影响。他在修身方面也自律甚严，他的一些做人准则，在中华民族优良传统的形成过程中起到了重要的作用，在很多方面至今仍有着积极意义。他说："吾日三省吾身：为人谋而不忠乎？与朋友交而不信乎？传不习乎？"[④]还说："士不可以不弘毅，任重而道远。仁以为己任，不亦重乎？死而后已，不亦远乎？"这位曾耕作于泰山之下的孝子由于修养甚高，著述颇多，被后人认为在孔子弟子中"曾氏之传独得其宗"，因而被奉为"宗圣"[⑤]。

孟轲，即孟子，鲁国邹（今邹县东南）人，他师从孔子之孙子思的门人，是孔子学说的继承与发展者。孟子对儒家学说有精深的研究，发展了孔子的仁学思想。他的政治学说的基本观点是"民本""仁政"与"王道"。认为施行仁政首先要"制民之产"，"必使仰足以事父母，俯足以畜妻子，乐岁终身饱，凶

---

① 《论语·子罕》。

② 《史记·仲尼弟子列传》。

③ 转引自马铭初、严澄非：《岱史校注》，青岛海洋大学出版社。

④ 《论语·学而》。

⑤ 《论语·泰伯》。

年免于死亡”，要求“省刑罚，薄税敛”[1]。孟子首创“性善”说，认为“恻隐之心，人皆有之；羞恶之心，人皆有之；恭敬之心，人皆有之；是非之心，人皆有之”。[2]此四心分属于仁、义、礼、智四端。在孟子看来，一个人如没有同情之心，简直不是个人。他打了一个比方：假如一个小孩跌到井里去了，看见的人都会大声疾呼，这就是同情心；他们大声呼救，并不是为着要和小孩子的爹妈攀亲结友，也不是为着要在乡里朋友中间博取名誉，更不是厌恶那小孩的哭声，而是人人都有的怜恤之心驱使着他们去那样做的。同样，如果没有羞耻之心，没有谦让之心，没有是非之心也简直不是个人。当然，由于时代的局限，孟子把人的德性看作是与生俱来的，而不是受客观现实的影响才产生的，这是他的不足。但是孟子绝非“看客”，他在大声呼唤着人类的善与爱，这同孔子讲“仁爱”、同情泰山妇女、怒斥“苛政猛于虎”同出一源而又更为深刻。

孟子一生都在实践着、丰富着自己的思想，终于成为一个有浩然之气的杰出思想家、政论家。他留下了一部儒家的经典之作《孟子》。《孟子》说理精辟，文字流畅，语言形象，堪称一部优秀的散文集。如果说孟子做人有“泰山岩岩气象”，那么《孟子》行文亦有“泰山岩岩气象”。

被尊为“和圣”的柳下惠，其封地在柳下（今泰安市新泰柳里村），因其生前德行甚高，孟子甚至将他同孔子相提并论。柳下惠曾为鲁国大夫，掌刑法典狱，因秉公执法，得罪权贵，数次被撤职罢官，有人劝他离开鲁国，他说，正直地工作，到哪里都会被撤职，我为什么要离开祖国呢？孔子也是这样的人，他离开齐国时，不等米淘完就走；而他被迫离开鲁国时，却极为留恋：“我们慢慢走吧，这是离开祖国啊！”柳下惠做事有原则，但做人很豁达，自己被遗弃，也不怨恨；穷困，也不忧愁；同乡下人相处，也十分高兴，他说过：“你是你，我是我，即使你赤身露体地站在我身旁，又怎能玷污着我呢？”所以同他相处的人，胸襟小的也宽大起来，刻薄的人也厚道起来，都感到宽松和谐。孟子赞赏他的为人，称他为“圣之和者”。泰山人民对和圣十分崇敬，他去世后，在他的故地修起了和圣墓，并立碑作训。明代万历四十五年（1617），在泰安城东南会真宫附近建起和圣祠，设像供奉。人们怀念这位热爱祖国、高风亮节的泰

---

① 《孟子·梁惠王下》。

② 《孟子·告子上》。

山先贤。

先秦以降，儒学时兴时衰，而泰山的形象在历代文人的心目中却日益高大，从汉至唐、至明清，无数贤士仁人争相登览、题咏，为圣山增辉。

至北宋初年，范仲淹的门生孙复、石介、胡瑗为弘扬儒学，在泰山创办书院，其规模虽不及白鹿、石鼓、睢阳、岳麓四大书院，但当时对于促进泰山乃至山东地区的学术发展，人才培养，民风改变仍起到了很大的作用。《泰安县志》称："泰安旧俗淳朴，士习于孙、石遗风，多好经术，重气节。"继孙、石之后，泰山兴办书院之风不绝，如明代李汝桂的育英书院、宋焘的青岩书院，清代赵国麟的泰山书院、徐肇显的徐公书院、徐大榕的岱麓书院、许莲君的怀德书院等等。泰山的文化地位大为提高，四方士子纷至沓来，成为泰山历史的又一段佳话。

孙复原籍晋州平阳（今山西临汾），少年好学但屡试不第，生活十分困难。来到泰山后仍是"病卧山阿，衣弗衣，食弗食"，"上无斗升禄以养妻子，下无一夫之田、五亩之桑以供伏腊"。但他仍"日抱《春秋》《周易》读诵，探伏羲、文王、周公、孔子之心"[①]。孙复治学多有独到见解，开发出富有时代精神能为当世所用的儒学理论。由于他的治学成就，后世皆称他"泰山先生"，并将他同石介、胡瑗并称"宋初三先生"。

石介是泰安徂徕人，性格刚强。他继承孔孟的民本思想，提出"民者，国之根本也""人皆曰天下、国家。孰为天下？孰为国家？民而已！有民则有天下，有国家；无民，则天下空虚矣，国家名号矣"[②]。他还积极主张澄清吏治，简约宽民。他在《明禁采》中尖锐地批评朝廷说："今山泽江海有禁，盐铁酒茗有禁……一切与人民生活有关的皆有禁，唯独宫室过度则不禁，豪强兼并则不禁，吏贪于天下则不禁。"这种大胆的言论在北宋初年是不多见的，因此欧阳修称赞他"虽在畎田不忘天下之忧"。

泰山书院的创始人还有泰州海陵（今江苏泰县）人胡瑗。胡瑗学习十分刻苦，朱熹《三朝名臣言行录》说他"侍讲（胡瑗）布衣时，与孙明复（孙复）、石守道（石介）同读于泰山，攻苦食淡，终夜不寝，十年不归。得家信，见上有

① 〔宋〕石介：《与董秀才书》。

② 转引自袁爱国：《泰山神文化》，山东大学出版社1991年版。

‘平安二字即投之涧中，不复展视”。现书院遗址旁仍有石涧名曰“投书涧”。为纪念他们，泰安人在书院故址建起了“三贤祠”，后又增祀明人宋焘、清人赵国麟，并称“五贤祠”。祠内后人题刻甚多，但后来均毁于“十年动乱”。

三、“华夏之魂”——民族精神之山

泰山作为神山、圣山已经成为历史。原始崇拜早就消失了，帝王封禅与宗教活动对于现代人也已失去了精神价值，然而泰山在现代中国人心目中却依然不同于其他的山，依然高大，以至鼓舞着当代炎黄子孙高唱着“我们就是黄河，我们就是泰山”，去拼搏奋斗，去实现现代化的大业。泰山得以长期地保持着崇高地位并且迄今不衰，还有着一个更为主要的原因，当代美学家、北京大学教授杨辛先生的一首《泰山颂》可谓一语中的地给了我们答案：“高而可登，雄而可亲；松石为骨，清泉为心；呼吸宇宙，吐纳风云；海天之怀，华夏之魂。”

是的，如同祖国的山山水水都能养育一方人民、陶冶一方情操那样，泰山的这种功能特别显著，堪称集大成者。自古以来，在漫长的岁月中，人们与泰山朝夕相处，泰山记录下了我们这个民族精神发展历程中各式各样的心态，成为中华精神文化的载体——当然，它的精神内涵是多向性的，不同阶级、不同阶层有赖泰山承载的并不是同一种精神内容，但是作为主流，泰山以其自身的特征，引导着人的精神投向，并随着人的认识水平的提高，不断推陈出新，不断引起人们的想象与共鸣。泰山的高大、厚重、向上、不摧、包纳万物……无时不在影响着人们，而人的意志、理想、追求、性格，又恰与泰山的属性相契合，于是无生命的山在人们心中便具有了一种“精神”，一种人的精神的象征和折射。终于，这种精神冲破了地域、时代，伴随着整个中华民族历史文化的长河，辐射到了更为广大的地区，得到了整个民族的认同，具有了影响全民族的力量。

上古时期，自从人类降生在这里，泰山便不仅慷慨地提供物质滋养先民的肌体，还给他们带来了广阔的精神驰骋的领域。他们要征服大自然、驾驭大自然，但生产力低下，认识水平有限，于是泰山有了前面所提到的神话，那众神之中的西王母、蚩尤、舜……无一不是人的意志的化身。透过神话的表层，我们看到了古代人类意欲挣脱束缚、肯定自我的意识，看到了他们对勇敢、对斗争的赞赏，也看到了他们向往太平的理想。泰山的远古神话，表现了古代人的精神形态，证明泰山从一开始就同人类的文化黏合在一起，它是神山，更是人的山。

纵观帝王封禅，在早期或许对历史的进步具有一定的积极作用，但是我们今天看来，其主要目的却是企求通过迷信来获得更多的私利和掩饰内心的怯懦与恐惧。封禅与人民的利益是相违背的，在当时便为泰山人民深恶痛绝。传说秦始皇封禅泰山，有大陨石在不远处坠落，百姓故意刻上“始皇帝死而地分”的字句，使秦始皇大惊。又传汉武帝登封泰山时，听说泰山途中乞丐甚多，施舍者的钱再多也舍不到山顶。武帝不信，遂让人满载20大车铜钱，浩浩荡荡来到泰山，山路上果然乞丐成群，不到山顶钱就舍光了。汉武帝甚为惶惑。及至山顶祭天时，武帝忽见香案上紫烟缭绕，渐渐组成了14个大字：“一人求神花万贯，万众如草废家园”……虽然这些只是传说，但当时民心可见一斑，难怪功高盖世如汉武帝者，面对泰山也会发出“骇矣”的感叹。帝王的封禅，虽使泰山一度名声大噪，但是并没有为泰山增加多少光彩，倒是人民的反抗斗争给后人留下了精神动力，丰富了泰山作为民族之魂的内容。

在帝王封禅求神的同时，泰山也正以它宽阔的怀抱陶冶着真正的人文精神。鲁国人民在一次征战凯旋后最先唱出了“泰山岩岩，鲁邦所瞻”的歌声，他们歌颂泰山，不再是因为山可通神，而是借泰山的高大、雄伟来歌颂像泰山般坚强的英雄。泰山在人们的心目中已开始具备了它应有的形象，而人在泰山的启示下也逐渐地增强了人所应有的主体意识。

到了孔子时代，以孔孟为代表的思想家、政治家，同泰山的关系已迥然不同于历代帝王诸侯，他们以新的眼光审视泰山、审视天下、审视自身。“登泰山而小天下”的名言，就是他们决心“以天下为己任”，要站在泰山一样的高度来观察社会与人生的宣言。通过这句名言，我们不仅可以体会他们希望达到学术、修养上的更高境界的追求，也体会了他们面对小小天下希求发挥自己作用的参与意识和社会责任感。先秦哲人与泰山的关系，使泰山所映射的人文精神进入了更深的层面：人的力量，人的超越本性以及人的志向与抱负同泰山的形象融为一体，华夏之魂光华四射。

西汉史学家司马迁，对泰山亦情有独钟。他以泰山为象征，提出了人的社会、伦理、道德的最高标准：“人固有一死，或重于泰山，或轻于鸿毛。”这真是振聋发聩之言！太史公自己身体力行，以刑后之躯发愤著述，写下了千古不朽的《史记》。在此之后，不知又有多少中华民族的优秀儿女，心系“泰山”，为民族的利益、社会的进步和自我的实现而奋斗不息、血染丹青，推动了祖国历史的前进。

司马迁还说过“泰山不让土壤，固能成其大”，让人要像泰山那样，有着海天之怀，广汲博收。因此，泰山又成为一种衡量人修养的尺度。千百年来，它激励着无数人发奋学习，自我完善，成其大器。

诗圣杜甫25岁时写下的《望岳》诗早已家喻户晓、妇孺皆知了。这首诗是现存杜诗中写作年代最早的一首，但却被后人推为“绝唱”，就是因为它唱出了人们的心声。从诗中我们可以看到孔子对诗人的影响，也可以看到年轻的诗人不怕困难、敢于登峰造极的雄心壮志和积极入世的愿望。这种雄心壮志是杜甫能成为一个伟大的现实主义诗人的关键，是泰山所表现出的民族进取精神的具体写照，同时也是这首诗至今仍能激起我们强烈共鸣的原因。

泰山宗教是泰山文化的重要组成部分，但是由于儒家思想的作用，中华民族较早地脱离了神话和宗教而走向理性。古代中国的上层文化人士并没有过多地把精力放在“来世”的幻想中，他们的生活和思想是现实的，具有明显的“崇实”特征，政治意识和伦理精神占据着中国民族精神的主导地位，宗教未能得到充分发育，而且表现出严重的实用化倾向。皇帝的封禅是如此，百姓的求财禳祸、乞子祛病等等无不是功利之举，所以这一切已无进步的精神价值可言。但是，从另一个方面我们也可看出，宗教的某些思想被泰山吸收融合后，演化出了新的内容。如泰山有着众多的宗教题刻，诸如“超然尘表”“洞天福地”“步玉清”等等，多是因景而刻，使人在审美联想中，感到心旷神怡、涤虑消烦，进而达到一种淡泊名利、剔透空灵、物我两忘的境界。在封建时代专制一统的压抑下，人们追求个性的暂时解放，获得心灵的片刻慰藉，以至最终不与污浊的现实所同流，这也是我们民族精神的一种表现。

泰山文化源远流长，它随着时代的变化产生不同的内容，呈现不同形态，但归根结底，泰山所折射的中华民族的精神不是无所作为的乞求神灵，不是伏不敢起的膜拜上天，而是我们这个民族内在的优秀素质同泰山特定属性相结合而产生的一种充分肯定自我、勇于进取向上的品质。泰山对世世代代中国人都产生过积极的影响。

泰山对孔子的影响就是巨大的。孔子当年奔走于齐鲁山水之间，悟出了不同的地理环境对人的品格行为的影响："智者乐水、仁者乐山。"孔子自认为是"仁者"，所以他热爱泰山，一生中都从泰山汲取着力量。

"一生好入名山游"的李白，于天宝元年四月来到泰山。泰山的风光与灵气使他一气写了6首咏山抒怀的诗歌《游泰山》。这些诗一向被归入李白的"游仙"类诗中，认为多具消极因素，因而名气似远不如他的其他诗作。但是读了这些诗，我们却能深切地感到泰山给了诗人一种精神力量，而使得这些诗不仅具有一种开阔豪放、飘逸清新的风格，而且也具有发人深思的积极意义，让我们来欣赏一下其中的第六首：

朝饮王母池，暝投天门关。
独抱绿绮琴，夜行青山间。
山明月露白，夜静松风歇。
仙人游碧峰，处处笙歌发。
寂静娱清辉，玉真连翠微。
想象鸾凤舞，飘摇龙虎衣。
扪天摘匏瓜，恍惚不忆归。
举手弄清浅，误攀织女机。
明晨坐相失，但见五云飞。

从王母池到天门关（南天门），其间几十里崎岖山路，在诗人笔下却一朝一夕轻轻带过，毫无登攀之苦。诗人以他独特的游山方式，怀抱名琴，独自行走在夜色朦胧的群峰之间；天门关之上，四周已无山峰遮掩，极目远眺，显得山明露白；风停歇了，松涛敛声，尘氛静绝。在这"神山"之巅，思绪的羽翼不由然把浪漫的诗人带进神幻的意境。诗人自己此刻仿佛也已成仙步入"天界"，伸手要把那状如匏瓜的星星摘下来，又到清浅的天河中嬉戏，不料却误攀住织女的布机。这是多么优美动人的诗情。自信"天生我才必有用"的李白，热爱生活，对前途始终没有丧失过信心，正因为如此，对社会上一切腐朽庸俗的事物也就极端蔑视："安能摧眉折腰事权贵，使我不得开心颜！"而"神山"上的神仙是最能远离世俗、俯视一切的。李白的思想性格受到泰山夜晚这一独特环境的启导，写下了这首诗，这是对污浊现实的反抗，是挣脱异己力量而求得自身解放的一种方式，尽管这种意念中的彻底解放只是短暂的一瞬——“明晨坐相失，但见五云飞”——而不等同于现实，但它却像一道闪电照亮了人类艰辛跋涉的精神历程，为人们在实践中求得真正的彻底解放给予慰藉和力量。这正是民族之魂在泰山的另一种表现，它将积极引导人们去思索、去寻找人生的真谛。

明代政治家李三才（万历进士，官至凤阳巡抚，加户部尚书），反对太监揽权、横征暴敛，上书朝廷，为民请命，不料却遭到一些官员的反对，被迫辞职。他的抱负难以实现，郁郁不得其志，于万历十六年来到泰山，在经石峪“高山流水亭”旁观山听涛整日忘返。相传当年伯牙游泰山来到这里“卒逢暴雨，止于岩下。心悲，乃援琴而鼓之，初为霖雨之操，更造崩山之音”[①]。钟子期善解琴音，随着琴声的变换说：“巍巍乎若高山”“汤汤乎若流水。”后子期死，伯牙谓世无知音者，乃绝弦破琴，终身不再鼓之。这两位知音的故事不知感动过多少人，李三才来到这里触景生情，想到自己决心为国家做一番事业，但朝中佞宦当道，无人理解他，不禁思绪万千，写下了题为《暴经峪水帘》的诗：“经石峪旁水泠泠，镇日独来倚树听。此意世人浑未解，半天矫首万山青。”表达了他在当时社会中虽感到世俗之人不能理解他，使他不得志，但他仍要像“矫首”的青山那样傲然于世。泰山是他的知音。

“九一八”事变后，冯玉祥将军赴南京促蒋抗战不成，于1932年第一次退隐泰山；察哈尔抗战失败后，1933年再度到泰山隐居。他在泰山一面读书学习，一面宣传抗日，深受泰山的熏陶。他的部僚曾写过一首《奉山颂》：“泰山何其雄，万象都包容。泰山何其大，万物都归纳。泰山何尊严，万象都包含。一切宇宙事，皆作如是观。”这首诗字面是歌颂泰山，极言泰山的雄大、尊严；实则以泰山作象征，说明“宇宙事”——历史，就像泰山一样包罗万象，它不会倒退，不会摧折，其尊严是不会撼动的。这首诗表达了当时一批抗战将领的意志，意蕴深长，对抗战颇有鼓舞作用。

一代艺术大师徐悲鸿先生的夫人廖静文女士有一段关于泰山的讲话，反映了中国现代杰出知识分子对泰山的景仰和受泰山的影响：“作为一个中国人，从幼年开始，我就知道五岳之首的泰山是多么雄伟！后来，随着年龄的增长，我

---

① 《列子》。

读到许多关于泰山的文章，泰山在我心里变得更加丰满、更加亲切、更加雄伟和丰富多彩……另外，由于徐悲鸿的缘故，我对泰山还有着一种特殊的感情。巍巍的泰山曾以它的稳重、宽厚、高大、坚强，影响着悲鸿的性格……早在30年代，悲鸿曾将泰山经石峪的字集为一副对联：上联是‘独持偏见’，下联是‘一意孤行’。这副对联充分说明了悲鸿不愿意与当时黑暗的旧社会同流合污和悲鸿对现实主义美术的极力维护和倡导。他就是以这种十分强烈的感情，怀着对国家、对人民、对艺术的执着的爱，度过了他坎坷的、短暂的、奋斗的、坚强的一生。”[①]说得多么好呵！是的，泰山就是这样，以它所蕴含的深沉的中华民族的伟大精神，滋育着一代又一代中国人，升华着他们的感情，鼓舞着他们的意志，完善着他们的品格。

泰山作为中国人民文化精神的象征，已深深地植入每一个中国人的意识潜层，它不断地唤醒着民族的灵魂，滋润着民族的精神，陶冶着民族的集体意识，在我们的民族形成具有独特价值的文化方面所起到的作用是巨大的。正因为如此，它才受到了世界的重视，才会成为“世界自然、文化遗产”，它的走向世界是必然的。如果归纳一下，我们可以把泰山所反映出的民族精神总结为以下几点：

一是进取超越。泰山拔地通天的雄姿，激发了人们登攀向上的渴求。“登泰山而小天下”“会当凌绝顶，一览众山小”等等，无不反映了中国人民的超越意识。就犹如人们对自然的认识在不断深化一样，具有这种精神，人们也渐渐地认识到自我作用与责任，从而促使人们努力向上，自强不息，去实现更高的人生理想。

二是维护尊严。司马迁把人生的价值以泰山作尺度来衡量，“或重于泰山，或轻于鸿毛”，长期以来规范了中国人对人生价值的认识，使得中国古代知识分子参与意识强烈。“达则兼济天下”，而一旦壮志不酬，亦能“穷则独善其身”，不甘堕落，不与污浊势力同流，甚至有“舍生取义”者，有“杀身成仁”者，维护了自身的尊严。正因为具有了这种精神，中华民族才成为古今历史上最成功地抵御了异族势力的侵略和同化的民族，成为虽历尽坎坷但最终昂扬地立于世界民族之林的伟大民族。

---

① 见《泰山研究论丛》第4辑，青岛海洋大学出版社1991年版，第289页。

三是积极“入世”。泰山在同人相伴的各个时代，始终与人息息相通，最能体现出每一时代的进步精神。在远古，人们想象出泰山神话来作为自身力量的象征；先秦哲人把登泰山之路喻为实现自己理想的道路；文人笔下的仙境，则是虚构一个打破时空界限，神人共处的美好境界，其用意仍在追求理想的实现；民族危难时，泰山又总是唤起人的匹夫之责，给人以巨大的精神力量……泰山时时反映出人的主体意识和奉献精神，而这一精神又反过来去鼓舞后人，使人关心祖国，关心人民；使人增强事业感，振奋入世而不陷于消沉。

四是吸收与摈弃。在中华民族的发展历史上，各式各样的意识形态都曾为泰山所吸收，好的方面得到弘扬，而那些有悖于人民利益、违反科学精神的内容却最终地被摈弃了。泰山兼容博收，数千年间，觅神、封禅是何等地煞费苦心，轰轰烈烈，儒、释、道也是如此地争相发展，优秀的民族精神更是得到了极致的表现……但是如今，遍览泰山题刻及咏岱诗文，颂登攀、叹归出、赞青松者比比皆是。而封禅呢？作为中国历史中的文化政治现象，却没有留下多大的影响。

以上是泰山文化的精髓，今天这一切已逐渐发扬光大，人们张扬着进取超越的旗帜，以“登十八盘”的精神去建设祖国，信心百倍地去迎接历史的挑战；从来没有哪一个时代像今天这样有那么多人关心祖国的前途和命运，有那么多人积极投入改革开放的大潮之中；今天我们正在广泛地吸收着新知识、新科技、新观念并不断地摈弃着旧意识、旧传统、旧风俗……

过去，我们民族自精自励，成为世界上古老文明国家之一。但是由于数百年的封闭和封建统治者的愚昧腐败，我们在不少方面落后了。现在，历史给我们提出了新的要求：“面向未来”“面向世界”“面向现代化”……今天我们登上泰山，目光将更加犀利，我们所看到的“天下”，已远非孔夫子当年所看到的齐鲁宋卫……而是整个环球——她的蓝色的大洋、绿色的大洲，她的过去和她的未来。站在泰山般的高度上，只有以泰山般的胸怀，努力开创出全新的时代精神，才能使中华民族永葆进取的姿态，才能使我们的祖国早日振兴。

第三节　古老独特的自然资源

作为世界自然遗产的泰山，无论从科学、保护还是从审美角度看，都具有突出的特点，因而它不但受到众多科学家的高度重视，也获得了无数游览者的喜爱。泰山形成年代久远，地质构造复杂，呈现出百姿千态的自然景观；又由于地处温带季风气候区，大山上下垂直变化明显，下部为暖带，顶部为中温带，适宜各类植物生长，因此泰山又犹如一个天然植物园。到泰山来领略一番大自然造化的天功，有着另一番情趣。

一、古老的泰山山体、岩石

泰山的岩石和山体的形成经历了一个漫长、曲折的历史演变。25亿年前，即在遥远的太古代，泰山是一片汪洋大海中的一个巨大海槽的一部分。24亿年前后，一次惊天动地的造山运动第一次把古泰山抬出海面。这次造山运动被地质学称作“泰山运动”。寒武纪奥陶纪，距今约5亿～6亿年，泰山地区又成了一片汪洋。几经沉浮，到了距今1亿多年前的中生代时期，“燕山运动”使泰山再度抬起，开始显露出它的原始轮廓。距今3000多万年的第三纪以来，强烈的喜马拉雅山造山运动使泰山快速隆起，古泰山终于抖脱了紧箍在身上的全部岩石，高高耸立起来。之后，泰山又经过了大自然风化、冰川及流水作用的精雕细刻，逐渐形成了今日的雄姿。

泰山的年龄如果从中生代燕山运动算起的话，至今也有1亿年，而构成泰山本体的“泰山杂岩”，却已是25亿年前的遗物了。

现代科学研究认为，泰山地层是世界最古老的地层之一，组成泰山山体的岩石层具有重要的地质科学价值。早在1907年，美国地质学家B.威廉斯和E.比克维尔便发表了《泰山杂岩》的研究报告。1923年，北京大学地质系孙云铸教授也对此进行了研究。泰山杂岩成为举世闻名的太古代泰山系标准地层出露分布区，而泰山北侧的张夏—崮山地区的馒头山地层剖面是世界上少有的标准寒武纪地层剖面，是研究地球生命起源及演化的第一手资料。

泰山北侧张夏—崮山地区的寒武系地层标准剖面，俗称“馒头山剖面”，由早古代浅海环境中沉积的石灰岩和页岩组成，总厚度510米左右，从老到新，一层又一层，犹如一部由不同岩石及古生物躯体写成的，携带着大量古代信息的地质大书。馒头山剖面的下寒武纪馒头组以紫红色页岩和灰黄色薄层含泥灰质白云岩互层为特征，含中华莱德利基虫等三叶虫化石，与下伏太古界泰山杂岩呈角度不整合接触；中寒武纪毛庄组由紫色云母岩和灰岩组成，含三叶虫、腕足类及藻化石；徐庄组由紫色页岩和鲕状灰岩组成，含三叶虫及腕足类化石；张夏组由鲕状灰岩和藻类灰岩组成，含德氏虫等三叶虫化石；崮山组由竹叶状灰岩、疙瘩状泥质灰岩和黄绿色页岩组成，含蝴蝶虫、蝙蝠虫等三叶虫化石；长山组由叠层石灰岩、红色氧化圈竹叶状灰岩和紫色页岩组成，含庄氏虫、蒿里山虫等三叶虫化石；风山组由泥质灰岩和竹叶状岩组成，含济南虫、方头虫等三叶虫及海百合茎及腕足类化石。张夏寒武系标准剖面，在我国地质历史上占有重要的地位，也是许多古生物种属的命名地或模式标本原产地，是不可多得的自然遗产。

泰山岩石中还有一种十分独特罕见的构造体——泰山“醉心石”（图1–1）。“醉心石”学名称作“辉绿玢岩涡柱构造”，是一条剖面大致呈圆形，长达12公里以上，南北走向，大部裸露出山体的巨型石龙。这条石龙的横剖面由石核、环层、环状节理（裂隙）和辐射状节理组成。“环状节理”宛如树木的年轮，而辐射状节理则像树木干枯后绽开的放射状裂纹。醉心石浑圆形柱体的直径大小不同，大的3～5米，小的不足1米，石核的直径0.3～1.5米不等；不同柱体的环层数目亦不同，从3层到十几层不等，每层的厚度在5～20厘米之间。这种奇特的岩石构造，早就引起了古人的注意与兴趣，古时有人在红门附近的石柱断裂截面上刻下了“醉心”2字，就是有感于泰山奇石神工鬼斧令人心醉而

图1–1　醉心石

题刻的。

20世纪80年代，一批科学家为解开这个谜，对这种岩石构造类型进行了系统的多学科的综合研究，所涉及的学科有区域地质、遥感地质、构造地质、岩组学、地球化学、力学、流体流动显示技术等。研究结果表明，泰山醉心石是在特定的地质条件下，地壳深部岩浆随着地壳运动，破裂、上涌、侵入，经冷凝而成的一种岩体，它形成于距今11亿～13亿年的中元古代。

那一时期，泰山地区受到北东—南西向的强烈挤压隆起之后，出现了南北向断裂构造，于是导致了深部岩浆沿断裂带的侵位活动。炽热的玄武岩岩浆在强大的压力下，旋转呼啸着侵入了古老的泰山杂岩，形成了一道切穿泰山的岩墙。之后，在漫长的地质时期中，“醉心石”不仅经受了多次地壳运动的影响，暴露到地壳表层，遭到了长期的风化剥蚀，而且又由于受到了不同方向切力的破坏，使之错移、叠压，最终变成了如今的状如一截截桶形的柱体。泰山“醉心石”作为地质构造学上的特殊现象，曾被列为国家自然科学基金研究项目，研究成果获得国内外同行的高度评价。

泰山形成历史悠久，不仅存在着极富科学价值的古地层形态，而且矿产资源十分丰富。目前，泰山地区已开发和探明的矿产有40余种，富铁矿、石膏、石盐、自然硫及优质花岗石饰材均列全省之冠。其中石膏、自然硫的储量居全国首位。自然硫属首次发现，为全国所仅有。泰山石材坚韧、优美，是高级的建筑材料，国内一些著名建筑物，如人民英雄纪念碑、人民大会堂、北京故宫、曲阜孔庙、岱庙天贶殿，都有“泰山花岗岩”的踪迹。改革开放后，泰山花岗岩走出了国门，同泰山一样，在全世界赢得了声誉。

二、多姿的自然景观

泰山造化神秀，主峰傲然拔起，围绕着主峰的有知名山峰112座、崖岭98座、溪谷102条，构成了群峰拱岱、气势磅礴的泰山山系。

俯瞰泰山，山南麓自东向西有东溪、中溪、西溪3条大谷；北麓自东而西有天津河、扫帚峪、桃花峪3条大谷。6条大谷溪分别向6个方向辐射，将泰山山系自然地化分成了6个扇形区域。6个区域，景观各异，形成了泰山著名的丽、幽、妙、奥、旷、险的六大旅游区。

从山前看泰山，由于燕山运动和喜马拉雅山运动，泰山前麓形成了泰前、中天门、云步桥3个断裂带，从而造就了泰山南麓阶梯式抬升的地貌特征。山脚下的泰前断裂带到中天门断裂带，海拔高度上升800余米，此如宝塔的第一阶层；从中天门断裂带到云步桥断裂带上升200米，山体收缩，为宝塔的第二阶层；最上面一层从云步桥断裂带到极顶，海拔陡然上升400余米，且由于喜马拉雅山运动中的几次山体急剧抬升，使得这一层地带与四周群峰形成强烈对比，犹如宝塔之刹①，大有东天一柱的气势。

泰山由低而高的3层地貌形态，在空间形象上，造成层峦垒叠、凌空高拔的势态，也就是古人所形容的“岩岩”之势；而其地貌形态的另一特征，就是总体上的峻极雄伟的形象与群体组合上的多种地形相结合，形成变异无穷的微观空间，造就了丰富多彩的景观形象的基础。中国古人充分注意并利用了泰山地貌的特点，人工借自然之势，自然凭人工之力，意境相合，从而意趣盎然，使泰山倍增了观赏价值。

（一）云雾奇观

泰山拔地而起，具有明显的高山气候特征，山顶气温一般比山下低7℃～8℃，年降水量约为山下平原的1.5倍。从平原地区流来的暖湿空气在水平运动中遇到泰山的阻挡，往往在迎风坡被迫抬升，极易被冷却凝结而形成云雾和雨雪，这就是古人认为泰山“出云导雨”的原因。而在背风坡，云雾在下沉中又迅速消散，特别在夏季，泰山极顶经常笼罩在云雾之中，天气瞬息万变，时而浓雾弥漫，如坠混沌世界；时而日丽风和，似入仙山琼阁。变幻无穷的泰山云雾，使得泰山更加神秘与瑰丽。

泰山云雾奇观中，最为壮观的当是云海。对此，古人有过生动的记述：“山上下阴晴气候不同，盛夏酷暑，御夹单衣，不免拥炉。时微雨新霁，红日丽空，残云满地，俯视茫茫，如陆海堆絮积雪，不知其千万顷。”②这种浩瀚无际的云海奇观，便是泰山特殊的相对高差极大的地理环境所造成的，因此在别处甚为罕见。在岱顶观赏云海时，沿悬崖峭壁飞升的云雾，酷似大海岸边的激浪，再

---

① 刹：宝塔顶端铁尖。

② 〔明〕萧协中：《泰山小史》。

加之起风时满山的松涛之声，更犹如置身海边，令人茫然不知山耶海耶。如果云海恰在日出或日落时分出现，万顷云浪就会被日光染红，整个世界如同披上了五彩霞衣，其壮美景色不知曾倾倒过多少丹青好手与诗赋高人。

泰山另一云雾奇观是“碧霞宝光”。若人置身岱顶，前面浓雾弥漫，背后有强烈的日光照射，在前面的雾幕上有时就会看到一个五彩光环，光环中会把人的影像反射出来。这种现象被称作“宝光”，以峨眉山最为多见，而在泰山则多出现在碧霞祠附近，故名以“碧霞宝光”。

近几年，有人还在泰山见到了另一种更为奇特的大气光学现象——蜃景。蜃景多在夏天发生于沿海一带或沙漠之中，古人误认为是蜃吐气而成，称之为“海市蜃楼”。这种现象偶尔也出现于山区，被称作“山市”，泰安市摄影家和进海先生就曾两次拍到过泰山“山市”，引起了人们极大的兴趣。蜃景的出现是在大气密度垂直分布有明显差异的情况下，光线发生折射而产生的一种大气光学现象，当上层空气密度小，下层空气密度特别大时，即会出现“上现蜃景”；反之，则会出现“下现蜃景”，所映射的物体呈倒影。每当泰山出现云海时，因云中含水量大，热容量大，日出后增温慢，而云层以上较干燥的空气增温较快，这时就出现了与夏天海面上较冷，上面空气较热，空气密度出现较大差异的情况相似，于是大气层也就具备了发生折光的基本条件，此时在合适的角度上就能一睹奇妙无比的泰山“山市”了。

风中的云海，别有一番意趣，当山风袭来，奔腾的云雾有时会沿山峰而上，如轻烟袅袅，此谓“爬山云”；有时会顺山谷急涌而下，如飞瀑倾泻，此谓“瀑布云”。千变万化的云雾任人遐思，难怪李白曾在《游泰山》诗中叹道：“云行信长风，飒若羽翼生……安得不死药，高飞向蓬瀛。”

泰山夏天的云雾固美，冬天亦不逊色。冬天岱顶的气温常在零下10℃以下，每当浓云密雾从山顶飘过，云雾中的水滴一遇到冷的物体就会迅速凝冻为冰，结成洁白晶莹的“雾凇”。山东内陆地区每年冬季出现雾凇的日数为2～5天，沿海不到1天，而在山顶，每年出现雾凇却多达50天。雾凇出现时，泰山如披上了一身银装，苍松、枯枝全都开满了洁白的花，巍巍泰山变得分外高洁、分外生动。

（二）泉溪潭瀑

泰山雨量充沛，加之花岗岩山体贮水丰富，使总储水量达30.49亿立方米，其中地下水14.97亿立方米，造就了泰山“山多高，水多高”、山泉密布、河溪纵横的灵秀景色。

泰山因裂隙构造发育，因此裂隙泉分布极广，山南麓即有名泉数十处，如王母泉、月亮泉、玉液泉、龙泉、黄花泉、玉女池、云泉、双泉等。据测定，泰山泉水口感清甜，含有多种对人体有益的微量元素，其水质可与国内外一些著名矿泉水媲美，历来被誉为泰山三美（白菜、豆腐、水）之一。

泉水为泰山增添了灵气，成为泰山一景。如后石坞天空山下有一天然石洞，因洞四周布满黄花，称作“黄花洞”。洞顶渗水成珠，串串落入洞底深池，叮咚作响，清脆悦耳，故名“灵异泉”。又传松鹤常来此饮水，所以又名“来鹤泉”。由于后石坞地处山阴，海拔较高，冬天洞内奇寒，滴水结为冰柱，以致夏天仍未融尽，形成夏日冰柱奇观。清康熙年间，巡抚蒋陈锡在洞口题“灵山玉柱”4字。清人赵国麟有“洞名黄花冽清泉，六月寒冰坚玉柱。疑是石髓自空流，倒泻岩穴成石乳”的诗句。灵异泉极像庐山仙人洞之“一滴泉”，近年泰山管理部门已修复了后石坞古栈道及部分古建筑，游人来观泉者络绎不绝。

泰山山前景区主要河流有渿河和梳洗河。渿河源出于岱顶，上游曰通天河或黄西河。上游溪涧泉水顺谷而下，穿云步桥，绕斩云剑直泻深渊峡谷，形成云桥飞瀑，飞瀑至中天门转向泰山西峪，即“西溪”。西溪之水流经无极庙过长寿桥，遇百丈崖骤然下泻，如银河倒挂，形成一条落差达29米多的瀑布，瀑布将百丈崖下巨石冲击成约三丈方圆的石潭，潭水碧绿，深不见底，此即为著名的“黑龙潭”。黑龙潭以下河水流入泰安城，便是古人称作分割人间与阴境的“渿河”了。梳洗河源于中天门东，又名“中溪”。中溪与登山中路平行，不足5公里的溪谷落差达800余米，因此水流湍急，潭瀑相连，极为壮观。中溪之水最著名处当属斗母宫听瀑楼下的“三潭叠瀑”。溪水至此，一连形成3条瀑布，每瀑落差3米，瀑下潭深2米。激流注潭，浪花四溅，阳光之下，每见彩虹数道，加上极富节奏的涛声如鼓似琴，当代游人观之，多惊叹此为天造的激光音乐喷泉。

山后诸峰水景更绝。后石坞南侧、元君庙之下有深涧，涧中巨石无数，累累叠叠绵延数里，俗称“乱石沟”。每至雨季，水流石下，涧内涛声如雷却不见波涌，令人怦然心动。流水东去汇为一潭，叫“洗鹤湾”，相传过去常有群鹤集憩于此，嬉游争鸣，与松涛水声相和。洗鹤湾北，大小天烛峰东西遥相对峙，高耸的岩壁由峰顶直铺谷底，气势磅礴，数百米悬崖夹谷成峪，一股清泉如垂练出峡，直落千尺，此为“千尺瀑”。

后石坞天空山东为九龙岗，岗上有池，清可鉴发，故称“鉴池”，俗呼玉女洗头盆。鉴池北有“凤凰池”，东北有“饮虎池”。天空山北为坳山，坳山东北为“冰牢峪”，冬天峪中结冰，至盛夏方才消融，多有游人于“五一”节来此观冰，并称此为泰山一绝。

泰山东北麓扫帚峪、西麓桃花峪，均有名泉佳水，后文再行介绍。

三、植被与古树名木

（一）泰山植被

植物是泰山作为世界自然遗产的重要组成部分，同时也是重要的构景要素。繁多的植物不仅使泰山常年郁郁葱葱，一派生机，而且为泰山增添了道之不尽的传说佳话，丰富了它的文化意蕴。植物给了泰山生命与灵气。

古代，泰山的原始森林是极其繁茂的，史书记载那时的泰山是“茂林满山，合围高木不知有几”“朱樱满地，古木参天”“凌汉峰南竹林森森，未风先鸣”“盘道两侧，茂林间草”。及至清末之后的百余年间，泰山植被遭到严重破坏，但庙宇附近还保存了部分古树，后石坞等处也残存了少量的早期森林。新中国成立后，经过泰山建设者40余年的艰苦奋斗，泰山森林覆盖率已达80%，植被覆盖率达到了90%以上，泰山恢复了历史上植物鼎盛时期的面貌，这一人类珍贵的自然遗产在今天更加妩媚、壮丽。据调查统计，构成泰山植被的维管植物共有1136种，隶属136科553属。

其中：野生植物814种，栽培植物322种；木本植物421种，草本植物715种。由于泰山具有典型的温带季风气候，四季变化十分明显，因而泰山风景区植被的季相景色极为丰富多彩，人们形容泰山是：春则遍山吐翠，百草含芳，争奇斗艳；夏则云雾缭绕，绿白相间，气象万千；秋则天高云淡，硕果点点，红叶烂漫；冬则山舞银蛇，崖挂冰帘，松柏傲寒。

春回大地，泰山上下“松拱一天翠，草生万壑青”，“泰岱春晓”的美景吸引着无数的中外游人前来“踏青赏春”。早春二月，条条山谷中，冰泉解冻了，小草从枯叶中钻出，红的桃花、白的杏花、金黄的迎春柳和连翘花缀满了枝头。进入4月，遍布西溪两岸的刺槐花自下而上次第开放，花白如絮，香气袭人，历时一月不绝。接着，岱顶上大片的湖北海棠花绽开蓓蕾，整座泰山像是成了花的海洋。

夏季的泰山，层层林海掩在茫茫的云雾之中，一旦天气放晴，尽得雨露滋润的绿木碧草显得油亮油亮，青翠欲滴；万壑千峰，处处流溢着自然造化的生命力。而十八盘两侧的对松山，在夏天则更显出了造化的天工。对松山两峰对峙，下有百仞深渊，上有千株青松，独特的地形和气候条件，形成了古松夹道招手迎客的奇异景观。每当云出其间，苍松如龙，乍有风起，则似龙摆首舞尾，恰似在欢迎着游人的到来。难怪当年乾隆皇帝到此驻足，颂之为“岱岳最佳处，对松真绝奇”了。1961年，郭沫若先生登泰山时，也曾写下了这样的诗句：“人来看万松，雾至万松蒙。”

秋天，是泰山色彩最丰富的季节。黄栌、五角枫、花楸叶红似火；银杏、紫椴叶色黄如金；松柏不凋，依然青翠；栎树、水榆、槭树等尽管或褐或红或黄，色彩不那么鲜艳，但也给泰山的秋色增加了层次。灌木中色彩最美的算是卫矛了，卫矛在松柏的陪衬下，万绿丛中一点红，色彩对比强烈而又协调。与卫矛相媲美的藤本植物爬山虎，在夏季虽不露声色，到了深秋却变得异常突出，或红满一石，或紫盈一沟，像是大手笔的浓彩国画。秋天也是山果丰收的季节，山楂、柿子、软枣……把泰山装点得分外富丽。

泰山的冬天，棵棵松柏顶风冒雪傲然屹立在山巅，一片片翠绿的竹林不怕严霜挺立在溪边。尤其是在“雾凇”形成的日子里，千树万树似梨花怒放，须晴日，阳光照耀，整个山顶晶莹闪烁，犹如龙宫洞府。若是细雨过后，雨滴接触树枝凝冻成细小的冰棍，形成“雨凇”，山顶则又变成了玉的世界。“苍柏青松托玉盘”“孤标巨尺雪中见”，就是对泰山的树，尤其是松柏的赞颂。

（二）古树名木与野生花卉

1987年，联合国教科文组织卢卡斯先生来泰山考察时，对泰山生态环境的恢复给予了高度评价，尤其是当他得知泰山30余万亩森林90%以上是新中国成立后人工栽植的时，他由衷地赞叹道：“这是当代中国人创造的奇迹！”同时，他也对泰山上历史遗存的古树产生了极大兴趣，他认为，泰山古树名木是大自然的珍贵遗产，是有生命的文物，具有极高的科学价值；也是古代人以他们的审美情趣创作的艺术品，具有极高的观赏价值……

泰山古树名木有一个长期发展的历史过程，在新生代后期（距今约3000万年），形成了冬季落叶的阔叶树种组成的森林群落。在漫长的岁月中，由于气候和自然环境都发生了巨大的变化，后来又由于人类的活动，泰山山区的原始森林逐渐被人类所更易，泰山的树木也就在人工的栽植和保护下存活发展，形成了今天的面貌。

泰山人工栽植树木起于何时，难以稽考。西晋张华《博物志》云："松本石气，石裂而受沙即产松。松三千年更化为石，泰山多松亦多石耳。"泰山的花岗岩属砂岩，确适宜松树生长，因而泰山多松树且历史悠久。司马迁当时记载秦始皇封泰山，"风雨暴至，休于树下，因封其树为五大夫"。秦时泰山多树，且有大树，秦始皇所封的"五大夫"树到东汉才被视为松，东汉泰山太守应劭在《汉官仪》中记"小天门有秦时五大夫松"，确切指出了松在小天门（今五大夫松坊）的位置。明代万历三十年（1602），松树被泥石流冲毁，清代雍正八年（1730）负责整修泰山的内务府郎中丁皂保补植5株，今尚存2株，也已260余年了。

图1-2　岱庙汉柏

汉武帝刘彻，曾7次登封泰山，植柏树千株，首开泰山植树之先河。郦道元《水经注》引《从征记》说："泰山庙中，柏树夹两阶，大二十围，盖汉武帝所植也。"今岱庙内尚存6株，分别名曰"汉柏翠影""苍龙吐虬""赤眉斧痕""挂印封侯""昂首天外""汉柏凌寒"。其中"汉柏凌寒”高11.5米，胸围3.4米，冠幅东西10.2米、南北7.5米，原为双干连理，西干腹中被火烧过，早年已死，但东干却以顽强的生命力，仅靠树干北面32厘米宽的树皮输送养分而自强不息长留天地之间（图1–2）。乾隆登泰山时，见岱庙汉柏虽寿近2000年，仍有新枝发出，便亲绘其图，刻成《御制汉柏图赞》碑，立于树旁。同时有感而发，赋诗3首，其中有句为：“既成图画复吟诗，汉柏精神那尽之”；“不仅笑指碑向图，久后还能似此无”。自乾隆题汉柏至今，又过去将近300年了，但是它依然活着，仍似当年，并愈加受到人们的敬仰。

随着宗教的发展，寺庙宫观林立，以寺庙为中心的植树绿化便得以发展。金代《谷山寺碑》记：在天眷元年（1138），有一叫善宁的和尚在涧旁山坡植栗树数千株。当时寺僧不但种松柏常青树，也种具有经济价值的栗子树，可以代粮，亦可出售换取岁用。至今老树尚存，新植满山，成为泰山干果特产的基地。谷山寺内还有两株古银杏，挺拔蓊茂，相传为宋代所植，已近千载。在泰山西脉的灵岩寺景区内，古柏苍翠，逶迤十里，因古时松柏不分，又因方言“柏”与“悲”同音，为避讳取名为“十里松”。灵岩寺在唐代即被称为域内四绝之一，当时寺僧众多，历年经营不衰，广植树竹，留下了柏树2万余株。寺内有“汉柏”一株，明代万历年间题刻“汉柏”石碣，但据钻孔以年轮测之只有600余年，当是元代所植。另外尚有千岁檀、云龙檀、摩顶松等古树名木，均有数百至千年的历史。灵岩寺的柏树有一奇特现象，即树干砍伐后，仍可发芽滋生。

五贤祠周围曾遍植紫藤。祠西不远的天外村尚存一株据说已有千年的古藤，姿态龙钟，风韵不俗。五贤祠西北之三阳观，地处深幽，明代于慎行《重修三阳观碑》记：“溪谷杂树蓊蔚。”清初，这里“山多松、楸、槲、橡，风声云影，萧槭陆离”。如今此处仍是老槲新橡遮天蔽日，茂密成林。

古刹普照寺内亦有古树数株。普照寺后院西侧有“一品大夫”松，高仅3米，胸围110厘米，但冠大如棚。相传为清代寺僧理修入寺时同师傅所植，故名“师弟松”。理修常以松为伴，习佛读经，曾赋诗赞松曰：“僧栽松，松荫僧，你我相度如同生。松也僧，僧也松，依佛门，论弟兄。”清光绪二十二年（1896），楚士何焕章游岱至此，见“师弟松”，袅袅婷婷，状如帝王金舆华盖，遂书“一品大夫”，并刻石立于树下。

普照寺另一株古松在后院“摩松楼”前。相传为六朝（吴、东晋、宋、齐、梁、陈）时所植，距今至少一千五六百年了。《岱览》说：“寺中古松童童，称六朝松。”该松粗大伟壮，主干微向西南方向弯曲，高11.5米，基部围径329厘米，胸围270厘米，主干上分出东西两枝，再分出无数分枝盘曲密叠，其气势犹如展翅的大鹏，又如一个撒空的密网，阳光、月光照耀其上，筛下细碎的金斑、银斑。松西紧立一亭，名“筛月亭”，取古诗“长松筛月”之意，是烘托六朝古松的衬景。

泰山之阴，人为破坏较少，古树生长尤为茂盛。谷山寺北面的山坡上生长着一株已有800余年树龄的古松，因其树冠极大，人称“一亩松”，实际测得该树冠幅为897.8平方米，折合1.3亩。树干基部，几条粗壮侧根裸出地面，状似龙爪，向东、西、北三个方向延伸；南面由于长年雨水冲刷，地表土流失，露出的内部根群紧紧抓住巨石。这些裸根，遇土入土，遇石裹石，咬定青山，给人以启迪。

后石坞元君庙后九龙冈上有两株古松，树龄都在300年以上。两松并列生长在长不过20米、宽不过6米的悬崖之上，三面凌空，为风雪之要冲，但几百年来，两株古松相偎相依，御霜傲雪，凛然不屈，出落得亭亭玉立，双干挺拔，人们喜爱它们，亲切地称之为“姊妹松”（图1–3）。

图1–3　姊妹松

在泰山景区内大面积地植树，是在清嘉庆年间。据《泰山种柏树道里记》碑记载：嘉庆元年（1796）泰安知府金棨在盘道旁植柏树千株。继而山东布政使康通基于嘉庆二年增植万株。同时康又倡议各州县官员募植柏树万株，前后共植柏树22054株，其范围从岱宗坊沿盘路直至南天门下的升仙坊和独秀峰，现在泰山中路所看到的百年以上大树皆为那时所植。为泰山增辉者，历史不会忘记他们。

槐树，又称国槐，是泰山又一古老的树种。泰山景区有古槐30余株，且均号称“唐槐”，其确切年代未见志集。1987年，中天门以下的“四槐树”因暴风雨倒卧一株，经对树龄分析，当在千年以上，确认为唐代所植。槐树在古代被视作奇异树种，汉武帝修建上林苑时，群臣各献名果异树，其中便有槐树600余株。《中朝政事》记：“唐时天街两畔多槐树，号槐衙，谓成行列如排衙也。”就是说在皇宫前的天街两旁植槐树，排列成行犹如大臣列班。唐代如此重视槐树，高宗、玄宗两代皇帝登封泰山，必于沿途植槐以增皇威，后历代相沿，也多在寺观衙署广植。岱庙配天门西院有唐槐一株，基径达1.94米，明《泰山小史》记载：“唐槐在延禧殿前，大可数抱，枝干荫阶亩许。”但是，1930年军阀屯兵于此，饲马于树下，后又屡经驻军，古槐不堪蹂躏，日渐衰弱，终于枯死。1952年，人民政府在枯树中心栽植幼槐一株，今已树姿婆娑，生机盎然，称为“唐槐（怀）抱子”。四槐树倒卧的一株现也已自根部萌发出了新枝。老根新枝，可谓唐槐再世，令人庆幸。

国槐适应性强，寿命长，树形疏朗潇洒，是一种很有观赏价值的风景树种，现已被泰安市定为“市树”，列植于道路两旁，十分古朴典雅。

今日的泰山一片苍葱，各种树木已达亿株以上，它外部的美同内在的深邃与灵秀浑然一体。“青未了”的泰山是泰山人用汗水换来的，这一切人们将永远不会遗忘。

泰山植被中有野生植物814种，其中野生花卉约有200余种，有较高观赏价值的有76种，隶属23科66属。

野生花卉是栽培花卉之母，是不求回报，只要抓住一寸瘠土、一条石缝就默默地奉献着美的大自然的使者。它们没有显赫的声名，似乎并不显眼，但它们并没有被人们忽略，野花不仅早就进入了古人的视野，也进入了他们的诗赋：“佳花异草含丹吐白者……灵禽怪兽啾鸣啸号之声……最为泰山奇胜”——赫赫神山、圣山之上堪称最奇胜者竟是并不想争半席地位的山草野花、灵禽奇兽；“回马岭前琪树古，水帘洞口野花红”——野花可与千年古树媲美竞辉；“秦碑金刻字，汉简紫泥封。胜迹今销歇，岩花日日浓”——秦封汉禅俱往矣，唯有质朴无华、生生不息的泰山野花同天地同在，最伟大的当是它们！

泰山春、夏、秋三季均有野花开放，秋天还有宛若玛瑙的果实，点缀山岩之上，十分醒目。科学家对泰山野生花卉进行了实地考察，掌握了它们的生长情况。

春季有老鸦瓣、点地梅、诸葛菜、白头翁、连翘、尖叶杜鹃、湖北海棠、马蔺、垂盆草、细茎鸢尾等花，它们从山坡到山顶，从3月到5月，使整个泰山的春天五彩缤纷。

夏季有吉氏木兰、黄荆、射干、络石、斑百合、石竹、桔梗、华北耧斗菜、毛茛、白屈菜、阿尔泰狗娃花、毛果杨子铁线莲、蓬子菜、棘豆、水杨梅、黄花菜、珍珠梅等花。野花把泰山的夏天渲染得分外热闹。

秋季有歪头菜、中华秋海棠、马兰、大叶铁线莲、委陵菊、缬草、霞草、旋覆花、紫菀、三脉叶马兰、林阴千里光、兔儿伞、落新妇、长药八宝、红寥、凤毛菊、甘菊、瞿麦等。秋天的泰山是绚丽的，绿水、白云、青松、红枫中点缀着红的、紫的、黄的、蓝的、白的山花，使它显得比其他季节更富魅力与诗意。

泰山野生花卉经历了漫长的自然选择，在极其恶劣的环境中代代繁衍，造就了优良的内部基因和外部形貌，它已日益获得了观赏者和研究者的注目。

（三）泰山药材

泰山植物中蕴藏着丰富的宝贵中药材。几乎是从人类一认识泰山，就知道这里产名药。古老的传说中，西王母便曾掌管过泰山的“不死之药”。对泰山药材实际的科学利用，可以追溯到1400余年前，南朝齐梁间人陶弘景编纂的《本草经集注》中，便载录了泰山药物40余种。唐代苏牧等在659年编纂的世界上第一部由国家公布的药典《新修本草》中又增添了10多种。1939年，泰安名医高宗岳潜心研究泰山药物，共发掘出泰山药物601种。近年来科研工作者对泰山药用植物进行了大规模普查，确定泰山范围内药用植物有110科445种，其中有100种属泰山独产或优于他处，又有何首乌、黄精、玉竹、杏叶参、汶香附、山楂、金银、侧柏叶等被列为泰山特产。何首乌、黄精、泰山参、紫草被称为

“泰山四大名药”。泰山何首乌又名白首乌，主治体虚、贫血、须发早白、慢性风痹、腰膝酸软、神经衰弱、溃疡不愈等。何首乌得名于泰安民间传说“何翁返童”的故事。传说古代泰山脚下有个白发老翁何立德，常在泰山后石坞活动，以何首乌充饥，不曾想何翁须发由白变黑，渐渐返老还童了，于是何首乌便走出深山，成了有名的中药材。

泰山参又名羊乳、四叶参，具有清热解毒、祛痰镇咳、强壮滋补的作用。浸泡白酒饮之，能舒筋活血；体弱者常服，能健身补气，被称为“泰山之宝”。

黄精，性甘、平，有补气养阴、润肺健脾、益肾的功能，用于治疗脾胃虚弱、体倦乏力、口干食少、肺虚燥咳等。《稽神录》记载：临川有使婢，不堪主人虐待，逃入泰山深谷，以野草根为食，不久即身轻如鸟，俄而腾空，人问其故，指所食之草，即黄精也。足见古人对黄精药效功能的评价。

紫草，味苦、寒，有活血、解热、解毒、利尿、滑肠等作用。中医常用来治疗血热毒盛、黄疸、丹毒、便秘等。近年来，浸制软膏外用，对治疗烧伤、冻伤、湿疹等症有疗效。

泰山野生药材在新中国成立前由于无保护措施，长期滥采乱挖，致使一些名贵药种逐渐稀少，有的已濒临绝种。新中国成立后加强了对各类野生植物的抢救保护，中药材的产量也大为增加，有的还被国家列为重点品种，现已有30余种泰山名贵中草药畅销全国各地。

四、泰山动物

泰山植被丰富，树木郁葱，水源充足，地势复杂，为各类小动物的觅食、栖息提供了良好的条件，泰山是野生动物的乐园。据调察，泰山现有鸟类148种、兽类11种，鱼类也较多，昆虫则有873种，而且随着泰山自然生态环境日益改善，各类动物的种类仍有增加的趋势。

（一）鸟类

泰山的鸟类属于古北界、华北区，其种类为山东省鸟类总数的36.4%，有游禽、猛禽、攀禽和鸣禽。早在明嘉靖年间刊刻的《泰山志》（万历十五年扩充改编后易名为《岱史》）上就记录了泰山鸟类达27种。《泰山药物志》记述鸟类50余种。新中国成立后大力营林，植物的花、浆果、种子以及各种昆虫、鼠类为鸟提供了取之不尽的食物来源；各类茂密的植被又构成鸟类的隐蔽场所和营巢地点，使得泰山鸟类资源大增。现在，不仅有大量的留鸟生活在这里，而且每年夏季也吸引了大批夏候鸟迁来筑巢、产卵和育雏；也有不少的旅鸟，在春秋迁徙时路过泰山作短暂停留；秋冬季节也有些生活在中国北部或西伯利亚的鸟类飞来泰山越冬。泰山人爱鸟，把鸟看作是人类的最好朋友，制定了鸟类保护规章，严禁捕鸟猎鸟；每当冬天大雪封山后，护林员都要扫开积雪，撒放鸟食，保护病弱的鸟安全过冬；小型鸟喜竹林，于是人们便在山坡向阳处广泛植竹，鸟们嬉戏竹中，冬暖夏凉，其乐融融；每年4月份自第二个星期开始的“爱鸟周”更是有关部门大力进行爱鸟护鸟教育的好时机，宣传活动深入到学校、工厂、机关、街头；夏季，候鸟飞来，青年们便上山钉筑人工鸟巢，欢迎远方来的客人……人们的爱鸟之心得到了巨大的回报，如今，一些山东鸟类志中未载的鸟也飞来了泰山（如中白鹭、长尾雀），开创了山东鸟类新记录。更重要的是，泰山森林几十年来有虫不成灾，有鼠不成害，形成了生态环境的良性循环，受到中外游人的高度称赞。

泰山148种鸟类中，有13种是国家二级保护野生动物名录中的种类。1981年3月，中国政府和日本政府考虑到鸟类是自然生态系统中的一个重要因素，也是一项在艺术、科学、文化、娱乐、经济等方面具有重要价值的自然资源，鉴于很多种鸟类是迁徙于两国之间，并是季节性地栖息于两国的候鸟，因此两国政府签订了《中华人民共和国政府和日本国政府保护候鸟及其栖息环境协定》，其中指定保护鸟类227种，泰山鸟类中就有56种。

泰山鸟类的垂直分布界限十分明显，科学工作者经过多年考察研究，将鸟类活动情况划分为3个垂直带：高山带，海拔1200米以上，鸟类较少，占11%；中山带，海拔500～1200米，鸟类较多，占38%；低山带，海拔200～500米，鸟类最多，占41%。但也有些鸟类广布于3个不同的垂直带中，如部分隼科、鸦科、鹟科、雀科鸟类。有些鸟则交替分布在低山和中山带，如杜鹃科和部分鹡鸰科鸟类。白腰雨燕集中分布在海拔900米左右的傲徕峰一带，白颈鸦在繁殖前后分布在海拔550米的中山带，伯劳多集中在海拔300～400米的低山带。不同的鸟在不同高度的植被带捕食不同的害虫，而各类害虫都有其各自的克星，生态链是何等奥妙！

（二）鱼类

泰山雨量充沛，溪流纵横，鱼类较多。主要有赤鳞鱼、黄鲴鱼、青鱼、草鱼、鲢鱼、鲫鱼、团头鱼、赤眼鱼、棒花鱼、鲶鱼、白条、黄鳝、梭鱼、鳜鱼等。这些鱼类中唯赤鳞鱼最为珍贵，是泰山的独有鱼种。

《岱史》载，泰山鱼“有班文，四五寸许，四五月生岳北溪涧中，过此则无矣”。班文即赤鳞鱼，又名石鳞鱼、螭霖鱼，与我国云南洱海的油鱼、弓鱼，青海湖的湟鱼，富春江的鲥鱼，并列为我国五大稀有名贵鱼种，曾为清代贡品。赤鳞鱼是一种小型野生鱼种，属鲤科，突吻鱼属，种名为“多鳞铲颌鱼”。成鱼长不足20厘米，有上颌须2对，上吻部略向体前方向突出，下颌有角质缘，各鳍无刺，鳞细密紧凑，背呈微蓝色，腹白，体侧鳞片微黄，中间有一条金色的线，尾呈红色。阳光下，鱼游浅溪中，亮晶晶地闪烁着光泽，背鳍与尾鳍上的红色条纹也更加鲜丽，像是涂上了胭脂。《泰山药物志》称赤鳞鱼为“世间无双品，乃泰山之精英”，就是因为这种鱼富含人体所需的各种营养，有极高的药用价值，能“补脑力，生智慧，降浊气，悦颜色，延高年，明目聪耳，齿牙坚固”。但人工饲养甚难，“每蓄缸中，天暑则死，天雨则飞，时时跳跃缸外，必得大缸深水安置阴中，缸口以竹编盖盖之，十活一二，亦不见长”，因有“赤鳞鱼不下山”之说。

现野生赤鳞鱼多生活在海拔300～800米的泰山西溪、桃花峪、桃花源一带的山涧溪流中，每年3月中旬开始活动，喜食藻类和浮游动物，5、6月份产卵于浅流沙滩中，10月起活动渐少，然后蛰伏越冬至次年3月。赤鳞鱼需3年才发育成熟，当年孵化的幼鱼至越冬前体长一般3～4厘米。为保护和开发利用这一珍贵的鱼类资源，山东农业大学成立了赤鳞鱼研究小组，经过多年的试验研究，赤鳞鱼的人工饲养和繁殖取得了突破性进展，过去仅为皇家享用的贡品已进入了旅游者的餐桌和寻常百姓家。

（三）兽类与昆虫

《岱史》记载，泰山兽“有獐、麈、獾、兔。兔有两其足者，不能走，每跳一二丈许，曰跳兔。有黄鼠、苍狐、白狼，在深山穷谷，而登封之地则无也。《山海经》曰：‘有兽焉，其状如豚而有珠，名曰狪狪。’今未之见”。如今，“狪狪”为何物早已不知所云了；“跳兔”也已近乎为神话，甚至獐麋一类大型动物，野生的也早就没有了。唯狼、狐、獾等尚能偶见于深山老林中，其他常见的动物多是啮齿类的有害兽，如黑线姬鼠、大仓鼠等。但是作为生物链上的一环，为鸟类及其他兽类提供食饵，只要不成害，在这个奇妙的动物世界中，亦不失其存在的价值。

泰山有800多种昆虫，益虫约占8%，绝大多数为食植昆虫，对森林有害，但由于鸟的存在，相当多的虫类难以形成气候，对植物并不构成威胁。如30余种蝶类，虽多属害虫，但它们的幼虫只有少数能变成成虫，形不成危害，而成虫蝴蝶翩翩起舞，闪动在山花草丛之间，也为泰山增添了色彩。另外，泰山还有一些国内稀有的昆虫，如泰山红蚧、泰山缺爪蹒等，在昆虫分类学上有着一定的意义。

第四节　功绩卓著的当代泰山保护事业

悠久的历史赋予了泰山深厚的文化积淀，人文遗存遍及大山上下，而无情的岁月和人为的破坏又使得这一人类瑰宝历尽劫难，在渐渐地失去昔日的风姿。例如，泰山原有6条登顶的大道、120余座庙堂宫观，但时日的烟尘却吞没了其中的5条大道和近百座庙宇，幸存下来的文物如岱庙也已残缺不全了。史载，1928年，日寇在济南制造“五三惨案”，国民党山东省政府撤至泰安，将岱庙改为中山市场和中山公园，配天门为民众餐馆，仁安门为货品陈列处，藏经堂、鲁班殿、环咏亭并为旅馆和澡堂，天贶殿则成了人民大会场。民国人王建屏在《兵事日记》中载：民国十七年（1928）“九月二十日，遥参亭神像被人抬出捣毁……十一月十二日，岱庙配天门下大神像用巨绳拉倒，两配殿神像抬出”；民国十八年（1929）“正月十五日，岱庙四角楼拆毁……炳灵宫大殿拆毁……正月二十六日，岱庙告祭碑全行推倒……抚今追昔，殊可惨目”；民国十九年（1930），军阀混战，晋军驻泰安城，战火纷飞，岱庙大殿、壁画、碑碣、古树尽遭炮火轰击。抗战期间，日寇飞机狂轰泰安城，炸毁古建筑无数，泰安城居民在岱庙城墙凿防空洞，以避空袭。新中国成立初期，百废待兴，这些城墙仅以垃圾草草充填，致使城墙多处坍塌，仅剩土垣。“文化大革命”期间，一批残存文物又遭摧残，泰山已令人睹之不忍。

新中国成立后，尤其是十年动乱结束后，泰安市党和政府多次对泰山进行了大规模的保护维修，如八十年代初期，先后修复了从岱庙至岱顶的一大批历史遗迹，如岱庙正阳门、厚载门、环廊、王母池七真像、关帝庙、中天门二虎庙、岱顶天街等等。

但是，由于当时的条件所限，泰山面貌仍未得到全面恢复，即使是景点最为集中的中路，7000级盘道石阶也多已参差不整，“三里一旗杆，五里一牌坊”的气势也已不复存在；有的古树枯死了，一些珍贵的石刻正遭受着风化而变得模糊不清……特别是进入20世纪80年代以来，旅游业蓬勃兴起，泰山游人逐年增加，不规范的经营网点也随之增多。一条古道，数百万游人，使得泰山难负重荷，给文物保护、自然环境、生态平衡带来了严重威胁。

随着改革开放的日益深化，泰安市政府对泰山的保护给予了越来越高的重视，1993年，拉开了对泰山大规模保护、建设的序幕。市建委根据市政府的部署，一举拆除了岱庙周围所有有碍文物安全和景观的民用建筑，千年神府雄姿再现；泰山风景名胜区管理委员会组织精兵强将，投资1500余万元，上马了11项旨在恢复泰山历史人文景观，开发泰山旅游资源的大型工程。当年，桃花源景区游览公路竣工，后石坞娘娘庙、玉泉寺大雄宝殿、扫帚峪天烛景区、遥参亭元君像重修等均已完成一期工程。泰山初步形成了以岱顶为中心，向四面八方辐射的旅游新格局，由过去的一日游变为多日游，其旅游品位大为提高。接着，泰山管委会又严格按照《文物保护法》《森林法》《环境法》和国务院批准的《泰山风景区总体规划》，实施了规模宏大的“登天景区保护建设工程”。这一工程主要包括登山中路文物景点的保护维修、公用设施建设以及民房和商业网点的改造建设三个方面。简言之，保护工程从登山起点岱庙开始，恢复岱庙角楼，修复残毁的城墙和东华门；维修盘道及沿途古迹，再现其鼎盛时期的面貌；拆迁盘道两侧所有影响景观、影响生态环境的民居、商摊，定点新建与泰山景色高度协调的服务网点；改造污水、垃圾处理方式，变山上就地处理为下山处理；改普通厕所为水冲厕所，改燃煤炉灶为燃气炉灶；输电输水管线均由明改暗移入地下……共计14大类，56个单体项目。工程涉及泰安市的方方面面、上上下下。经过各行各业、各路大军的共同奋斗、共同拼搏，浩大的保护工程历经半年多时间，于1994年8月20日，经国家、省、市各级领导验收通过而胜利竣工。古老的泰山融进了无数当代建设者的汗水与爱心，残破处圆满了，凋敝处生辉了，它已变得比历史上任何时候都更加壮观。

登泰山的6条古道，现已条条可以通行。条条古道，山光水色各不相同，旅游者尽可以根据自己的所好，从6条道路中任选一条登山。

第二章
造化钟神秀

虽说是“观景不如听景”，但终究“百闻不如一见”。改革开放以来，中外游人慕名前来泰山者日众，而其中一位每年都要到泰山来的美籍华人更有她独到的见解，她说：“不到泰山心不安。”问其故，她便说：“我听说，过去历代皇帝都争相来泰山朝拜，不然，心就不安，那是以前的事了。我又听说自古就有‘泰山安则天下安’的说法，我相信这句话。我每年到泰山来都看到泰山的变化，看到祖国的变化，因此我每年到泰山来一次心里就感到踏实，就不把那些道听途说的话放在心上了。”且不说这位美籍华人女士的话里是否还有其他意思，但是要想了解泰山，了解它的古与今，它的博大精深，它的奇、丽、秀、奥……就必须到泰山来，必须沿着我们祖先所走过的路，去亲自领略一番。

前面说过，6条大溪谷把泰山分割成了6个扇状的区域，泰山之阳便由中、东、西3条溪谷形成了3条天然的登山道路。古代帝王登封泰山，多从中路而上，故中路被称作“登天景区”，也由于此路深幽，故亦称“幽区”。登天景区人文景观众多，是因帝王封禅、宗教活动、文人览胜的需求而建设的。漫漫7000级登山盘道或急或缓，随峰而转，把人引向“天界”。与西溪基本平行的西路，人称“旷区”，此处峰峦叠嶂，谷深水长，豁达开旷，是泰山自然景色最佳处。西路原先只是一条崎岖山道，1985年修成水泥游览公路，与原山道交错盘旋而上，至中天门与中路交会。东路登山由大直沟到中天门后再至岱顶，为汉武帝登封泰山之路，现尚存汉武帝登封遗迹——汉明堂。泰山之阴3条溪谷中亦有3条路通往岱顶：一条是从泰山东北麓的扫帚峪，经后石坞登顶，此处山姿多变，奇石林立，旧有“奥区”之称；一条是从西北麓玉泉寺直达岱顶；另一条是从西北麓桃花峪进山，沿彩石溪东行，然后乘新修的桃花源缆车到山顶。桃花峪—桃花源皆处深谷之中，谷中溪水清澈，多赤鳞鱼，景色十分秀丽，当代游人称之为“秀区”。岱顶作为诸溪谷的中心，有日观峰、月观峰、丈人峰、象鼻峰簇拥着，亦有碧霞祠、玉皇宫、瞻鲁台、仙人桥衬托着，站在此处放眼远望，群山、河流、原野、城市尽收眼底，是为泰山“妙区”。而泰山之阳的山麓部分，由于古人活动甚多，人文景观极为丰富，亦是观览的好去处，人称“丽区”。

这“幽、旷、奥、秀、妙、丽”，便是泰山神秀的精髓，它既是天成，又有数千年来无数劳动者的构筑。伴随着人类的活动历史，泰山逐渐成为中国古老文化中“天、地、人合一”的高度和谐的统一体，它的一峰、一水、一草、一木无不按照人的意志与情趣，给予了精心的加工与塑造，使它的美在不断升华。也就是说，在我们民族源远流长的历史发展中，泰山首先以其雄伟恢宏、端庄肃穆、浑厚质朴、清丽娟秀的自然形体，成为人们审美实践中的一个重要源泉；同时又是人们将自身的审美理想赋予了泰山，将自己的审美意识物化于泰山的各个自然与人文景观之中，使之成了中华民族审美创造的结晶。下面，就让我们步入大山，去饱览一番它的神秀与壮美了。

第一节　登天古道雄中藏幽

登天景区的起始点为岱庙前的遥参亭，过遥参亭北行，经岱庙、一天门、中天门，至南天门为终点，全长约11公里。

遥参亭坐落在泰安古城的中心、东岳大街的中段，初创于唐，当时仅是一座门，宋代在门内建亭。当年帝王来泰山举行封禅祭典时，都先要在这里行简单的参拜仪式，因此明之前，称此为“草参亭”，明代加以扩建时，易名为“遥参亭”。虽是一字之易，却足见古人用心之深，当时登州知府吕颙登岱时，曾题诗曰：“参亭人共挹，易草以遥名。岂为投香计，还肃谒礼诚。”诚然，既来求神参天，哪能草草行事，改为“遥参”，方能显示尚未入庙而先遥拜的“礼诚”，并非为了多受香火，一字之易其虔诚之意便尽含其中了。遥参亭为过亭式院落，分前后两院。南为山门，门前有坊，坊额书“遥参亭”，建于乾隆三十五年（1770）。坊左右铁狮蹲踞，旗杆高竖，使得登天朝拜在序曲中便具有了一种庄严肃穆的气氛。院内台基上正殿5间，原祀碧霞元君，后被毁，今已按原样重塑。殿侧配庑各4间，现辟为“泰山民俗陈列馆”，将泰山古时风土民情俱陈其间，为游人更多地了解泰山文化提供了帮助。后院为四角亭和北山门，内立石碑数通。

遥参亭是一组独立的建筑，但与岱庙在作用上又是一致的，似乎只是岱庙的一个子建筑，但是，正是由于它的存在，宏大的岱庙以至岱庙后面更为宏大的大山才显得尤为雄伟与神圣。这种建筑构思既出于封禅大典将由此为前奏而步步进入高潮的需要，也是中国古代先抑后扬美学思想的体现。

出遥参亭即是岱庙，两者相隔仅数十米，但中间却有雕刻瑰丽的“岱庙坊”分割与承接其间，使两组大小各异的建筑在形式上各自独立，在内容上又巧妙地融为一体。

岱庙，旧称东岳庙或泰山行宫，因“岱”是泰山的别称，所以今叫岱庙。它是道教庙宇，祀东岳泰山神，是古代帝王祭祀泰山神的地方，也是泰山规模最大、最完整的古代建筑群。

岱庙虽是一座道教庙宇，但在封建时代却有着浓厚的政治色彩，是封建帝王在这里通过祭祀天地，借以统治人民的政治活动场所。但是在客观上，泰山神这位在道教神谱上并没有什么来头的神便显赫了起来。明弘治十六年（1503）《孝宗御制重修东岳庙记》碑记载：“东岳之庙今遍于次下，其在泰山者为专祀，历代所重，故庙之规制甲于他方，香火特盛。”民国间冯玉祥先生在《读春秋左传札记》中也说：“我们可以看见在全国的每一个县里都有一个泰山行宫，这种势力之大也就可想而知。”当代作家汪曾祺先生最近写了一篇散文《泰山片石》，也提到了泰山神：“历代帝王对泰山神屡次加封，老百姓则称之为东岳大帝。全国各地几乎都有一座东岳庙，亦称泰山庙。我们县的泰山庙离我家很近，我对这位大帝是很熟悉的（一张油白发亮的长圆脸，疏眉细眼，五绺胡须）。我小小年纪便知道大帝是黄飞虎，并且小小年纪就觉得这很滑稽。”

岱庙自宋以来，还是繁华的游乐之地。《水浒传》第七十四回描述燕青和李逵到泰安州岱庙参加相扑比赛，其时正值东岳大帝诞辰日（旧历三月二十八日）：“原来庙上好生热闹，不算一百二十行经商买卖，只客店也有一千四五百家，延接天下香客。”“那日烧香的人，真乃压肩叠背，偌大一个东岳庙一涌便满了，屋脊梁上都是看的人。”这种庙会一直延续到民国年间。

岱庙也是文物荟萃之地。这里既有琳琅满目的历代帝王赐予泰山神的祭品、供器，还保存着176块历代碑碣和48块汉画像石，堪称岱庙碑林。另外，这里又是古柏蔽荫、银杏参天、盆景玲珑、花卉争艳的名园胜地。

由正阳门进得岱庙来，迎面是配天门，取孔子语“德配天地”之意。配天门两侧，东为三灵侯殿，西为太尉殿，三殿之间以墙相连，构成岱庙中间第一进院落。

配天门北为仁安门，一条甬道将两门连在一起。两门之前各有狮子把守，前为明代铜铸高大的双狮，遍体铜绿，仰首含口蹲列石砌须弥座之上，十分雄伟；后为石狮一对，圆睁双目，雄视门前，也很威风。置此4狮，增添了庙貌的威严之感。

配天门两侧有碑碣林立，尤引人注目的是耸立在西南方的《大宋封东岳天齐仁圣帝碑》和东南方的《宣和重修泰岳庙碑》。两碑龟趺螭首，东西对峙。

北过仁安门，是岱庙的第三进院落，雄伟高大的宋天贶殿在苍翠古柏的掩映下，巍巍矗立在宽阔的露台上。宋天贶殿又叫峻极殿，是这座庙宇的主建筑，有人把它同北京故宫的太和殿、山东曲阜孔庙的大成殿并称为我国古代三大殿堂式建筑。

殿内供奉着的就是那位泰山神“东岳大帝”。神像身着衮袍，手捧玉圭，冕冠九旒，俨然一副帝王之仪。神龛前面上方高悬清代康熙皇帝所题“配天作镇”的巨匾。殿内东、西、北三面墙壁上绘有《泰山神启跸回銮图》的大型壁画。画传为宋代所作（实为明、清重绘），长62米，高3.3米。画面通过描绘泰山神出巡（启跸）和归来（回銮）的浩荡宏伟的场面，表现宋真宗东封时的威严气派。画有697人，另有祥兽坐骑、山石林木、宫阁桥涵，疏密相间，繁而不杂，不失为我国现存壁画中的上乘之作。1987年，泰山被列为世界自然、文化遗产后，天贶殿壁画作为不可多得的艺术珍品，已被列为联合国教科文组织保护世界遗产的保护项目之一。

殿前大露台中间，放置一尊明代万历年间所铸的大铁香炉；两侧是一对宋建中靖国年间所铸，用作蓄水防火的大口铁桶。露台东西两端，各有六角方亭一座，内立乾隆皇帝游泰山所书诗碑，称“御碑亭”。大露台南端石阶之下，砖砌甬道中心有古柏一株，此柏当道而不伐，被称作“孤衷柏”。

天贶殿两侧原有环廊百余间，后毁于清末。自1981年起，在旧址基础上已陆续复建起62间，其中东廊房开辟为历代碑刻陈列室，共收进自汉至清的著名碑碣19通；西廊房建成汉画像石陈列室；西南廊房8间现为泰山历代石雕艺术陈列室，陈列着不同年代的石雕艺术品百余件，展示了泰山一带古代劳动人民精湛的雕刻艺术，反映了历史上这一地区经济文化的繁荣；与碑廊衔接的东北廊房于1989年建成“泰山封禅蜡像馆”。蜡像馆取材于宋真宗赵恒封禅泰山的历史故事，选取了19位典型人物，人物神采各异、动作逼真，为现代旅游增添了情趣。

由天贶殿后门出，有砖石甬道与后寝宫相连。宋真宗封泰山时，因将泰山神封为“帝”，帝则应当有“后”，于是便为之配了个夫人“淑明后”。从这一点看来，岱庙与其说是道教神府，还不如说更像皇家宫廷，这种布局进一步透露了封建统治者利用岱庙进行政治活动的功利目的。

后寝宫北便是岱庙的第五进院落后花园。后花园分成东、西两个小花园，东园为树桩盆景，西园则是四季鲜花。东园之南矗立着一座鎏金铜亭，铜亭又名“金阙”，由仿木结构的铸铜构件组成，工艺精巧，是我国现存为数不多铜铸建筑物中的精品。与铜亭对称，西园南面有铁塔一座，明嘉靖年间铸，塔原有13级，抗日战争中为日寇所毁，现尚存3级。

最后是岱庙北门“厚载门”，门上有“望岳阁”3间，登上门楼北望，泰山雄姿尽收眼中，天梯尽头，南天门高悬云间。

岱庙主轴线两侧，原另有4处别院，现仅存东面前后两院，前为“汉柏院”，相传汉武帝所植的6株古柏就在此院内；后为“东御座”，是皇帝祭泰山下榻的所在。西侧两院全毁，前述“唐槐抱子”在庙之西南隅。

在古代泰山与人的主题中，最突出的似乎就是一个“天”字。岱庙处于“登天”之路的起点上，它之所以修得如此阔大巍峨、富丽堂皇，就是要造就一种人在尚未登山之前，就已感受到不同于人间的天上仙境的氛围，唯如此，山下的建筑才能同代表着天的泰山相为呼应。这充分显示了中国古代人在泰山总体设计与建设上匠心独运的高度智慧。另外，岱庙与登山盘道的距离，从后门计约为1.5公里，这个距离也恰到好处，再近些则显局促，失去由人间登天的气势；再远则游离于泰山主体，失却同泰山作为一体的整体感。而且岱庙由于采用了宫廷式的建筑形式，高大的城墙、城门、露台与殿堂，益发使它显得沉稳、厚重、高扬，这也正同泰山的基调相契合。如果说整个登天景区像一部雄壮的乐曲，那么岱庙则以其恢宏的雄姿为这一乐曲奏响了高亢的第一乐章。

出岱庙北门至登山盘道，中间有“岱宗坊”作为接应和过渡。岱宗坊始建于明代隆庆年间，石柱方正少雕饰，显得十分稳重浑朴。

过岱宗坊，沿着古色古香的红门路北行不远，登山盘道便赫然在目了，真正意义上的登泰山将从这里正式开始。泰山如此雄伟，但是在这里古人却着意追求一种“收”的效果：石阶并不太宽，仅有十八盘处石阶的一半左右，盘道两侧古建鳞比，人到此间恰像来到一个葫芦口，视野顿然变窄。这似乎在启示着人们，只有无畏的登攀者勇敢地向上、向前，才能进入那幽广、壮美的佳境。

拾级而上，便见一连3座跨道石坊依次递升，矗立在眼前。第一座石坊便是泰山“三天胜迹”的第一道天门，名曰“一天门”(图2-1)。石坊左右置以“盘路起工处”“天下奇观”石碑。紧接着第二座石坊为“孔子登临处坊”，两旁亦有碑：一为“第一山”，另一为“登高必自”。“登高必自”含有深深的寓意，岂止是登山，干任何事情要想取得辉煌的成果都必须从头开始，扎扎实实地干起。第三座石坊是“天阶坊”。天阶坊的后面是一组倒凹形建筑，跨道而立的是“飞云阁”，阁下门洞上丹书“红门”2字。飞云阁左为碧霞元君庙，右为弥勒院，三部分建筑合称“红门宫”。如今元君庙中供奉着的并非元君，而是九

图2-1　一天门

莲菩萨铜像，铜像高3.4米，宽2.28米，铸工精湛，通体光滑，是泰山现存最大的铜像；对面弥勒院中的佛爷今亦不知去向，现辟为“泰山石文化展览馆”，馆中详细地介绍了泰山地质结构的形成、演变，并陈列着一些泰山奇石。泰山石在这里以其大自然赋予的特殊魅力，引来了众多的中外游人。

红门宫的建筑群极富特色。人们登上石阶，进得“葫芦口”后，迎面是座座石坊、块块碑刻，好不轰轰烈烈，原以为前面将会一览无余了，但未曾想，到此却像到了葫芦底，倒凹形的建筑把北、东、西三面全都遮了个严严实实，形成了人们视野上的屏障。泰山中路就是这样，有天然屏障处峰回路转，古道通幽，无天然屏障处，则加以人工的巧妙遮挡，制造出一个个悬念，使得人行山中，就像看一出曲折的戏，读一本有趣的书。

北出红门宫门洞后，山色为之豁然，右侧中溪内水声叮咚，泰山“小洞天”就隐在溪谷内。由盘道右转，沿小径向东北方向不远即是小洞天，这里幽草如茵，翠柏如盖，流水潺潺。下到谷底，有一方巨大的石坪，上刻“小洞天”“仙人洞”等大字。左侧是一幽深石涧，涧内奇石嶙峋，形态各异，每值雨季，清澈的中溪水便会从石缝中流出，年深日久，冲出了3个水湾：柳条湾、饮马湾、石峡湾。每当水盈月圆之夜，月亮映在湾中，颇有点杭州西湖“三潭印月”的韵味。前文所提到的“醉心石”就在这里。望着这一切，这山、这水、这树、这石，人们不能不感叹大自然造化的功力，不能不为这大自然的美所深深折服，当然，有了人的加工，诸如这命名、这题刻，大山的情致就更加不同一般了。

由小洞天返回，此处盘道较为平坦，甚少台阶，路边刻石上的“云山胜境”“勇登仙境”“渐入佳境”等词语与山色相得益彰。北行约半公里，又见一座跨道城楼式建筑，这就是“万仙楼”。万仙楼建于地形逐渐抬高的平台之上，高大的重檐楼阁与南面平缓的山路形成了较强对比，其楼名及选址、造型均强化了人们在这条古道上的“登天”之感。果然，穿过其下石砌拱洞，山势陡然转峭，登上石阶，视野更为开阔，真如又上一重天。

万仙楼北，盘道右侧翠柏环抱之中，矗立着一座革命烈士纪念碑，这是1946年泰安人民为纪念第一次解放泰安时牺牲的新四军烈士而树立的，碑南面铭刻着“英名与泰山并寿”的题词，碑座上刻有这些新四军将士转战祖国各地的事迹和708名烈士的姓名。纪念碑建在这里可谓适得其所，因为泰山毕竟是一座中华民族的精神之山，那些为人民的利益捐躯的勇士们继承了人生当“重于

图2-2 “虫二”石刻

泰山”的优秀民族传统，他们的英魂不仅与泰山同在，而且也使泰山在人们心目中变得更为高大、更为雄伟。

继续前行，路旁石刻渐多，有的是即景抒情，如“神州磊落”“初步登高”，有的是题写景物，如“蔚然深秀”“肤寸生云”。而最引人注目的是“虫二”石刻（图2-2），其实这是个字谜，是“風月”2字去掉外面笔画而成，隐喻“风月无边”来形容这一带景色的秀丽、幽静。无独有偶，在祖国最南端海南岛三亚市的天涯海角，也有一个石刻字谜，在“年华”二字的外面各加了一个方框，谜底为“年华有限”。这两个字谜都很精妙，但把二者合起来，其意义就愈深刻了，它告诫人们莫贪恋眼前的风光，要抓住有限的人生去努力登攀。此外，对“风月无边”这个字谜还有一种解释，即题刻者看到不远处斗母宫内的尼姑风流，有违佛规，便刻此予以讥讽，不过人们还是宁愿相信前者。

斗母宫（图2-3）是中天门之下一个重要的景点，也是登天景区中最为静幽的所在。斗母宫古名“龙泉观”，创建年代无考。它临溪而建，分为北、中、南3院，山门面西，钟鼓二楼直接建于宫门两旁并与山门连在一起，完全打破了传统宗教建筑的对称格局，因地就势显得十分自由而又得体。由于斗母宫处于山体抬升幅度较大的地段，著名的泰山景观“三潭叠瀑”就在宫东侧的中溪内。来到斗母宫，北看天门依然高挂，遥遥

图2-3 斗母宫

不可及；南望来路，一些低峰矮山却已尽在脚下了；西北龙泉峰涌来清泉一股，穿过盘道桥涵绕宫北注入中溪；中溪之畔草盛树茂，花香鸟语，景色分外可人。为充分借得此处山光水色，斗母宫3个院落除在中轴线设殿堂以供奉神灵外，东侧的所有建筑均向溪敞开，构筑了一系列形式各异的赏景憩息环境，如北院有“龙泉亭”“听泉山房”；中院的东配殿则为前殿后廊式建筑，前殿为祀神之用，后廊则设桌几可凭窗观瀑；南院东楼名“寄云楼”，凭栏而望，行云、流水、远黛、近芳俱在眼前。在斗母宫不但可尽得外部景观之妙，内部构置也分外幽雅，它有一个只有大型古建筑才有的“后花园”，但它不在后，却在前，因为宫门既开在中间，花园设置的方位自也可灵活了。从中院经穿堂即可达南院，南院北有“蕴亭”一座，再经石阶可下至南院低处，院内中心有一石砌玲珑水池，取名“天然池”，池水如镜，为蓄水浇灌花木所用。池旁几株百年黄杨簇拥在一起，老枝新叶，姿色不俗；寄云楼北两株玉兰，亦有百余年树龄，每到春季，兰花竞放，满院皆香；另外院内还植有蜡梅、丁香、木瓜、紫藤、榆叶梅等，把个小院装点得真如名园一般。斗母宫在古时曾是道观，后由僧尼住持，尼姑们除礼佛修真外，还兼接待四方游客。刘鹗在《老残游记·继集遗稿》中曾生动地记述了斗母宫年轻貌美的尼姑们的生活与情思，他当年所描写的斗母宫景物至今有一些仍一一可指。然而，物是人非，遥想当年，历史感油然而生，此处便益发显得幽邃了。

出斗母宫，过高老桥，经新修复的三官庙，不远处便是重建的“经石峪坊”。循牌坊指示，离开主盘道沿另一条向东北方向的石砌护墙盘道走去，就是历称“大字鼻祖，榜书之宗”的“经石峪”了。经石峪大字不仅精妙绝伦，名扬海内外，而且它附近的景致也令人称绝。峪口一石亭孑然傲立，此即“高山流水亭”，相传当年伯牙即在此抚琴，而李三才亦是在这里倚树听涛，浮想联翩，把泰山当作知音的。经石峪大字刻于2000余平方米大的石坪上，石坪北面来水，为使流水不再冲刷大字，上游修了一座坝，形成高峡平湖；南面是陡岩，山水顺之而下，汇入中溪。石坪西侧有一巨石从中裂开似宝剑劈砍，因名“试剑石”，石上有古人题《高山流水亭记》，洋洋洒洒千余言，与经石大字谐然成趣。经石四周，古人题刻遍布，如“枕流漱石”“冷然清韵”“梵呗清音”等，其中“暴经石”3个大字，字径达2.8米。众多的题刻衬托着经石大字，如众星捧月。

经石峪景观是登天景区派生的境界迥异的空间，给人以和弦升音的感受，与古道主旋律相映成趣，为登岱者所喜爱。

从经石峪折返中路继续北行，越“注水流桥”，观“水帘洞”飞瀑，即来到“登仙桥”。传说当年吕洞宾在泰山三戏牡丹被减去500年道业，重新修行期满后，就是过了这座桥再度登上仙籍的。值得一提的是，这座桥呈东西方向，把登山盘道从中溪的左畔引到了右岸，桥的方向与古道垂直，很容易引起人们视觉的注意，因此人多称此为“东西桥子”，而且盘道本身由于与溪涧位置的互易，也使得登天空间因变化而更富魅力。

现在人们走在溪的东侧了，也就是说左面是涧谷，右面是崖壁了。右侧，在一个不太显眼的地方，有一块岩石悬空似坠，既像一间房子，更像一个棚子，大小恰可容下一匹马，此处俗称“歇马崖”，又叫“马棚崖”，传说当年秦始皇登泰山时曾在此歇过马。

歇马崖北面，《总理奉安纪念碑》巍然屹立，这是1929年孙中山先生遗体由北京碧云寺移往南京时，路经泰安火车站并停留静安，泰安人民为纪念这位为革命而奔波一生的先驱者，于6月1日孙总理灵柩在南京中山陵下葬之日树立的。半个多世纪以来，中国人未曾忘记这位资产阶级民主革命的领袖，虽然他的革命没有成功，但是他的精神却昭日月、感天地。在泰山这一特定的环境中，读一读纪念碑上的总理遗嘱，人们是否会有更多的感想呢?

由纪念碑前行，路两旁古柏罗列，夹道蔽日，前人称这一段路为“柏洞”。这些古柏就是前文所提到的清嘉庆年间山东布政史康同基倡议各州县官员募植柏树的一部分。泰山盘道本来就在狭谷之中，显得深幽，到此则连空中的一线之天又被柏枝遮去，人行于此宛若在洞中行走，登天古道的“幽”在这里可谓到了极致。

出柏洞，盘道再度扬起，正当视野为之开阔时，又一座高大的建筑当道而立，遮住人们北望的视线，这就是“壶天阁”。壶天阁在建筑形式上同红门飞云阁与万仙楼并不雷同，但在作用上却兼得二者之妙。阁的东、西皆山，南面也已是丛岭滚滚，只有北面开阔，却再次被遮住。人在此上望，好似壶中窥天，更不用说来途及去路了。古人在此建阁的用意，已由门洞旁的对联作了透露：“登此山一半已是壶天，造极顶千重尚多福地。”其意仍在鼓励人们继续攀登，只有达到极顶才能“一览众山小”。登泰山的道路是漫长而又艰苦的，古人对“登天”之路作整体构思的时候，已充分考虑到了人的体力、心理因素，故而利用不同的单体建筑，将漫长的道路分割成几个短的单元，而每个单元的结束都像评书的每个章回的结束那样，留下悬念，以激发起人的继续向前的欲望。而且，采用了这种形式，人在登攀中由于景物的不断变化，空间层次的不断递进，也往往会情趣甚浓而不觉其累。试想，如果一条笔直的石阶大道从山脚直通岱顶，那么登山还将有什么意味呢？古人把雄伟的泰山中的这条宽阔的道路称作“幽区”，看来道理就在于此了。当然，泰山的本质是雄，幽不会压雄，最终人们会看到泰山真面目的，我们还须继续向上。

向上，壶天阁在后面了；过“回马岭坊”再上，登天盘道愈加陡峭。这也正是到了泰山构造断裂抬起的第二个阶梯了。登上步天桥，翘首北望，中天门已近在咫尺，红色的南天门也已不再遥远。登山者至此无不为之振奋，一鼓作气战胜中天门下号称“小十八盘”的陡峭台阶，来到中天门小广场。

中天门位于黄岘岭上，岭因“土色黄赤异于他处”而得名。在中天门俯视山下，只见群峰低首，徂徕如丘。每当雨过天晴、夕阳西下之时，群山如岛屿起伏于大海之中，游人飘飘然若置身于云海之上——这就是中天门一大胜景“黄岘归云”。登山至此，仅为“中天”，但已觉天地之宽、泰山之雄了。

中天门之东中溪山上有重檐六角亭一座，它是台湾同胞为表达炎黄子孙热爱祖国、敬仰泰山的心情，于1988年捐资修建的。亭子中，陈列着一块从宝岛台湾运来的“彭湖海石”，与此遥遥相对的台湾澎湖岛上也有一座与此相同的亭子，亭中立有一块泰山花岗石。这两座亭子隔着高山大海遥遥相望，象征着海峡两岸人民息息相关、世代相连，也表达了人民对于台湾与大陆终归要统一的美好愿望。

从中天门继续登山，却见上山的路上出现了向下的盘道，这一段下坡道俗称“倒三盘”。在整个“登天”序列的盘道中，这是唯一的一处“向下”。登天路乃神仙所走的路，尚且有起伏，联想人生岂不更是如此，但只要目标在前，大方向是向上，我们就要坚定地走下去。

倒三盘之后是一小段平路，遇石阶再向上，登山者又被带进了幽幽的峡谷之中。又是陡扬的石路，又是艰苦的攀缘，但忽而又遇一段坦途。这是一段土路，踏上去绵绵的，举足前行不再费力，好似有人在背后推着；路旁林木茂密，蔽日成荫，石刻成片，令人倍觉惬意，这就是“快活三里”。来到此处，人们也许会想到这样一条哲理：人们都愿意轻松，然而不经过努力，又怎么能感受到成功的乐趣呢？正犹如路旁石刻所题的：“人生轻便易，世路重艰难。不走巉岩路，谁知快活三？”不过，这里只是登山途中的一个插曲，这“快活”也只是身体的轻松，不必在此久久徜徉，极顶正在召唤着我们，只有到达那里，我们才能体会到真正的喜悦。

快活三里北，盘道渐升，其间山峰突起，巨石累累，巨石上多有题字，如“若登天然”“从善如登”“蛟龙石”“斩云剑”等。“斩云剑”3字刻在路左边一块一人多高的石上，此石虽貌不惊人，却有斩云化雨的功能。据说，每年夏秋两季，斩云剑周围的山谷中常常乌云密布、上下翻滚，而此石就如一柄利剑，将乌云斩作两半，使得其下方有雨，上方则只有云而无雨。这种特殊的自然现象，其实是斩云剑所处的位置决定的。此石位于海拔近1000米的山谷口，每逢雨季，山下的云雾沿山谷而上，山上的云雾则顺谷而下，冷暖气流在此相遇，就容易形成乌云翻滚的现象。其下方由于气温较高，就往往有雨；其上方相对温度较低，就往往只有云雾而没有雨滴了。而其附近又有一块“蛟龙石”，因石上纹理似龙而得名，这一把斩云利剑，一条播雨巨龙，一前一后，盘踞在此不知有多少岁月，这真是造物主的神来之笔才能创造出的绝品。杜甫知此否？怎么吟出了“造化钟神秀”的千古名句而道破了天机？

中天门之下，盘道沿中溪而行。中天门之上，盘道仍沿溪走，但此已不是中溪，中溪发源于中天门东侧的中溪山，而此溪水则是发源于岱顶而流往西溪的“通天河”了。正行间，忽见溪谷陡升，石崖突立，飞瀑湍急，珠玉四溅，一座叫“云步桥”的石桥横跨东西，再次把游人从溪东岸带到了西岸。云步桥（图2-4）为单拱石筑，桥东有一亭亦全石构筑，名“观瀑亭”。云步桥因紧贴飞瀑而建，洪水季节水珠四扬，人行桥上如行在云中雾中，更觉情趣不凡。古人曾有诗赞此为“天晴六月常飞雨，风静三更自奏弦”，颇有些仙境的意味。崖上石坪阔大，其上有柱穴遗迹，传说当年宋真宗封禅泰山喜爱此处景色，便下令驻跸于

图2-4　云步桥

石坪之上，此坪便被称作“御帐坪”。宋真宗对于自然景色的鉴赏，从这一点上看还是颇具眼力的。云步桥西石阶陡峭，称作“三登崖”，因攀缘费力，又俗称“三瞪眼”，倒也形象生动。三登崖顶有巨石如屋，立于盘道左侧，相传为明万历三十一年（1603），泰山风雨大作，石自山巅坠此，有人遂题“飞来石”3字于其上。飞来石之前即是相传秦始皇登泰山“中阪遇暴雨，休于大树下”，而将树封为“五大夫”的那个地方了。“五大夫”原是秦代的爵级，是爵位的第九品，树亦不一定是松树，但汉唐以后，却被人理解为封了5棵松树为大夫，于是便有好事者真的于此植了5株松树，并建起了“五松亭”，立起了“五大夫松”坊。而现在人们于此看到的只不过是清代一位叫丁皂保的人最后一次补栽的5株松树中的两株了。但松树自有松树的品格，它无须恃贵仗势，在脊土中出挑得身姿挺拔、虬枝盘旋，因此人们还是将其列入了泰山八景之一——秦松挺秀。如今的人们见苍松而赞其节，至于是否与秦皇有关倒并不计较了。

五松亭上不远又有古松一株，树身前探，长枝伸出，似向游人招手致意，这就是泰山有名的“望人松”（图2-5，又叫“迎客松”）。松树是泰山的象征，它赋予了泰山生命，又把泰山的悠悠之情传达给了每一位登山者。不信，请看一看望人松吧，它执着地无时无刻不在伸着臂膀，向每一位泰山的客人道一声：“欢迎您！”

图2-5　望人松

过了望人松，“拦住山”再一次拦住了去路。绕过拦住山，“朝阳洞”就到了。朝阳洞位于盘道西侧，南向，洞内正面石壁上有线刻的碧霞元君像。洞中常有敬神者，终日香火不断。从朝阳洞往上走约50米可见溪东的御风岩上有一块巨大的石刻“万丈碑”，它高约30米，宽12米，字径大约1米，为乾隆皇帝所题。乾隆对泰山情有独钟，一生来此11次，题泰山诗170多首，虽说其中佳作不多，但遗迹却留下了不少。据说当年乾隆在朝阳洞小憩，举首北望，山上白云缭绕，隐隐见仙阁琼楼，十八盘似一条天梯垂向人间；两侧青山郁郁葱葱，谷底溪水时缓时湍，俨然是一幅绝妙的山水画。于是乾隆不由叹道：壮哉泰山，绝好图画，可惜缺了一方印章。他便写了这首《朝阳洞诗》，并命人刻在巨岩上，当作他的“印章”。

朝阳洞之北就是对松山，对松山又叫万松山。只见此处两峰夹路对峙，峰上万松叠翠、百姿千态，每当山风起时，松涛阵阵犹如巨浪拍岸，而云雾现时又似蛟龙出海，景色十分壮观。古人于此题刻甚多，其中“至此又奇”与乾隆“岱岳最佳处，对松真奇绝”之句有异曲同工之妙，点出了对松山的特点。迢迢登山道已走过了五分之四，景随路换，从这里开始，山势、山色将越来越奇、越来越雄。

过了对松山，盘道劈石而进，有一处两边残岩笔立，是开山修路的遗迹，像门一样，旧称“云门”，亦叫“开山”，著名的“泰山十八盘”就从这里开始了。所谓一“盘”，就是一段连续的石阶，从这里到南天门共97盘，1633级，垂直高度400余米，而两点距离却不足1公里，其陡峭便可想而知。“十八盘”共有3个，俗称“紧十八，慢十八，不紧不慢又十八”。按中国的传统习惯，往往以9或9的倍数表示其多，3个十八盘即暗示着天门虽然在望，但“行百里者半九十”，道路依然很长，不能唾手即得；同时，它的紧紧慢慢又使得艰苦的行程并不单调，给人以在劳累中观赏、遐想与体味的余地。

踏上十八盘，“翔凤岭”“飞龙岩”一左一右扑面而来，欲倾欲坠，大有“泰山压顶”之势；南天门雄踞两山之间，扼守极顶要冲，可谓“一夫当关，万夫莫开”；连接天门的盘道，如天梯倒挂，如银河下泄，沟通了人间与仙境；天门之上，“摩空阁”红墙黄瓦神采飞扬，迎山风而傲浮云，令人望之动情。在这里人们才真正体会到了泰山的雄伟——漫漫来途说明了它的大，入云的顶峰说明了它的高，竖直的天梯则是它的险峻。只有在登攀中，人们才能识得泰山。

紧十八盘是登山盘路中最为艰难处，盘与盘之间的距离，只不过是两个台阶的宽度，人们到此常常汗流浃背、气喘吁吁，甚至有手足并用者，然而却无一人叫苦，更无一人退缩。是的，胜利的喜悦固然给人以动力，道旁石刻中古人留下的勉词“努力登高”“首出万山”“共登青云梯”……也给人以鼓舞。但再看一看那身负重荷的挑山工，再想一想当年无名无姓的凿石修路人，眼下的艰苦谁还能放在心上呢？大山无言，它自能激励人们向上，而只有义无反顾地向上，才能战胜山险，才能到达最高的境界。

石阶一个个地数过来，汗水一滴滴地落下去，当你最终站在南天门之下，清风徐来，疲劳顿消时，你是否已体会到了李太白登上顶峰后“天门一长啸”的快意？曲曲折折、花明柳暗的登天古道走到了终点，虽然我们并没有成为仙人，但是我们在这里领略到了“登泰山而小天下”的豪迈，掂量出了自我的价值。举目四望，寥廓江天无涯无际，我们更能领会到“登泰山方知天地大”的新的时代精神。古人喜登山，在登山中多有所悟，而我们若在攀登中把雄伟的自然之景同人生的奋斗要义结合在一起，不也能从中悟出人生的自我实现就犹如这登泰山一样吗？我们没有成仙，但我们得到了精神的升华。

第二节　岱顶揽胜奇中见妙

岱顶景区指南天门以上围绕泰山极顶的区域，面积约0.6平方公里。岱顶海拔已高，由于气压、温度诸因素的影响，景观与山下迥然有别，堪称奇妙，因此人们称岱顶为“妙区”。置身岱顶只觉日近云低，几千年来人类社会不断营构的“天府仙境”与大自然赋予的奇异景致交相辉映，使人感到虚幻缥缈，奇妙无比，不知这里是人间天上，还是天上人间。

进了南天门，与之相对的大殿取名为“未了轩”，内有明代所铸东岳大帝神像。1984年，又在未了轩左右复建了东西配殿，这些建筑同南天门一起构成了一个院落，游人可以在这个院落里稍事休息，缓一下节奏，然后又一个完整的、同登天景区有着不同情趣的岱顶之游便从从容容地开始了。

图2-6　月观峰

未了轩两侧各有一门可以北去，出门往西有一山峰叫“月观峰”（图2-6），山上有亭，名月观亭。在此观月不知是否真的有异于他处，但在此赏山色却是绝好去处。倚亭北望，不远处有危石相对如扉，此即“西天门”，明人钟惺在《登泰山记》中称：“岱之为天门者三，西天门者石自门焉，真天门也。”他并题“西阙”2字。钟惺是中国文学史上“竟陵派”的创始人之一，于诗文上追求峭拔险僻，在登山赏景中他也认为人工的不如天成的。其实，泰岱风光是人工与大自然的妙合之作，这正是泰山的独到之处。月观峰也是观赏泰山四大奇观之一的“晚霞夕照”的好地方。每当夕阳西下，站立月观峰上，遥望西天，落日如烧，层云尽染，道道金光从云隙间射出，镀遍了大小山峰，景色蔚为壮观。据说，天高气爽的深秋时节，在此还可一览“黄河金带”的奇异景观：在夕阳映照的五彩斑斓的天幕下，大地变暗了，唯有一曲黄河之水，反射出了太阳的光辉，像一条闪光的金带，将天地连在一起。入夜，在皎洁的月色下，由此北望可见济南万家灯火，因此月观峰又称“望府山”。月观峰南侧是“中天门—南天门”索道的南天门站，年老体弱者由中天门乘缆车登山，8分钟可至。北侧山脚下新建有泰山环周电影院，9架放映机同时在360°的幕墙上放映泰山风光，没有条件做多日游的观光者，尽可在此遍览泰山全貌。

出南天门院落东折即为天街。天街——天上的街市，多富诗意的地方，它使人立即想起了郭沫若先生那首著名的诗[①]：“我想那缥渺的空中，定然有美丽的街市……你看，那浅浅的天河，定然是不甚宽广。那隔着河的牛郎织女，定能够骑着牛儿来往。我想他们此刻，定然在天街闲游。不信，请看那朵流星，是他们提着灯笼在走。”诗人的想象多么奇特，他笔下的天街又是一个多么美妙的充满着爱情与生机的天上人间。距诗作问世，70多年过去了，当人们真的来到“天街”的

① 《天上的街市》。

时候，所看到的不正是那么一种诗境吗？不信，请看那相扶相携的银发翁媪，看那青春勃发的对对情侣，他们喜形于色，心中定然漾溢着憧憬与欢愉。

天街北倚悬岩，南为陡崖，旧时贫苦山民曾沿街北搭起一排茅草小店，经营茶水香烛，并为进山朝神的善男信女提供食宿。山民多不识字，各店铺便以木雕的“金钟”“鹦哥”“元宝”悬在门前作招牌，人称“金钟店”“元宝店”等等。现在原先的茅屋已被一排古典式阁楼廊舍所取代，开设了适合现代旅游需要的商店、饭店和旅馆，不少店铺的门前仍悬有金钟、元宝等，以承古风。天街中段，有石阶可下陡崖，循石阶小道西去，一巨石酷似大象的头部，上有题刻“象鼻峰”，再西有“白云洞”（又名“云窝”）。白云洞地处悬崖，危岩多窍，空气湿润，每逢新雨初霁，便有白云如絮从洞涌出，为岱顶一妙景。象鼻峰东又有一洞名“青云洞”，旧传洞中常冒青烟，不知何故。

沿天街东行，路北有一坊，额题“望吴圣迹”，这就是相传孔子与颜渊看到吴国阊门外有一匹白马的地方。坊北有孔子庙，现已按原样修复。庙北石崖峭立，上有题刻“孔子崖”。孔子崖东有“北斗台”，台四四方方，围以泰山花岗石栏杆（原台已毁，1984年修复），雕牛郎、织女、天鹅、北斗图案，台中心设石制日晷，刻有子丑寅卯等十二时辰，此台为古人观天象的地方。巍巍泰山之巅，可览八极，有时虽山下下雨，而山上仍晴，在此观天，妙！

天街最东端，石阶之上，云雾缭绕之中有一处巍峨庄严的建筑群，此即碧霞祠。前面说过，碧霞元君庇护众生，深得百姓爱戴，其祠庙遍于全国各地，而祀其神身的主祠就在五岳之宗的此处。泰山固然雄伟阔大，但要在山顶之上，建一处与元君娘娘身份相配的祠庙，却并不是件容易事。但是古代人做到了，巴掌大的地方，有山门，有正殿，有配殿，有3座神门，有钟楼、鼓楼、香亭、万岁楼、千斤鼎、火池，还有照壁、歌舞楼、御碑亭……而且为御高山疾风，殿为铜瓦、碑为铜铸，金光闪闪，俨然天上宫阙。泰山碧霞祠的建筑技巧被认为是我国古代高山建筑的典范，人们到这里来进香并不感其小而觉其大，奇哉碧霞祠，妙！

碧霞祠正殿供奉元君娘娘，两配殿一为“送生娘娘”，一为“眼光娘娘”。后两位娘娘掌管的职司也实在与百姓有着切身的利害关系，老百姓眼睛不好使便失去了谋生的手段，种田不辨良莠，经商难分货之优劣，这可不行；而“送生”则更为重要，中国古代人认为，不孝有三，无后为大，若不能生个一男半丁，断了宗嗣香火，罪可大了。于是便请出了这两位娘娘来救他们。可是，两位娘娘的出身与元君老母一样无可溯源，有可能是元君派生出的副手，亦可能是“三位一体”。总之，人们相信她们，至今海内外，前来朝拜者仍绵绵不绝。

出碧霞祠东神门北折沿盘道再上，可见一堵石壁巍然屹立，石壁前空地较为宽阔，地面上依稀可见殿屋基址，这即东岳大帝的上庙，庙已早废，仅有一碑形影相吊。石壁上石刻遍布，洋洋大观，人称“大观峰”，唐玄宗御书《纪泰山铭》就在这里，因其面积达60平方米，书法漂亮，又通体贴金，故显得分外奇丽。大观峰东南立壁上还有“宋摩崖”，其名为《真宗述功德铭》，只是后来有人铲去其大部，而镌“德星岩”3个大字于其上，竟使得宋真宗的“功德”更加不圆满了。至今，大观峰岩上能辨认的历代题刻尚有七八十处，较有名的还有康熙皇帝所题“云峰”2字、乾隆皇帝御笔《夜宿岱顶诗》2首，以及“与国共安”“天地同攸”“尊崇”“弥高”“呼吸宇宙”“置身霄汉”等登岱抒怀的题刻。大观峰西侧，石道旁巨石林立，几乎所有的石上也都有古人的手笔，这一带真可谓是露天的书法艺术博物馆。人们在这里不仅可欣赏到众多的书法艺术的妙品，而且还可以从诸如“天路非遥”“超然尘表”这些不朽的石字中看到当时古人至此的心情以及他们所要表达的对社会和人生的认识。

沿大观峰西侧盘道再上，至最高处，那些一路上看似走不完的石阶终于到了尽头，这里就是泰山极顶——玉皇顶了！

泰山极顶原叫“天柱峰”，也叫“太平顶”，上建玉皇庙之后便改称玉皇顶，它的原名已多不为今人所知了。玉皇庙建在泰山绝巅，红墙碧瓦像是给泰山戴上了一顶桂冠。由山门进庙，最先看到的是院中央的“极顶石”。极顶石卧在一圈石栏中，高不盈米，表面糙糙的，如果在别处，将是一块最普通不过的石头了。但是在这里，它的旁边有碑工工整整地写着：“泰山极顶1545米。”人们争相看着它，争相在它旁边留影纪念，一块极普通的石头，引来了人们极大的崇敬。是啊，就是它，3000万年前从海槽中率先拱起，它的根植于1万米的地壳深处；就是它，有着数百平方公里的基座，整座大山在托举着它，使它高耸云天，以至玉皇庙中的玉皇大帝简直就成了它的守护神。望着极顶石，人们心中莫不思潮起伏，每个人的心里都会响起一曲《极顶颂》。不是吗？世界上有多少事情就像这极顶石：一克镭，轻得微不足道，却是从数十吨的镭矿中采出；一道看上去只需证明到“1＋1”的数学题是如此简单，但却被称作“现代数学王冠上的明珠”，而解开它不知耗费了科学家多少精力和多少麻袋的演算纸；在今天，人类社会的自由、平等、民主，似乎已是社会发展的必然，但是为了这一追求又有多少斗士一代又一代前赴后继，奉献出了青春与生命！任何成功都来之不易，成功的本身总是辉煌的，但真正的成功者却并不以此而炫耀，就像这可敬的极顶石……

玉皇顶早年是帝王封禅的地方，并没有什么建筑，只是一座祭天的土坛，不知何代在此修起了太清宫，后又改为玉皇庙。现在庙里还有“古登封台”“柴望遗风”等碑、匾，但是大多数人都已对此莫名其“妙”了。

出玉皇庙山门，右侧有一块石碑，高约6米，呈方形，边宽约1.2米，奇怪的是这座碑上不着一字，因此人们称之为“无字碑”。此碑于何时为何人所立，以往众说纷纭，有人认为是秦始皇所立，有人认为是汉武帝所立。不过，最近的研究又证明了此碑确属秦立。总之它的来踪迷离，甚至连石料也不是取自泰山，而且据说在阳光照射下，石碑便会熠熠发光，隐隐现出几行篆字，远视似有，近看却无，真是奇妙之极。

从玉皇顶折回，经大观峰向东走，即可到“日观峰”。日观峰是看日出的好地方。1984年在此处建起了观日长廊，在长廊内观日出冬天也可不畏风寒了。日观峰最主要的标志就是那著名的“探海石”(也名“拱北石”)。此石长近7米，与地面形成30°夹角，似金蟾蹲踞翘首北望，也像一老人垂手北躬而拜。每日拂晓日出之前，总有人攀上此石，引颈东望以待旭日东升。这巨石既是岱顶的一奇景，又是泰山的一个标志，总是它最先迎来了东方的太阳。

旭日东升是泰山最壮丽的奇观之一。晴朗的拂晓，站在岱顶举目眺望东方，一线晨曦由灰暗变成淡黄，又由淡黄变成橘红。继而天空的云朵，赤紫交辉，若海浪滔滔，但见满天彩霞与地平线上的茫茫云海融为一体，顷刻间万道霞光刺破云层——太阳还未出来便以它那热情的触角拥抱了整个宇宙，接着一弯金钩探出云海，金钩越变越大，终于成了一轮红得耀眼的金轮。大地顿时有了色彩、有了生机，黑压压的一片片观日的人群立刻欢呼起来、跳跃起来，旭日的金光沐浴着这些虔诚的人们……

日出是动人心魄的，除了那奇丽壮观的景色外，人们争睹日出还应有着更深一层的原因。人类自从来到这个星球上，大概最先认识的就是太阳，数不尽的岁月里，人们总是与太阳相伴，日出而作，日落而息，而太阳又是那么慷慨地把光和热给了人类，哺育了大地的万物。在这无数次的日出和日落之间，人类才有了进步，社会才有了发展。如今，人们仍盼望着日出，实际上是在潜意识中对新的一天的期待，对更美好的未来的追求，这就是人的属性中永远进取、永远企盼、永远向上，不断获得新的突破的心理体现。因此，自古至今，泰山日出引来了那么多人的描述和讴歌——他们赞美着太阳，也赞美着人类自身。

人们在泰山看日出，多以为日是由海中升起，其实并不完全是的。泰山学者李继生先生对此有过研究：泰山距东海最近处约230公里，人的视距在大地水准面上只有140公里[①]，显然看不到海上日出。但由于泰山的高度和地理位置及光的折射作用，使海上日出在一定条件下确实能够看到。日出时，当日光平射岱顶穿过地表长距离的上疏下密的大气层时，阳光折射约34′，将助增视距60余公里；当低层大气温度特别低时，其密度就远大于上层，如果夜间无风，上下气层未发生扰动，日光折射就可达52′以上，可助增视距95公里，这样就能看到海上日出了。另外一个条件是，在岱顶全年日出幅角的变动为60°，在这个范围内，日出的最近海域只有东北方向的莱州湾南部和东南方向的胶南琅琊山之南。东北能见夹角为5°46′，正值夏至前后各37天；东南能见夹角为15°，正值冬至前后各58天。所以在岱顶看海上日出，只有夏至和冬至前后才有可能，而两夹角之外的胶东半岛，由于又向海中延伸了约300公里，在这个范围内是任何情况下也看不到海上日出的。

在岱顶不仅有可能看到海上日出，有时还能看到世界上难见的日珥。日珥是太阳表面喷射的焰状炽热气体，平常只有日全食时人的肉眼才能看到。但由于泰山的特殊地理条件，这一罕见现象竟然屡屡出现。明代文学家于慎行于万历九年（1581）六月中旬登岱顶观日出时曾见：“平地涌出赤盘，状如莲花，荡漾波面而烨伟不可名状，以为日耶。又一赤盘，大倍于先所见，侧立其上，若两长绳左右汲挽，食顷乃定。”[②]清代孔贞瑄在《泰山纪胜》中亦云：“日中忽如一灯吐焰，次如炬，次如瓶，次如罍樽，次如葫芦。上黄白，下紫赤，类薄蚀

① 这是指看发光的太阳，如果看不发光的物体，人的视距最大约50公里。

② 〔明〕查志隆：《岱史》。

状。”那时，由于科学不发达，人们以为这是海中的日影。1962年夏，山东师范大学地理系副教授孙庆基登泰山时也见到了日珥，并揭开了这个谜。他在《五岳独宗》中描述：“突地从地平圈上喷发出两个红色强大的火舌，初露时呈烛焰状，下宽上窄；玫瑰色，下浓上淡。倏忽间两火舌上端连成拱桥。”他解释了出现日珥的原因：天气晴朗，天旱无风，空气中水汽、飞尘较少；低层大气特别透明，折光度超过52° 日珥出现时，日轮尚在水平圈下1° 左右；天空背景暗淡，与日全食时得见日珥的情况大致相同。在泰山能见到这种奇异的现象，那真可谓妙极了。

从日观峰东去，有危石矗立在峰东崖边，这组自然石称为“东天门”，与西天门相对。继续沿小路往南走不远，有一平台，平台东、南均为万仞深壑，令人俯视心惊，这里就是“舍身崖”。古时候常有男女为祈求父母病愈平安而到此以命许愿，跳崖舍身，这种以自己的生命换取父母平安的举动，今人会感到不可思议，自己死了，父母又靠谁来孝敬呢？明万历初年，山东巡抚何其鸣为了禁止人们跳崖，便让人筑了一道墙，并将舍身崖改名为“爱身崖”，劝说人们爱惜生命，何其鸣作为一个封建官僚，能有此爱惜百姓之举也是难能可贵的。舍身崖平台的中间有一3米多高的大石，石旁有“瞻鲁台”3个大字，传说孔子曾于此深情地瞻望过他的祖国（图2–7）。

图2–7　瞻鲁台

瞻鲁台西有一深谷，中有3石悬空夹挤，把两崖连在一起，因其形像桥，又属天成，人称“仙人桥”，也为岱顶的奇观。传说八仙之一的吕洞宾曾站在这桥上让一个有点儿仙骨的人上桥，与他同升仙界，但此人胆小终不敢爬上去，吕洞宾很无奈，只好独自上天了。

好天气登泰山固然好，晴空朗日一片明媚，早可以观日出，晚可以赏云霞，烂漫景色尽收眼底。但是天有不测风云，若是雨中、雾中来到泰山又如之何？没关系，雨中的泰山自有其美，雾中的泰山亦自有其奇，泰山不会让你失望的。

当年，李健吾先生就是雨中登泰山的，为此他还写下了一篇脍炙人口的游山佳作《雨中登泰山》[①]让我们也跟着他去看一看雨中的泰山吧：

> 是烟是雾，我们辨识不清，只见灰蒙蒙一片，把老大一座高山，上上下下，裹了一个严实。古老的泰山越发显得崔嵬了。
>
> 我们来到雨地，走上登山的正路……人朝上走，水朝下流，流进虎山水库的中溪陪我们，一直陪到二天门[②]。悬崖峻嶒，石缝滴滴答答，泉水和雨水混在一起，顺着斜坡，流进山涧，涓涓的水声变成訇訇的雷鸣。
>
> 路一直是宽宽的，只有探出身子的时候，才知道自己站在深不可测的山沟边，明明有水流，却听不见水声。仰起头来西望，半空挂着一条两尺来宽的白带子，随风摆动，想凑近了看，隔着辽阔的山沟，走不过去。我们正在赞不绝口，发现已经来到一座石桥跟前，自己还不清楚是怎么一回事，细雨打湿了浑身上下。原来我们遇到另一类型的飞瀑，紧贴桥后，我们不提防，几乎和它撞个正着。水面有两三丈宽，离地不高，发出一泻千里的龙虎声威，打着桥下奇形怪状的石头，口沫喷得老远。从这时候起，山涧又从左侧转到右侧，水声淙淙，跟我们跟到南天门。
>
> ……
>
> 山没有水，如同人没有眼睛，似乎少了灵性。我们敢于在雨中登泰山，看到有声有势的飞泉流瀑……一路行来，自然也就格外感到意兴盎然。

---

① 见《人民文学》1961年第11期。

② 即中天门，旧有二天门之称。

雨中的泰山岂止是一幅画，也是一首诗、一曲动人的交响乐。“人朝上走，水朝下流”，只有在雨中这种感觉才会特别强烈，而这又怎是一个“妙”字可以写尽！

泰山云雾是很出名的。早在战国时，公羊高就在《公羊传》中赞美过泰山吐云可致云的神奇。古人描写泰山“万古此山先得日，诸峰无雨亦生云”，把泰山的云雾同日出相提并论。的确，岱顶的另一奇观“云海玉盘”与“旭日东升”一样，都是壮美的自然景象。

夏天，雨后初晴，大量水汽蒸发上升，加之夏季自海上吹来的暖湿空气被高压气流控制在海拔1500米左右的高度时，如果无风，在岱顶就会见白云平铺万里，犹如一个巨大的玉盘悬浮在天地之间。远处的群山全被云雾吞没，只有几座高峰露出云端；近处的游人踏云驾雾，仿佛来到了天外。一旦微风吹来，云海泛波，诸峰时隐时现，像不可捉摸的仙岛；风若再大，玉盘碎破化作巨龙三百万，上下翻腾，搅江倒海，令人瞠目改容。如果此时你是从山下走来，或乘缆车上山，你对云海就会有另一种感受，有如混沌初开，迷雾尽消，眼前一片清亮，升华到了一个全然不同的崭新境界（图2–8）。

图2–8　泰山云海

冬天的岱顶也是一个奇妙的世界，勇敢的攀登者将可一睹雾凇、雨凇所带来的水晶宫般的泰山奇景（图2–9）。

图2-9　雾凇

第三节　西溪山水旷然成趣

与中路平行的中溪之水发源于中天门的中溪山，而西溪之水则发源于泰山主峰，因此西溪水量大，溪谷也更为宽阔、旷秀，自古为登岱者所喜爱。登天景区以“幽”见长，千种情致被峰遮着、挡着，只能一路走着来慢慢体味美。西溪则是“三面画屏开”，百丈崖、长寿桥、扇子崖、傲徕峰……均不躲躲藏藏，构成了一幅优美的天然山水画，游人到此尤觉视野开阔，景色宜人，心旷神怡，因而被称为泰山“旷区”。

图2-10　龙潭水库

旷区可作一日游。由西溪谷中的“大众桥”溯溪北上，行不远即见一高坝立于谷间，坝中之水如镜，尽收峰峦秀色——水中的倒影似乎又是一幅旷然的泼墨山水画。游山如读书，它使人在进山之前，就像翻开一本书时那样，先让你看一篇介绍梗概的序言。大坝修成于1944年，上刻“龙潭水库”（图2-10），为顶溢式，每当多雨季节，库水从坝顶溢出，形成一道50多米宽、20多米高的白瀑，人工造景造得十分大气。

水库北，又有一桥横跨溪谷，这座桥是新中国成立后林业工人所修。前文说过，至新中国成立前，泰山几乎成了一座秃山，是林业工人用了10年时间使它重获生机。60年代初，他们为了发展生产建成了这座桥，并取名为“建岱桥”——建设泰山之意也。桥也修得十分大气，沿西路通往中天门的游览客车就从桥上通过，它是当代泰山建设者的一座丰碑。

建岱桥下溪中流水多处积潭，其中有碧水一池，曰“白龙池”，池不大，但水长年不涸。关于白龙池，有一个动人的故事，传说东海龙王有一幼子，心地很善良。一次龙王命他在泰山降一场暴雨，但他不忍心降暴雨冲毁百姓的房屋及庄稼，便降了一场绵绵细雨。龙王知道后怒其违迕，就将他贬为一条小白龙困在这里受苦。小白龙被贬人间却并不以为苦，变成了一个英俊少年到岱南田家做工，田老汉见他勤劳忠厚，把自己的女儿许给了他，日子过得和和美美。白龙白天干活晚上浇田，每次都浇得畦满地透，但没有一人听到辘轳声，邻人怀疑，就暗中窥视，竟见数丈白龙入井吸水，吐入畦内，窥者惊骇呼喊，白龙遂变成少年，并含泪与妻告别说：“我事已泄，我家住在傲徕峰百丈崖下。”这个故事很久远了，人们喜欢这个有人情味的小白龙，直到今天。白龙池北有巨石，像古代测日影的圭表的底座，有人在石上题“玄圭石”，每逢山洪涌来，激流从巨石两侧泻下，如白龙呐喊，因此人们总也忘不了小白龙，石上题刻也大多与龙有关。

白龙池北半公里，就是西溪最负盛名的“黑龙潭”了。潭北有一高近百米的断崖叫“东百丈崖”。瀑布挂于崖上如千尺银练急垂直下，跌入中间一个潭中，这个潭俗称“老龙窝”；接着又从“窝”中涌出，像是集聚了更大的力量，再跌进下面的一个潭即黑龙潭中。千百万年前，泰山形成的时候，这里肯定没有什么窝什么潭，而年复一年的流水、日复一日的涡旋，竟把坚硬的泰山花岗岩冲出了两个几丈深的大坑，造出了一个有名的景观。

黑龙潭瀑布的西边，还有两道山崖，人称“中百丈崖”“西百丈崖”。雨后，3个百丈崖俱不甘示弱，争相把它们收集到的雨水还给大地，场面壮阔极了，擅长形容大自然的古人把这叫作“云龙三现”。天旱时，其他两条涸了，而唯黑龙潭瀑布源头甚长，它依然在流着，依然在不懈地从事着它千万年来从未止息过的穿石之作。

从黑龙潭向北望去，一座石桥横跨在东百丈崖之上，桥长60余米，中间仅为单拱，单拱左右各有两个水大时泄洪的肩拱，明显仿赵州桥。桥栏为铁制，漆成红色，既显轻巧又格外醒目，造型十分生动。这就是长寿桥。长寿桥与飞瀑，一静一动，一红一白，一横置一竖挂，为西溪山水倍增情韵，像是在这幅旷远的山水画上加了一笔重彩。

长寿桥桥下是巨大石坪，石坪的边沿上有一天然白色石纹，宽近1米，长约40米，人们把它叫作“阴阳界”。有趣的是，界南为悬崖百丈，界北则石平如砥，人们不能越过界限半步，否则必不能生还——大自然在这里居然用它的特殊语言在给人们上着哲理课，告诉人们什么是“极限”、什么是“分寸”，并且告诉你中庸也不行，倘若你站在白线中间，虽可保一时无恙，但终须小心翼翼，一动也不敢动。这造化真叫人叹为观止！更有趣的是，过去硬是有人不理睬大自然的法则，坠入深渊了，于是人们沿着阴阳界又修起了一道坚固的铁栅——这就像人间的法律。

从长寿桥往东北去，可循石阶山道至中天门；往西北去是旷区的傲徕峰景点。

桥西有路北去，先见一座小庙，为民国间建的无极庙。庙址原是西溪著名古刹竹林寺遗址。古刹创建年代甚早，现已莫知其始，但在唐时就已颇有名气，元代元贞初年，固陵僧法海重修；明代永乐年间，高丽僧满空拓建。《岱览》载：“泰山竹林寺者，名冠天下。”可惜，如今这里只留青竹万竿，而寺庙早已无存了。

由无极庙西北行，山道穿过山居人家。山民的生活很富裕，很悠然，院中遍是黄玉米、红辣椒；鸡刨于树下，犬缩在门前，一派山情野趣。

循石阶再上不远，山势变得险峭，有巨石如门把守山隘，巨石上有金代贞祐年间题刻的“寨门”2字，这就是历史上有名的西汉末年农民起义军“赤眉军”的泰山根据地“天胜寨”了。

王莽当政时，频繁发动战争，加重人民负担，逼得人民无法生活，爆发了一场全国性的大起义，赤眉军就是其中重要的一支起义队伍。新莽天凤五年（18），琅邪（山东诸城）人樊崇在吕母海曲起义的影响下，在莒县率领百余人起义，扎寨泰山，转战黄河南北，队伍迅速扩大。吕母死后，其队伍也并入樊崇起义军，人数达到数万。这支队伍作风淳朴，纪律严明。王莽惊恐了，他派心腹更始将军廉丹和太师王匡，搜罗了10万人，向樊崇军反扑，妄图一举消灭这支起义队伍。樊崇军为了同官军相区别，每人都用赤色涂眉，因此人称其为赤眉军。结果赤眉军在成昌（泰山西南东平一带）大胜王莽军，杀死廉丹，王匡逃脱。成昌大捷后，起义军乘胜向西发展，人数达10万人，王莽在东方的统治从此崩溃。

走入寨门，山势变得开阔。起义军的遗迹在这里仍依稀可寻：相传那柱窝、栈孔、石臼、房基石均为赤眉所为；附近有一洞，因洞中有3孔透光，人称“三透天”，传说是起义军的暗堡，洞前有开阔平地，称作演武场；西南山岗处有据说是起义军练马的地方，称作“跑马场”。从“三透天”向北又见一洞，叫“刘王洞”，洞可容数十人，内有天然石几、石床等。“刘王”名刘盆子，泰山人，原为牧童，参加起义后仍为义军牧牛，为“牛吏”，后因他是西汉远支皇族，起义军攻占长安后，被拥为皇帝，年号建世，起义军有了自己的政权。但最后，他们终未能斗过豪强地主武装，失败了，樊崇等惨遭杀害，巍巍泰山没有忘记它所造就的英雄豪杰，长期以来百姓一直称傲徕峰为“穷汉峰”，就是以其巍峨的身姿来形容那些虽穷但有铮铮铁骨且意志坚强的“巨人”们。除了赤眉军之外，以泰山作为起义根据地的，据史载还有春秋末年的奴隶起义领袖柳下跖，东汉末年与黄巾军相呼应的东郭窦、公孙举，以及唐末黄巢等，他们活动的地点至今仍一一可指。历代农民起义英雄们的正气与泰山共留天地之间。

天胜寨西北有一峰，兀自独立，东西宽而南北窄，像一把扇子，故叫“扇子崖”，传为赤眉军的瞭望台。扇子崖三面峭立如壁，唯西南稍有斜坡，但块石累立，人多不敢上。1990年，泰山迎胜村居委会于崖壁上架设了扶栏和铁索，人们始得以登上其巅。扇子崖顶尚有明代房屋遗迹，真不知当时人们为何要在此处建房，也不知房是如何建成的。站在崖顶四望，其北有青桐涧，因涧中古时多青桐而得名。青桐涧北为壶瓶崖，状若古瓶，也像一人昂首站立。北面再远处有山峰状如龙角，即泰山著名的72峰之一的龙角峰；其东，山峰半腰有山似柱，上有树丛，古称“九女寨”，志书载柳下跖带领奴隶造反“掠人妇女”于此，但既是“掠人妇女”，寨如何能以“九女”称之呢？当是起义女兵扎寨的地方。西为傲徕峰，为泰山西溪最高大的山峰。站在扇子崖上才知道，到此来只有天胜崖一条路，其他三面崖陡千丈概莫能攀，难怪起义英雄选中了这里。

扇子崖西侧，有始建于明代的庙宇一座，庙依山势而建，山门朝东，内由穿堂、正殿和东西配殿组成，殿前有3间卷棚，中间开门，后为“无梁殿”，卷石拱顶，全部石作，顶上覆以瓦。殿内神龛供奉元始天尊莲花座像一尊，前有金童玉女捧桃侍于两侧，四周塑有黄天化、殷洪、哼哈二将等18尊塑像，皆为神话小说《封神演义》中的天兵天将。殿前门额上有明代该殿创构者王无欲所题“天尊殿”3字。院内西有古松一株，探枝东南，荫蔽半个庭院；东有银杏，其姿亦古。西配房为穿堂式，穿越西上，又有一溜排开3座殿宇，中双层者为“吕祖祠”，内有重塑吕洞宾像，西是“太阳宫”，东是“地母宫”。地母宫东北有自然洞一处，前为条石砌厅，上书“圣贤祠”。西面3组建筑因受地形限制，体量不大，但是背依高峰，前临深豁，且视野开阔，倒也耐人寻味。

再向西便到傲徕峰下。先有“月亮泉”隐于高阔各数丈的垂壁下，泉呈半月状，终年不竭，泉旁有藤本植物爬山虎一株，已长得粗若杯口，爬满了泉上的石崖。

傲徕峰位于泰山主峰之西南，从城里看它，觉得很高，但当地有句俗语：“远看傲徕高，近看不及奶奶[①]腰。”其实站在它近旁仍然觉得它高。要想上傲徕峰，不能像登泰山主峰那样“登”，而必须攀爬。有志者不妨手足并用，上去看一看。

第四节　山阴奥区别有洞天

前面介绍了从岱阳中路、西路登泰山。另一条从阳坡上山的路为东路，这是当年汉武帝多次登封泰山所走过的路。现在这条路也因是至中天门后再上岱顶，景观重复，在此就不做详细介绍了。

---

① 泰山民间称奶奶山，即指主峰。

岱阴的3条路，其在东北麓者最为壮观神奇，这就是著名的扫帚峪登山道，或曰新开发的“天烛胜境游览区”。有人也许认为，泰山的特色主要以悠远的文化见长，自然景色不过平平。那么，请到这里来吧，这里不仅最为集中地体现了泰山的“雄”，而且兼有着黄山之秀、峨眉之俊、华山之险、雁荡之俏。只有从扫帚峪登上过泰山的人，才能真正读懂泰山，才能知道泰山作为“天下第一山”，除了帝王的封禅、文人的题咏乃至成为中华民族精神的象征之外，还有着其自身内在的足以唤起各个阶层、不同需求的人们的美感与灵感的无穷内蕴与魅力。

由于交通的发达，过去长期封闭的扫帚峪已变得来去方便，乘泰佛公路去大津口乡的公共汽车至艾洼村下车，到扫帚峪就不远了。艾洼是一个古老的小村庄，明代时叫“艾峪”，因村边洼地多生艾草得名。由艾洼西去，道路两旁核桃树、栗树、柿树成林，树大者粗于水桶，大概都有几十年、上百年树龄了。不少老的核桃树树皮被环剥一圈，有的已被环剥了数次，树干上一个环一个环的，据说采取这种措施，可以防虫，亦可减少养分回流，能够增产。不觉间走出果树林，扫帚峪村到了，登山将从这里开始。

从扫帚峪看泰山，除了可见山半腰有几尊高耸的岩峰外，似也没有什么奇处，几座圆圆的山包成为大山深邃处的天然屏障，不使之过早吐露峥嵘，过早显现异姿，于是我们想到了中路的几座起屏障作用的建筑物原来是在向大自然学习，是“师法自然”的产物哩。进山路口处，一座式样大方古朴的花岗岩石坊面东而立，坊额大书“天烛胜境”（图2-11）。坊是1993年泰山管理委员会新立的，既界定了从此处开始经后石坞再至岱顶的大片扇形区域为“天烛景区”，又标志着这里即是泰山这一带景呈多样，而以奥深为主的“奥区”的门户。

图2-11　天烛胜境

石坊北面，有一泉为“长寿泉”，盖因泉水富含多种矿物质，长期饮用对人体有益，使得饮用此泉的扫帚峪村民八九十岁乃至百岁的长寿老人甚多，而得名。泉北修竹婆娑，四季常青。坊南有一巨石状若心形，上端劈裂多瓣，使人想到“心花怒放”，故人称其为“开心石”。

由石坊西去，山道仅宽1米有余，石阶也只是用未经细錾的条石铺成，山野情调十分浓郁。山道南侧是“天烛峪”深涧，一小石坝截断峪水，水因至清而无鱼，今人戏称之为“天然矿泉库”。行不远，山道即遇北面来水的“胡家峪”沟，沟上无桥，游人踏石墩而过。走惯了平路，走惯了桥的人，离了喧嚣的闹市来此跳一跳山涧的石墩，确是十分开心。越过胡家峪，再穿过大片的果树林，隔涧南望，一座高耸的山叫作“马山”，马山峰上扯下了一条极其伟岸的瀑布。瀑布石崖高达200米，宽20～60米。站在涧对岸小道上观瀑，瀑比人高的一段有百余米，好像此水源自蓝天；在人之下的一段又有数十米，天上之水似乎直接注入了大地深处。瀑崖因山势三曲三拐，像一个特大的草书“之”字，顺崖而下的瀑便被称作“三折瀑”。循着瀑流的泄下，小心翼翼地探视深涧，瀑布跌处有碧水一湾，这就是相传有鹤嬉水的“洗鹤湾”。初到此来的游人无不为这巨瀑而惊讶，但是更使人称绝的景致还在后面呢。

沿天烛峪深涧南侧再上，曲曲折折的山道也犹如一个又一个的“之”字。山道变幻莫测，先是把人带过了天烛峪溪谷，接着又把人带到了三折瀑的最上一个折拐处，这里是一片巨大的石坪，比长寿桥处的石坪还要大得多，瀑流在此稍缓，人们可借水中的石墩跳过瀑布。继续上行，到了马山顶峰之后，人们才知道马山之侧更有高山，瀑水便是自那儿发源。这座山不是泰山主峰，其状却酷似主峰，且比主峰更为险峭，人称“小泰山”。

山道已在天烛峪南，人走得愈高山涧便显得益发深不可测，掷小石子于涧中，几乎听不见回声；稍大些的石头扔下去，七八秒钟后才有击石声传来。此间松树甚多，无名山花布满山崖，空幽的大山，茫茫的林海，晴高的蓝天，悠悠的白云，山的信息如此丰富而又迷离，即使人们调动起全身所有的感官也似应接不暇。是的，此刻，你闻到山的香气了吗？这种山香不是具体的野花的甜甜的香味，也不是松树的苦苦的香味。是水的香味吗？不是，水是无味的；是云的香味吗？不是，云也是无味的。但是人们确实闻到了一种城市中没有、乡村中也没有的山的香味儿，去过大海的人仿佛会觉得这同大海的那种莫名的味儿有些相像，但也不是，这里没有大海的那种丝丝的微腥。山香到底是种什么感觉？我们形容不出来，但吸着它，便觉得沁心入脾，头脑特别清醒，身体格外有劲，闻也闻不够。大山的香味太抽象了，人们无法表达它；然而，这无穷的山香却在热情地努力使你感受到它，通过你的鼻子，通过你的心，甚至通过你的皮肤，使你觉得温馨，觉得兴奋而又沉静。只有吸着这带香味的空气，你才能够真正同大自然融为一体，物我两忘。

沐浴在这满山皆香的空气中，阳光温和地洒下，脚下的山道长满小草，暄暄的，有如踏在地毯上。游人分散在大山中显得很少，而鸟儿却很多，不同颜色的鸟儿唱着各自的歌，但它们又像是形成了默契，各种不同的声音奏出了一组组优美的和弦。望着这山景，人们才明白大自然是不能用画来形容的，眼前的这一切谁能用笔画得出来？你能画得出这几百种不同层次的绿，这几十种不同浓淡的红，这千变万化的云，这横看成岭侧成峰的立体山势，这隐在巨涧中的湾湾清泉吗？大自然呀，难怪人们始终忘不了你，要回归你，要拥抱你，因为只有你才是无可替代的，才是人们生活、创造的物质与精神上的动力和源泉。

欣赏着、思考着，望天门到了。这里离扫帚峪2.5公里，距岱顶也是2.5公里，路程走了一半。望天门是一座天然的石门，或许古人为了行走方便把它开凿得更大，但今天已看不出凿修的痕迹了。石门左边的巨石与山体连在一起，而右边的危岩则是从深涧中高高拔起。见了这个天然门，岱顶上月观峰的“西天门”、日观峰的“东天门”，真如小巫见大巫，不值一提了。其实这个门才真应当叫作泰山的东天门。人穿望天门而过，由东边从陡坡上来，及至到了“门”中间，马上又有陡坡下去，站在望天门中间可谓站到了一个小小的制高点上。回首来路，山道早隐于丛林中，不见了；再向远处看，泰山余脉层层叠叠，目力所及处，高高低低的山丘像是穿着海魂衫，一道一道的梯田直上山顶，梯田里栽着各种果树，想是早已果实累累了吧。这梯田是新中国成立后农民们修起的，是劳动者血与汗的结晶。望着远山的梯田，人们会觉得这是另一种形式的十八盘，也是一座“无字碑”，心中不由泛起热浪。

从望天门西看，近处天烛峪的北面矗立着的是“大天烛峰”（图2-12），此峰因其陡峭高拔似烛入天，峰顶又有树似烛焰，并区别于西边远处的“小天烛峰”而得名。又因远看它像一个硕大的牛心，故自古山民又把它同亦像牛心的小天烛峰相区别，呼之为“大牛心石”。其实，这座峰确也几乎就是一整块巨石，峰南临涧的石面便至少有两个足球场大，十分壮伟，使人一下就想起了西

图2-12　大天烛峰

岳华山北坡那兀立千仞的石壁。

再往西，天烛峪大峡谷突然升起百余米，又一道巨流自天而降，形成三叠之瀑，最上端的一叠，由于岩石被水长期切割，形成深沟，瀑水从这一狭长的石沟中涌下，远观似一线，人称“一线瀑”。一线瀑之上峪北侧即小天烛峰，峰依九龙岗，岗上之水又从小天烛峰旁流下，于是又是瀑布。瀑布面北，亦有近百米长，古时人称此为“千尺瀑”“千丈瀑”。因均仅形容其长，俗而无内蕴，今人认为不如叫“天烛瀑”好。不错，那高垂的白练不就是通天的巨烛流下的蜡瀑吗？

这里是一片石头与水的世界。石崖巨大，铺天盖地，色白、光滑，没有一丝风化的迹象，甚至连一条长草的缝也没有，然而流水的吟唱却在证明着石头是有生命的。“松石为骨，清泉为心”，这就是泰山！泰山在这里向人们敞开了它博大的胸怀，人们终于懂得了它之所以如此稳重、如此不摧的道理：它的骨头是硬的，它的脊梁是硬的，没有什么力量可以使它动摇，更不用说使它弯腰。泰山又是充满生机的，听到远处那淙淙瀑流的如鸣如诉了吗？它在讲着泰山的故事，这故事已讲了几千年，而且还要永远永远地讲下去。

天烛景观如此壮丽，历代文人墨客多有到此来一饱眼福、一抒情怀的，但是这里的石头上却没有他们的片语只字。因为这里太美了，无须再用他们的笔来点景、增景了；这里也太大了，谁又能有如椽的笔写出万丈的字来与之匹配呢？即使把山前的清摩崖——那“乾隆的印章”那么巨大的石刻搬来，在这里也不过是小得犹如一幅丈二的大画上点了一个小指尖大的印章，反而使画失色。古人明白这一点，便只好“述而不作”了，于是我们才有了这一片任人驰情的保持着原貌的泰山。

站在望天门，岱顶已在目中，后石坞通往岱顶北天门的缆车也看得真真切切了。继续西行，进入了一片华山松松林。株株新松树干笔直，胸径粗若碗口，树皮特别光滑，还长着犹如桦树所特有的那种美丽的大眼睛。而最为奇特的是，那拂面的油光油亮的松针是软的。在人的印象中，松针一根一根是硬的，否则怎么叫“针”，但当你带着这种印象去摸华山松的叶子时，你会突然感到这是极绵极柔的少女的秀发，使你觉得妙不可言。走进松林深处，阳光便只能从密密的松叶留下的小孔洞中筛下，照在脚下小路上，形成一个个圆圆的光斑。忽然，微风起了，一种你从未听过的极其美妙的声音仿佛从天外传来，这声音极为纯净，没有一丝杂音，音高与音的强度绝对不变，而且声音极其悠长，没有任何中断、起伏。更令人不可思议的是，这种声音的美妙绝不仅仅在于“悦耳”，因为当你在还未真切地听清它时，你的整个身体就已同它的频率共振了，你的每一条神经，甚至每一个细胞都从中感到了巨大的愉悦与满足，你会很快陶醉其中。有人兴奋地告诉你，这是“松涛”。多么美妙的松涛啊，这个世界上没有任何声音同它雷同，任何乐队也无法模仿它。松涛声之奇绝不亚于泰山的日出与云海，它是不可多得的“天籁”。到泰山来的游客，实在应该到天烛景区来看一看、听一听的。山的空气那么香，松的涛声那么美，大自然对你的馈赠是如此慷慨，你的心中充满了喜悦，全身充满了活力，登此大山，获此享受，还有何求?

山道继续向西，松林漫漫无际，道旁景色步换形变。将军山如大将披甲，罗汉峰像巨石叠罗汉，神舰山似破浪的巨舰，及至走到一个丁字路口，往西南攀可径至岱顶，往东北去就到后石坞了。

后石坞自古即被称作“岱阴第一洞天”，其间最令人瞩目的是摩空托日的天空山。山南平地数亩，建有一处庵观，称元君庙。庙分东、西两院，西院由山门、正殿和配殿组成；东院高于西院，由透天门连接，院内原有殿、亭、阁，早已被毁。1993年，泰山管委会修复了元君庙西院，古庙已不再荒凉。庙址四周，古松甚多，树种为泰山油松。古松经历了数百年的风雨，炼成了铁杆铜枝，一株株姿态各异，不摧不折，令人肃然起敬。

庙后天空山下有两个石洞，即前文提到过的黄花洞与莲花洞，洞旁多有古人题刻，如“岱岳奥区”“雪巘云凝”“作出世想”“岱宗钟灵”“松籁云壑”“松至此始涛焉”等等，古人把握大自然的美是很有独到见解的。

出元君庙山门，即是岱阴古老的环道黄花栈了。黄花栈又名“独足盘”，极言其窄而险。这条栈道是明万历年间于无路的峭壁前辟出的，但它不是凿栈孔用木桩建成，而是从深涧之中直接用石垒起，再填以土修成，因此400余年过去了，栈道依然完好。栈道北侧巨岩欲倾，黄花开满岩上；栈道之南深壑万丈，清泉响于涧中。从扫帚峪进山一路看不完的景，即使到尾声，依旧不同凡响。

黄花栈西首，山沟中巨石嶙峋，大的如磨盘，小的若碾砣，叠叠压压绵延数里，天烛峪之水即是从此流去。这条沟叫作乱石沟，如此多的石头滚入沟中不知何时山体崩动所致。

乱石沟西畔是造型别致的后石坞—北天门索道站，其设备是从奥地利引进的目前世界最先进的“抱索式椅式缆车”。如果有兴趣的话，不妨乘缆车直达岱顶。乘上缆车，高高在上，整个天烛峪重又收回眼底，此刻，你就要到达“天界”了，但是你对奥妙无穷、亲切无比的天烛景区是否还怀着深深的留恋呢?

下了缆车，文化的味儿顿时浓了起来，不远处有一石坊，曰“北天门”。看来五行有金、木、水、火、土，四至有东、西、南、北、中，缺一是不可的，于是泰山便有了北天门，纯是造景的小品。去玉皇顶的路上，有一巨石，三人高，上书“丈人峰”3字。丈人者，古时对老人的尊称也。后来称岳丈，专指妻父，大概是从《汉书·效祀志》“大山川有岳山，小山川有岳婿山”演变来的。再后来，“泰山”独成了岳丈的代名词，据说其中还有着一段故事，《酉阳杂俎》载，唐玄宗封泰山时，三品以下的官员普晋一级，当时作为封禅使的张说趁机利用职权将女婿郑镒由九品官提升为五品，随即更换了官服，唐玄宗见之不解，质问郑，郑无言可对；问张说，张也无可作答，倒是大臣黄幡灵机一动代答道：“此乃泰山之力也！”于是泰山便成了岳父——丈人了。这个故事让人哭笑不得。泰山是何等的神圣，当年鲁国诸侯季氏大夫想来祭泰山，孔子认为他没有资格，便讥讽道：泰山如果接受你这种人的祭祀，它岂不是不如林放了吗？林放是孔子的一个德才兼备的学生，“泰山不如林放”这个典故就是说泰山不容辱没。张说何许人也？贪官污吏而已，他的嘴脸在泰山暴露无遗。而丈人峰留于此的历史与现实的唯一意义就是可作“史鉴”——它是历史的一面镜子。天下的女婿们，今后切莫再称自己的岳父为“泰山”了，因为这只是一种嘲弄，而并非尊称。

好了，我们的天烛景区之游到此算是到了尾声，让我们再去看一看岱阴的另一条登顶的道路吧。

仍乘泰佛公路汽车北去，经艾洼村至大津口下车。然后顺乡间大道向西北行，有小村庄名为藕池，再西行不远便到玉泉寺了。

玉泉寺在泰山北麓，距岱顶约5公里，这里不仅有古寺、清溪、名泉、“一亩松”等著名景观，而且古老的周明堂、齐明堂遗址也在这里。从玉泉寺登岱顶的路自古已有，济南、历城、博山乃至河北省一带香客便多取此道进山朝神，因此山路上至今还有“卖饭棚”“铜器行”等地名，说明了这条路当时的兴盛。明、清以后，玉泉寺衰落了，游人久不至此，枉惜了天地造化。1993年，为满足旅游事业发展的需要，泰山管委会开发了玉泉寺景区，修复了大雄宝殿，风水宝地再度别开洞天，人们到这里来寻古访幽，自有一番别样的乐趣。

古人认为，修建佛寺丽刹，有3个重要的条件：一是“必去人境远为胜”；二是“必依山之名而尊者为胜”；第三个条件最为重要：“然山作面南观，虽拔地倚天，其氛翠变态，终不至奇邃，必之于其阴义绝胜也。”玉泉寺就恰恰具备了这3个条件，这里村庄稀落，人烟不多；离岱顶又近，充分借得了名山之势；而最关键是它处于岱阴，幽奥神秘，俨然是神仙住的地方。

玉泉寺（图2-13）建于谷山前，古又称“谷山寺”“佛爷寺”。谷山西北

图2-13　玉泉寺大雄宝殿

图2-14　玉泉寺银杏

为恩谷岭，两山之间的峡谷俗名雁岭河，水东流汇入天津湾。恩谷岭北为“佛峪”，也叫“佛谷”，其水东流与下游的跑马泉相汇。玉泉寺便处在岱阴这深山奥水之中，要想暂避人间的烦嚣并不难，到谷山来你立刻就能身静、心静，忘却烦恼。

在玉泉寺殿址上，按《宋营造法式》复修的大雄宝殿巍峨高大，殿内塑了释迦牟尼及十八罗汉像。山门石阶旁两株古银杏树最为壮伟（图2-14），树高近40米，胸围7米有余，为泰山银杏之最，奇特的是两棵银杏均为雌株，15公里内并无雄株，但老树仍能结果，让人感叹这种被称作“活化石”的古老树种的生衍能力。寺东有甘泉，金党怀英题碑“玉泉”于其旁；再东有历代住持石造墓塔数幢，造型大同小异，高僧法名、年号隐约可辨，似乎在证明着这座古寺年代的久远……

从玉泉寺登泰山较为平缓，道旁林木葱茏，树种亦多，景致颇为不俗。

第五节　桃源胜境灵秀两得

乘汽车顺104国道行至长清与泰安交界处的马套村北拐，即到达泰山西麓的一处山清水秀的景点——桃花峪；再从桃花峪东行，便又到了一处景点，亦是以桃花命名，叫桃花源。桃花峪—桃花源—岱顶这一段以秀丽灵透的自然风光为主的景区统称桃花源景区。

相传，古时桃花峪的桃树很多，从山坡到山顶，众多的桃树于早春三月至四月次第开放，红成一片，因此古人又称此地为“红雨川”，大概是取唐诗人李贺“桃花乱落如红雨”的句意。元代炼师张志纯很看重这里，有诗《桃花峪》云：“流水来天洞，人间一脉通。桃源知不远，流水落花红。”乾隆皇帝来泰山，自然也不会错过桃花峪，并有诗留下：“春到桃花无处无，峪名盖学武陵乎？五株不见苍松老，半点何曾受污涂。”这末一句写得好，桃花源景区可贵之处就是它自然清纯、玲珑精致而极少人为的破坏或加工，完美地保存了天成的情趣。

来到桃花峪，人的第一印象会感到这里好像不是泰山。泰山不是雄、奥、幽、旷吗？但这里却既无险峰又无苍岩，山是那样青，水是那样宽，举目四望，山光水色融为一体，灵石异花相谐斗趣，俨然一幅江南山水的情调。是的，桃花源景区的特色就是“秀”，其风格同我们已经去过的那些景区形成了鲜明的对比。可以打一个比方，如果说泰山是大自然精心雕刻的一座石像的话，那么桃花源就是这座石像的眼睛，它是泰山的最为细巧、最为传神的所在。

顺公路进山，公路也是1993年泰山管委会新修的。过去桃花源没有路，人们慕名到这里来只能像陶渊明公《桃花源记》中的“晋武陵人”那样艰难地缘溪行不可。而现在好了，混凝土公路依山傍溪，不陡也不远，人们自可逍逍遥遥悠悠哉哉地饱览这北国江南的灵秀风光了。

桃花峪溪中之水源头甚长，有三路来水：一是月观峰之北的上桃峪来水；另一是沐龟沟来水；再是龙角山的雁群峪来水。三条溪水汇至桃花源，合而为一，因此桃花峪溪水不仅平时水量大，就是逢旱年亦不断流。这在泰山是很难得的。沿公路顺溪流东行，路始终与水很近，没有扫帚峪的那种百米深涧，也不像中路那样，时常有建筑将人与水隔断。宽宽的溪谷中，流水或平缓成潭，或跌宕成瀑。然而潭不深、瀑不大，就像行云的慢板，悠悠缓缓让人看不够。

行约2公里，流水之下忽如彩石铺就，溪底一条条石纹五彩纷呈，阳光照耀下，斑斑斓斓分外生动，这就是著名的彩石溪。弯弯曲曲的溪水像是被彩石染上了色，也像是一条五彩的飘带，在此流淌得格外精神。动人的彩石常引得游人驻足，如果你细心，便可看见水中的赤鳞鱼了。赤鳞鱼在阳光下也是彩色的，这人间的珍奇、水中的精灵总是溯水上行，遇到瀑布便奋力跃过，一次失败了就再一次，直至跻身上游，让人惊叹它那小小的美丽的身躯竟有着如此执着的追求和不达目的誓不罢休的韧性。

新公路修得很得体，三五座桥梁使路一会儿在溪南，一会儿在溪北，宛若杭州的九溪十八涧，变化本身就富有魅力，何况在这里一变一个景，景景不同，真使人“忘路之远近”了。溪水南折处，有一池叫“混元池”，石岸皆黑，中央独白。在此望两岸青山，白云朵朵笼罩的是雪花山，惟妙惟肖似笔架的为笔架山，如绿色屏障的是翠屏山，重重叠叠像一串铃铛的叫五峰叠翠山；稍远处还有清风岭、映霞峰、青天岭、秀峰……再看河中之石，或大或小，块块玲珑剔透，形态各异，任人揣摩命名。问及游人对此新景区做何感想，有深富见地者作如是言：这里没有令人惶恐的天门、天阶、天界；没有叫人却步的仙亭、仙桥、仙坊；没有高龄孤韵、已经被神化了的秦松汉柏；没有摩崖石刻，没有亭堂。万木生于山麓，百花开在沟壑，一切都出于原始，出于自然。沿着古代帝王登封的御道上山，固.然可以领略妙佳之处，但总觉得那里王气、仙气太重，笼罩太多的神圣光环，积淀了太厚的历史尘埃。登天道上的每一棵树、每一块石头都被人审读过、想象过、界定过，游人只是沿着先人的思维向上盘旋。而游历桃花峪则不同，它需要你从头去审视、去探索、去创造。它的那份生命的本真、形态的纯朴，使人更觉亲切。如果说御道上有它动人心魄的人文美，那么桃花峪则有它独具天趣的自然美。“愿寻古的就去十八盘，愿访秀的就来桃花峪。”这位朋友既说出了桃花源景区的自然美，也说出了泰山博大精深具有不同层面、不同内涵美的本质。

前行不远就到了桃花源了。桃花源旧称“三岔”，意即三条溪谷汇聚于此的意思。这里海拔800米左右，三面环山，形成了特殊的小气候，植物长得特别繁盛，1989年杨辛先生来此有感于绿化得好，曾赋诗《游泰山桃花源、桃花峪》一首：“石绣彩云，水映赤鳞。山披绿装，人美心灵。”并有注：“桃花源山区绿化面积达90%，林区工人终年辛勤，默默无闻，而贡献极大，余谓：石美、鱼美、树美，工人心灵更美。”是的，在这里你最先感到的就是无边无际的绿，各种树木繁茂茁壮从溪岸直绿到山巅，从眼前直绿到天边。多年来，已是两辈林业工人用他们的汗水浇绿了这层层岭、座座山。如果你决定不乘缆车，而是沿着3公里的山道步行上山的话，那么你将始终走在密林中，不必说别的成百种树种，这里仅松树就有落叶松、白皮松、油松、黑松、赤松、日本松、华山松等10余种（图2-15），让外行难以辨清。这每一棵树都是人工栽植的，甚至悬崖石缝中的也是用绳子将人吊上去栽的；人实在上不去的地方，则在雨季把幼苗的根用湿泥裹住抛上去，渐渐也成了大树……现在的桃花源即使大风天也绝不扬尘，因为有土的地方都有树和草，而没有草、树的地方则没有一丝土。多少

图2-15 泰山松

年来，林业工人身居深山，像培育自己的子弟一样呵护着这一株株树木，为雄奥的泰山增添了浓浓的秀色。

桃花源景区溪谷两侧多山，山势玲珑秀丽，且多有古代遗迹，只是这些山上没有现成的旅游路，有兴趣的游人可作“探险一日游”。但这“险”的含义并不是危险，而是让游人自己去踏出一条前人没有走过的路，自己去把握方向，感受大自然的美。有学者说过，中国传统的登山方式是“文登”，文绉绉地走在已铺就的路上吟诗作赋，文绉绉地品评着先人已嚼烂的馍；而西方的传统精神却崇尚“武登”，越是别人没有去过的地方越要去，比胆量，比速度，比吃苦耐劳。改革开放后，泰山吸收了西方的这种文化精神，一年一度的国际登山节就是一种比速度的武登，探险游也是武登。

从桃花源往西北去，有清风岭、“老虎窝”，侧旁有玄都观遗址。再北去有长城岭，俗呼大岭，齐长城经过这里；又有映霞峰、傅老庵遗址；庵旁有香泉，因旧时丁香花甚多而得名。往西南去有青岚岭、梯子山。梯子山之南为透明山，山有穴洞透过光线；梯子山北有老鸦峰。老鸦峰宛如几案。南有摩耳石。东南有东神库，石若垂帘，无苔痕，时或光彩闪烁。东为龙山，上为姜倪寨；南又有一石，若人形，曰真人峰，又有车道岩，岩上双沟如辙迹。西为笔架山，五峰排列，崖崿倒悬，多野巢，传说中的“仙人牧地”羊栏坡石就在这里；笔架山多巨石，秀丽尤奇，又有燕脂坡，地多燕脂瓣花。

以上两路是古人“探险”所得，是否真的如此，是否还有别的景观，当代“探险者”可做进一步挖掘。总之，走前人没有走过的路，是令人兴奋的。

从桃花源还可乘索道缆车直达岱顶天街东端。桃花源索道建于1993年8月，全长2196米，也是从奥地利引进的，为“抱索吊箱式”，很先进。这种缆车视野极好，可观360°景，扶摇直上时，云山邈远，树海苍茫，现代科技帮我们实现了“一步登天”的梦想。

登泰山的6条道路，就或略或详地介绍到此。一般的游人不可能一次把这些路都走遍，但是最好的游泰山的方式是不要走回头路，你可以从某一条道路上，然后再从另一条道路下，这样你就可以看得更多，对泰山也就了解得更多。

第六节　岱阳之麓山城并丽

泰山历史悠久，泰安城亦历史悠久。

在漫长的历史发展过程中，古老的泰安城由于帝王封禅、民众礼神、文人骚客的游历需要而渐渐地发展起来，并渐渐地形成了山不压城、城不占山，而又“山城一体”的独特格局。

经过了千百年的营建，如今，代表着“天”的山和代表着人间的城，结合巧妙，浑然一体，城仰山势，山借城辉，自然与人文景观相得益彰，古代遗存与当代作品互映成趣，形成了十分壮丽而意味无穷的景观群。人们把山与城的结合部，东起中溪王母池，西至西溪大众桥，并由一条环山公路连接起的一带称作泰山的“丽区”。

环山路东首坐落着王母池。王母池是一组依山傍水、高下相间、玲珑紧凑的古代建筑群。《泰山述记》记载：“王母池本名‘瑶池’，俗名王母池。池上为群玉庵、祀王母，下临虬在湾，前有飞鸾泉。”《岱史》也说：“黄帝建观岱岳，遣女七人，云冠羽衣，修奉香火，以迎西王母，故名。”黄帝之事，荒远难稽，但联想到古代的神话，西王母本是泰山神，又更有魏曹植“东过王母庐”

的诗句，足可见王母池由来久矣。

王母池建在中溪西畔，溪旁曾建有王母梳洗楼，中溪之水至此便改名为“梳洗河”。河上原有一座王母桥，早废。新中国成立后又在河上筑一石桥，取名“八仙桥”。桥东北立壁下有一石洞，称“吕祖洞”，相传吕洞宾曾在此炼丹，洞中嵌有碑碣，说是吕洞宾的题诗，但文辞粗陋，不足为观，无聊文人所为也。吕祖洞之北是虎山水库的大坝，大坝同龙潭水库的坝一样也为顶溢式，所不同的是坝上又建了一条近百米长的观澜桥，每至雨季，6个桥墩把水分为七派，形成7条瀑布，只有见过的人才知道，人造的景观只要恰到好处，也是十分动人的。这虎山水库与西溪的龙潭水库一东一西，一虎一龙，扼守着山前的两条溪谷，积起了两泓碧波，就像是在泰山脚下镶上了两块晶莹的绿翡翠。

大坝下，由王母池后门进庙为七真祠，原先这里曾有明代塑像吕洞宾、铁拐李、何仙姑和吕洞宾的4个弟子。像塑得极好，“站在龛里的两个小童和柳树精对面的老人，实在是少见的传神之作。一般庙宇的塑像，往往不是平板，就是怪诞，造型偶尔美的人，又不像中国人，跟不上这位老人这样逼真、亲切。无名的雕塑家对年龄和面貌的差异有很深的认识，形象才会这样栩栩如生”[①]。如此精妙的艺术品竟毁于“文化大革命”，令人痛惜。看到的是后来重塑的。

王母池北是新中国成立后建于虎山上的虎山公园。虎山是传说中当年孔子过泰山侧，有妇人哭于墓的地方。公园很美，有古代庙宇，有山，有水，有高大的虎山阁，还有亭、桥、堤、廊等小品。游人登泰山多要到此来看一看，看看那当年孔子所走过的“圣堤”，看看那貌似凶恶但却已无丝毫能耐的石雕的老虎，再看看那满山遍野的果树和农民居住的小楼，定会思绪万千……

从王母池西行，过红门路，沿环山公路行约1公里，见十字路口，上坡北去就是至“六朝古刹”普照寺的路。上得坡来，左侧有“冯玉祥小学”，游人奇怪，小学何以以冯玉祥命名？这里是有着一段故事的。继续前行，路旁多树，也有刻石数处，其中有一石上刻“三笑处”，就是根据孔子在泰山遇到了那位又穷又老的隐士荣启期，并与之对话的故事（详见前文）而刻的。

普照寺（图2-16）前有溪水绕流，一座平板石桥横跨溪上，称作“子午桥”。过桥拾级而上就是普照寺山门。《泰山述记》载：“普照寺，唐宋时古

① 李健吾：《雨中登泰山》，《人民文学》1992年第4期。

图2–16　普照寺

刹。金大定年间奉敕重建，额曰‘普照禅林’。”后人习称六朝古刹，是因为相传寺中的松树为六朝时所植。这里曾有过两位有名的住持：一是明永乐年间高丽（今朝鲜）僧满空禅师，他为中朝文化的交流做出了贡献，现寺西尚有满空塔遗存，二山门下《重开山记》碑记录着他重兴普照寺的经过；另一位是清代康熙年间高僧元玉，他是一位诗人，在寺东修筑了石堂，并在石堂附近的溪谷荷花荡中题景12处，各是长短句，颇见文才。元玉有以泰山为题材的诗集《石堂集》刊行。经过历年僧人的营建，普照寺成为房舍严整、环境十分清幽秀丽的地方，清代和尚奚林有《普照寺》诗一首，把这一景观描述得颇为真切：“门前几曲流水，寺后千寻碧峰。鸟语溪声断续，山光云影玲珑。”

但是，最使普照寺具有历史价值和纪念意义的是20世纪30年代，一位平民出身，以百姓为父母，为泰安民众做了大量好事的爱国将领及他的全家曾先后在此赋居过3年，这位将领不仅在泰安人民中口碑丰彪，而且还在这一带留下了众多的有着中国人传统中固有的亮节高风、浩然正气的历史遗存。他就是冯玉祥先生。

1931年“九·一八”事变后，东北三省沦陷，冯玉祥积极主张共赴国难、收复失地，但腐朽的蒋、汪政府令他失望，他被迫脱下军装于1932年3月来到泰山隐居。半年后他重返张家口，建立了察哈尔民众抗日同盟军，自任总司令，吉鸿昌为前敌总指挥，打响了向日本侵略者反击的第一炮，一举攻下康保，攻占宝昌，收复沽源，初战告捷，全国民心为之振奋。但蒋、汪对冯的抗战却一味阻挠，说这是一条死路，冯玉祥回电：“我决心抗日，本来就是找死，但是死在抗日旗帜下，良心是平安的。”继而又收复了多伦，抗战节节胜利。而此时蒋、汪又发出了联合通电，给冯玉祥加了“擅立各种军政名义，妨害中央边防计划，煽动赤焰，滥收土匪”的罪名，并集结大军重重包围同盟军。为了不打内战，冯玉祥忍痛收束军事，于1933年8月再度来到泰山，直至1935年。

在泰山期间，冯玉祥请了党的理论家李达及北京、山东许多专家教授如老舍、吴组缃、杨伯峻、赖亚子等为师，攻读马列著作和《春秋》《左传》等历史书籍，写下了大量的读书札记，悟出了“若不信辩证唯物论则我民族不能复兴”的真理。

冯玉祥一面学习，一面到民众中考察，了解他们的疾苦、意愿，全力帮助他们解脱困苦。他看到山区人民祖祖辈辈没有学上，不识字，连山顶的店铺都没个匾牌，只是挂个棒槌、笊篱……算账也是靠数榛子。穷人的日子难得温饱，走投无路，却又去烧香求神。于是他深有所感，吟成了一首诗：“泰山古庙多，巨石伴松柏。为求财与福，香客常成伴……女子虽缠足，忍泪登高坡。纯洁幼儿心，已被迷信侵。军旁多乞妇，伸手讨馍哭。慈悲爹娘叫，无人把钱掏。教育不猛进，国弱大众贫……”他决定办学校，千方百计聘请教师，动员群众，拿出了南京国民党政府给他的本来就很少的费用，在方圆几十里的范围内，一举创办了15所小学。刚才我们说到的“冯玉祥小学”就是其中的一所，原名“大众小学”。

为了解决山区人民旱季吃水的困难，他出资开凿了“大众泉”；为了解决山区人民的行路难，他又出资建起了“大众桥”……他的心中始终装着“大众”，而他自己呢，一日三餐粗粮咸菜，穿布衣，女儿也是穿着补丁衣服同大众的子弟同在一个教室里学习。他在泰山还大义凛然地营救共产党员，营救爱国的民主人士；资助孤儿院的贫儿，为百姓伸张正义……冯玉祥在泰山的所作所为，使我们的耳边始终响着范仲淹那句掷地有声的名言：“先天下之忧而忧，后天下之乐而乐！”

为了纪念冯玉祥先生，弘扬他的爱国主义精神，泰山管理委员会在普照寺后院开辟了“冯玉祥先生在泰山”陈列馆，那些实物和照片，会使你对冯玉祥了解得更多，也对泰山了解得更多。陈列馆西南侧的院中，有48块冯玉祥题诗、著名画家赵望云作画的《诗画碑》，全是反映百姓疾苦，宣传抗战及宣传教育救国、科学救国的内容。另有冯玉祥泰山花岗石雕像一座和1941年周恩来总理写给冯玉祥先生六十寿辰祝辞书迹的大理石巨碑。

普照寺东北，有冯玉祥修建的"革命烈士祠"，内祀参加滦州起义牺牲的将士。后殿中有冯玉祥的题联："救民安有息肩日，革命方为绝顶人。"祠内外自然石上有许多题刻，多是颂扬为民献身的精神的。祠南门外，西侧平面上有楷书挽联一副："诸公豹已留皮，黄土泰山真并重；精气虹常贯日，白衣易水至今寒。"祠东自然石上有李宗仁挽联："百世名犹存，众所瞻依，祠巍泰岳；三代道未泯，闻兹义烈，气肃冰霜。"西南路侧巨石上有鹿钟麟摹写经石峪大字"寿"，其下冯玉祥先生注曰："人欲得寿，须要为大多数人们牺牲寿命！"望着这铿锵的豪言，谁的心中也不会平静。五四运动以来，为了推翻三座大山，求得人民的解放，多少真正的炎黄子孙，尤其是共产党员，笑傲黄泉，用血肉之躯铸造了一个崭新的中国，李大钊、瞿秋白、邓演达、杨靖宇、方志敏……还有刘胡兰、董存瑞、黄继光……已为人民的解放洒尽了最后一滴鲜血，他们是中国人的楷模，他们死得壮丽，比泰山还要重！游泰山，我们知道了秦始皇、汉武帝、李白、杜甫，知道了岱庙、斗母宫、碧霞祠，我们更知道了什么叫泰山精神。

烈士祠西北路旁有巨石似大象卧息，上题"卧象石"。卧象石西北不远，半山中有一片院落旧址，这就是泰山古老学府——五贤祠。五贤祠在唐时为道教"栖真观"，宋初辟为学馆，后称"泰山上书院"，就是前述孙复、石介讲学，胡瑗访学至此，师从二人的地方。祠东有深谷，相传即胡瑗见家书有"平安"二字就不再展读而扔下去的"投书涧"。胡瑗十年不归，家书也不看，引得乾隆皇帝竟写诗一首："报来尺素见平安，投涧传称人所难。诚使此心无系恋，平安两字不须看。"题目为《戏题投书涧》，似乎名儒还不如皇帝懂得世情。自宋以来这里就是泰山儒学传播的中心，后改为祠。冯玉祥第二次遁迹泰山时住五贤祠，还曾为大众小学的老师画过一张画，是一帧水墨大白菜，上端有题识："白菜者，营养丰富，生长泼辣，索取甚少，贡献巨大。"与鲁迅先生的吃的是草、挤出的是奶的"孺子牛"精神同工异曲。

五贤祠上，山坳之中有"三阳观"遗址。三阳观创建于明代，嘉靖时，东平道士王阳辉（号三阳）携徒昝明复来此凿石以居，道士德藩助资而建，万历初又行扩建，成为著名道观。明文学家于慎行《重修三阳观记》称这里“入门三重”“有殿有阁”“仙圣之秘境，寰宇之大观”“几与岳帝之宫比雄而埒胜焉，可谓非常之创述矣”。但是现在，殿宇已倾，瓦砾遍地，断碑仆碣隐于荒榛之中，颓墙残垣空立苍岩之上，再也看不到它当时的兴盛，三阳观成了一片废墟。然而，仍有游人喜欢到这里来，因为这里自然风光依旧美好，而且碑虽倒字依然可读，泉虽塞水依然甘冽，颓墙残垣更使人多有所思。或许这就是人们常称的“废墟美”吧。这种美会给人一种历史的厚重感，让人真切地感到岁月变迁的力量，尤其是当有了参照物——人的新的创造时，这种感觉会变得特别强烈，以至震撼人的心灵。

从三阳观山峰上看泰安，一座古老而又现代化的城市赫然入目。这就是泰安吗？不要说外地游人，就是久居泰安者，也会因泰安城日新月异的变化而不相信自己的眼睛。

泰安城有着极其悠久的历史，西汉以前，它在作为正式地方行政中心之前，即已是管理泰山的专门派出机构的驻地了。西汉初年在这里设立了泰山郡，此后，经历了2000余年，至清乾隆年间，人们便以为泰安城堪称繁华了：“遥参亭前四民辐辏炊釜蒸沸……夜半灯火如繁星罗布。”[①]但即使如此，从泰山上看泰安城仍小得就如“当襟仅衣结耳”——衣服上的一粒扣子。新中国成立初期，泰安还没有一条马路，除了外国人建的火车站和教堂外，几乎没有一座像样的楼房，没有一所高等学校，也几乎没有电——因为唯一的一座“电厂”赖以带动发电机的是一部汽车发动机，一入夜泰安城便一片漆黑。仅仅40余年过去，泰安就发生了翻天覆地的变化，已接近了中等城市的规模。从这里看下去，那条最为醒目、横贯泰城东西长10余公里的是新辟的东岳大街。东岳大街与古老的登天中轴线垂直，就犹如现代文明同中国的古老文明构成了一个巨大的坐标，这个坐标上的每一个交叉点都是一首壮丽的凯歌。

——泰安城中，最引人瞩目的是学校。新中国成立后，全市从无到有，相继建立了14所高等院校，45所中等专业学校，中小学百余所，教育事业的发达，带动了全市各行各业的发展。

——泰安城中，最浓的色彩是绿。市里四通八达的道路笔直宽阔，但是从

① 《泰安县志》。

山上看下去几乎见不到路，行道树早已交合，条条马路远远看去就像条条绿色的河。城市上空没有黑烟，管道煤气通到了千家万户，集中供热的面积达到了100余万平方米，城市环境的质量进入全国的先进行列。

——泰安城中，可见一些造型别致的新的大厦，这是海关、商检局以及合资兴建的摩天大楼。改革开放以来，泰安大开市门，走出国门，山城与蔚蓝色的大海联到了一起。

其实，从山上看泰安城，本身也是在观景。如今，泰安城面积已近30平方公里，各式各样的高楼大厦，大大小小的公园、游乐场、运动场，伸向了绿色田野的条条铁路、公路，高耸云端的起重机、卷扬机……把这个城市装点得分外壮丽，并使之处处充满了生机。再看看眼前那道士们当年苦心经营的庙观，却被岁月的烟云吞没了，我们在这里似乎听到了历史前进的咚咚的脚步声。

从三阳观废墟循小道西行，穿过几个小树林就到了大众桥。大众桥横跨西溪，东端正对着的便是冯玉祥墓。墓为泰山花岗石砌成，墓壁正中上方有郭沫若写的“冯玉祥先生之墓”7个金色大字，大字下是冯玉祥侧面铜浮雕头像，再下面嵌以黑色磨光花岗岩方碣，上刻他的隶书自题诗《我》，这是他一生做人的写照，诗曰：“我，平民生，平民活，不讲美，不爱阔。只求为民，只求为同，奋斗不懈，守诚守拙，此志不移，誓死抗倭，尽心尽力，我写我说。咬紧牙关，我便是我，努力努力，一点不错。”冯玉祥先生这样说了，也是这样做的。1941年周恩来总理在贺先生60大寿时，曾对他有过一段评价，这些话至今听起来，仍有匡扶世风的教育意义：“先生好读书，不仅泰山隐居时如此，即在治军作战时，亦多手不释卷，在现在，更是好学不倦，永值得我们效法。……对朋友对同事，尤其对领袖，先生肯作诤言，这是人所难能的。先生生活一向习于勤俭朴素，有人以为过，我以为果能人人如此，官场中何至如今日之奢靡不振？！先生最喜欢接近大兵和老百姓，故能深知士兵生活、民间疾苦，也最懂得军民合作之利，这是今日抗战所必需。先生在不得志时，从未灰过心，丧过志；在困难时，也从未失去过前途。所以先生能始终献身于民族国家事业，奋斗不懈，屹然成为抗战的中流砥柱……”泰山是一面镜子，映出了这样一位有着伟大人格的人，泰山幸甚!

名山忠骨，千秋生辉。冯玉祥将军长眠在这里，他的崇高人品和爱国精神，将与泰山同在。

至此，我们已粗粗地浏览了泰山主峰的几个风景区，在我们觉得泰山很大、很美的同时，我们是否已深切地感到了泰山这座山之所以不同于其他山的主要地方就在于，它似乎总是同国家的命运、同人的修养品格有着那么一种联系，正因为如此，我们在游历大山的时候，便每每被它所吸引、所融合，以至倾倒叹服。泰山总能激发起人的深层次的思考，总能给人以激励，以鼓舞，以向上的力量，这便是泰山的伟大之处，也是它之所以引起全世界人民瞩目的原因。你到泰山来，绝不会虚此一行；你再二再三来，也将会永远有所收获。

第七节　山外青山各呈异姿

泰山支脉很多，主峰之外还有很多名胜古迹，这些名胜古迹或受泰山的影响而产生，或与泰山有着内在的文化联系，它们簇拥着泰山，形成了一个以泰山主峰为中心的阔大的风景名胜群。

一、徂徕山

徂徕山位于泰山东南，总面积250平方公里，其主峰太平顶，海拔1027米，与泰山玉皇顶的直线距离为30公里。徂徕山又称龙徕山，峰峦嵯峨，林木茂密，古迹众多。今存寺庙3处、碑碣54块、摩崖刻石113处、古树名木千余株。太平顶位于徂徕山中部，其巅双峰并立，老松偃覆其上。西峰较平，上有感兴侯祠遗址，为金代章宗皇帝于明昌元年（1190）封山神为“护国感应侯”而建。顶南为万松岭，《诗经・鲁颂》称“徂徕之松”，可见徂徕山有松的历史是极其悠久的。岭下有石屋，中有甘洌清泉，甚旺。顶东南为贵人峰，峰巅奇石兀立，孤峰刺天，遥望如人立。

山东南麓有光化寺，初创于北魏，隋代称光化寺，宋易名崇庆寺。元初兖州军节度时珍重修。今寺院正殿四壁有清代《西游记》故事壁画，院中配房分列，古柏挺立；东山门内有清乾隆、光绪年间重修碑；院西南有古松，冠盖如伞，遮地亩余，传为唐植。寺北门路东有巨石，上刻北齐武平元年（570）梁父县令王子椿隶书《大般若经》。寺东南路西有墓塔林遗址，今存塔石数十块，均为元明遗物。墓塔林东是映佛岩，岩巅有巨石，上刻王子椿隶书《般若波罗蜜经》，存85字。其字古拙苍润，为历代书法家所推崇，宋代赵明诚《金石录》、清代冯云鹏《金石索》均载其文。映佛岩东为黑山，又东为松山，上有松岩洞；东南为周蒙山，山上有周蒙洞，两洞可通。

徂徕山南麓有礤石峪，此处群峰簇列，一水曲环，松柏掩映，云霭满谷。清道光年间《泰安县志》称其“徂徕第一奥区”，谷内有古道观遗址，原为巢父庙，后称隐仙观，坐北面南，依山叠筑。东侧，前有玉泉阁，下层石门额书“金阙云宫”，门前银杏双挺；后为三清殿，原祀天皇、地皇、人皇诸神。西侧，前有吕祖殿，原祀吕祖；后为六逸堂，祀“竹溪六逸”，额题“筱洞天”。抗日战争期间，徂徕山起义便以此为营地，展开了可歌可泣的抗日斗争。

山的西南麓乳山下，为“竹溪”，周围峰峦突起，溪水西流。溪南崖旁巨石上有金代安升卿题“竹溪佳境”。其下有陡峭石壁，壁上天然花纹如深雕竹叶片片。坡下有“二圣宫”，元初创建，祀孔子、老子。后增建玉皇阁、王母殿、三清殿。唐天宝年间，李白、孔巢父、韩准、斐政、陶沔、张叔明等同隐于此，号“竹溪六逸”。东南峭石壁立，上有篆刻“贫乐岩”“演易斋”诸迹。

竹溪东南为三岭崮。其巅三峰鼎立，又名三台山。北岩为独秀峰，下有李白书刻“独秀峰”。峰阴有金大定年间石震题：“徂徕居士石震过独秀峰，览太白遗刻有感，题识于后。婿党怀英偕行。”独秀峰后峪有著名景观“徂徕夕照”，旧时为泰安八景之一。每当夏、秋雨后黄昏，山青树翠，夕阳穿云拨雾，余晖洒向崇山峻岭，山峦万物若明若暗，变幻莫测，清人林杭学有诗曰：“独秀峰前落照红，千岩飒飒晚来风。竹溪云径层岚掩，桑海霞楼倒影空。石涧苍松明灭外，金支翠羽有无中。”

徂徕山西南团山下有大寺，古称“四禅寺”，北齐河清二年（563）创建，历代重修，清乾隆年间被暴雨冲毁。1938年1月1日，中共山东省委在此组织徂徕山抗日武装起义，建立八路军山东人民抗日游击第四支队，创建徂徕山抗日根据地，院内有“徂徕山起义遗址”标志碑。1988年1月1日，为纪念徂徕山抗日武装起义50周年，中共山东省委在大寺遗址前马头山建纪念碑，徐向前题“徂徕山抗日武装起义纪念碑”，碑体雄伟，镏金大字熠熠生辉。

太平顶西北，有“中军帐”，传吴王伐齐时，中军设于此，故名。清康熙年间在原址建三清殿，后又增建灵宫殿、蓬莱观等，今仅存房基。其址北依悬崖，南临深壑，丹壁凌空，松鸣云飞，清人在此题联：“万叠青松千涧月，一曲流水四周山。”中军帐西北有竹溪庵，是党怀英当年读书处，并在此著《竹溪集》。自隋唐以来，历代名流隐士多有隐此著书立说者，故又名“作书坊”。

二、娄敬洞山

娄敬洞山位于泰山西北，长清县张夏镇东南。相传汉初谋臣娄敬曾在此隐居。又因山形似老龙蟠曲，又如佛坐莲台，故又名蟠龙山、莲台山等。娄敬洞山多洞穴，自古有72洞之说，今著名的有娄敬洞、青龙洞、王母洞、八卦洞、火龙洞、仙姑洞、三清洞、老君洞、朝阳洞、聚风洞等。这里历史悠久，古迹遍布，奇峰环围如城郭，古洞毗连似仙府；植被茂密，山鸟飞舞，是一个访古览胜的好去处。

进山谷内有“蓬莱观”，谷口有拱形门石坊，额书“莲台胜景”。坊内为洞虚观遗址，金大定十二年（1172），丘处机再传弟子曹志冲等人创建，属龙门系，清嘉庆二十年（1815）改为五峰书院。沿南岸东上为蓬莱观，全为石砌建筑，今存重修后的无梁殿及明、清碑碣数通。观东有张仙祠，创于民国初。祠坐东朝西，大厅、配殿、山门完好，厅后有万花洞。

青龙洞位于张仙祠南，洞口西北向，洞高1.9米，宽1.5米，深40米，呈蛇尾状外大内小。其上是王母洞，险居东山腰，高2.3米，宽1.7米，民国初重修洞门，额书“西望瑶池”。洞内有石雕王母像，高1.5米，丰姿端庄，衣带飘然。王母洞分上下两层，开凿竖井相连，井壁高13米，有石阶，可只身攀登。上洞高15米，宽3米，深40米。洞口呈竖梭形。站在洞口远望峰谷，山林野卉争呈异态，若世外桃源。

沿山腰小道北去至谷底为梯子崖，攀缘而上，又有高崖，崖巅悬筑天台庵玉皇殿。玉皇殿东是娄敬洞山的主峰三峰山。峪谷至此被峰峦阻截为坞，坞北侧有三清洞，高7米，宽8米，深10米，内有神龛，供三清天神石雕像，额书“古今独尊”。洞西有清康熙年间摩刻《三清洞记》。坞东崖壁上凿石成龛，依崖雕成大佛像，龛处建殿，额书“主佛殿”。

主佛殿南即是娄敬洞。洞东西相通，洞口西向，呈三角形，高8.5米，底宽7米。洞内宽敞似殿堂，高40米，宽30米，全长175米，洞中有洞，洞中有山，钟乳石奇形怪状，似人似兽。从东南出洞口是深山盆地，梯田环绕，中为山村，叫大娄峪。

梯子崖西北悬崖峭壁之上又有老君洞。洞北为玉柱峰，夏季大雨后水从石窟喷出，形成飞瀑奇观。此处怪峰罗列，幽洞遍崖，满谷葱翠。到了深秋时节，霜染红叶，万山如火。

三、五峰山

五峰山位于泰山西北长清县五峰山乡，主峰海拔565米，因有5座并列的秀丽山峰而得名。5座山峰呈半圆形，由西而东依次名为聚仙峰、望仙峰、会仙峰、志仙峰、群仙峰。五峰绵亘错列，云绕峰头，泉出石罅，宫、观、亭、台掩映于绿树丛中，素有内八景、外八景之说。

自南北朝以来，五峰山即有佛事活动，金元时创立道观，遂成道教胜地。五峰山谷口有一天门，两崖对峙，形如关隘。明万历年间，道士史奇峰在此建广生殿、伏魔宫，并用巨石筑门，门上建阁，额书“迎恩阁”，俗称一天门，清代重修。志仙峰下有神虚宫，俗称大庵，建于金泰和年间。宫内有三元殿、真武庙、玉皇殿、三青殿、青帝宫、九莲殿、吕祖庙等。后院有陡峭宽大的石阶近百级，上有月台，曾有辉煌殿宇，今圮，但巨大的莲花柱础和残墙犹存，依稀可见当年的壮观景象。

望仙峰山腰有青帝宫遗址，聚仙峰西岩有莲花洞石窟造像，五峰山西麓有南、北二皋古建筑群。五峰山东南有险峰，名青崖寨山。金元时东平路行万户严实于此屯兵镇守。明崇祯十三年（1640），以孙化亭为首的农民起义军在此安营扎寨，山上半穴居式建筑、寨门、点将台、旗杆穴等遗址、遗物犹存。

四、昆瑞山

昆瑞山位于泰山北麓济南市历城区柳埠镇东北，与岱顶直线距离为22.5公里，古称昆仑，又名昆嵛山、金庐山，为佛教胜地。据南朝梁慧皎《高僧传》

记载，当时这一带“峰岫高险，水石宏壮”，东晋时僧朗在山中别立精舍，“内外屋宇数十余区，闻风而造者百有余人”。现在这一带佛教遗存甚多，自然环境宜人，仍不失为得天独厚的仙境福地。

昆瑞山谷中有神通寺。前秦始皇元年(351)，僧朗西游东返创建此寺，名朗公寺。至北魏、北周时尽毁，隋唐加以重建。隋开皇三年(583)改名神通寺，盛极一时。清末庙宇尽毁，但残存石塔、砖塔、摩崖造像，均是古代建筑与雕刻艺术中的珍品。

神通寺东侧有著名的四门塔。四门塔建于隋大业七年(611)，以青石砌成，塔门朝向东、西、南、北，内有石雕佛像4尊，均贴金，各朝向4门。四门塔是中国现存最早的单层石塔。塔北古柏参天，上分9枝，故名九顶柏，传为汉代遗植。塔西北白虎山麓有南北朝时所建涌泉庵，隋开皇年间重修，被毁已久。唯泉流不息，泉水自山谷而出，汇入池，又从石雕虎口中喷涌而下，溪流过处，茂林修竹，环境清幽。

白虎山西侧崖壁上，有唐代早期造像艺术珍品。造像刻工精湛，保存较好，在65米长的石崖上有大小窟龛100余个、大小造像221躯、题记43则。其中较著名的有唐太宗三女南平公主与其夫齐州刺史刘玄意于显庆二年(657)和唐太宗十三子赵王青州刺史李福于显庆三年为太宗所造佛像。

柳埠镇东南灵鹫山麓，有建于唐代的九顶塔。塔单层实心，呈凹曲线，结构奇特，塔为八角形，在顶端每个角上各筑有一个3层小塔，中心部位则有一个稍大些的，即塔顶又有9个小塔，故名九顶塔，这种造型为国内罕见。灵鹫山上还有唐代造像3处，计龛17个、佛像58尊、题记3则，盛唐风格十分浓郁。

四门塔东又有“龙虎塔”一座，因塔身雕龙虎而得名。龙虎塔始建无考，砖石结构，深浮雕，塔身每面刻火焰状纹饰券门，精刻龙虎、罗汉、力士、伎乐、飞天等。室内有方形塔心柱，每面雕佛像。顶为重檐，上置覆盆相轮塔刹，造型优美华丽。附近还有7级小型石雕塔，亦浮雕龙虎，名“小龙虎塔”，唐开元初建。塔北为祖师林，为宋元以来神通寺住持僧墓塔林，砖石结构，今存46座。

五、大汶口遗址

此处是河不是山，但是大汶口文化同泰山有着密不可分的联系，因此在此一并做一简单介绍。大汶口遗址位于泰安城南大汶河畔，距泰安市25公里的泰安市郊区汶口镇附近。文化遗存分布在大汶河两岸，面积约12万平方米，为1959年铺筑津浦铁路复线时发现。后组织了发掘，经考证定为距今6000年至4000年之间的原始社会新石器晚期的遗存。随后，考古学界遂将大汶口遗址及其类同的其他文化遗址命名为大汶口文化。遗址内涵丰富，有墓葬、房址、窖坑等等。出土的生活用具主要有鼎、豆、壶、罐、钵、盘、杯等陶制品，形式分为彩陶、红陶、白陶、灰陶、黑陶几类，其中彩陶器皿花纹精细匀称，几何图案规整，个别器皿上还有类似象形文字的符号。出土的生产工具有磨制精致的石斧、石硛、石凿和骨器。大汶口文化的发现，为山东地区的龙山文化（属新石器晚期，已采用快轮制陶，有些遗址中发现有青铜器，晚于大汶口文化）找到了渊源。现在大片遗址被覆盖在地下未被挖掘，泰安市有关部门正拟建立“大汶口遗址博物馆”，届时人们将可在此一睹中华民族先人们劳动、创造和发展的历程。

六、张夏馒头山地层标准剖面

标准剖面位于泰山以北25～32公里处，分布在104国道两侧，是一条地质旅游线。这种山地属溶蚀构造低山，海拔一般在500～800米之间。如前文所述，山体主要由古生界沉积岩层组成，沉积岩最显著的特征是成层，这一层一层的岩石，就像一页一页记录着地球演化的书页，道出了地球生命史的发展。这种山的顶部当覆盖有厚层的灰岩时，相对抗风化能力较强，因此山体由于风化、剥蚀、崩塌，就往往形成较陡的坡石，如果山的四面都剥蚀得较严重，而山的顶部却剥蚀较缓，就形成了状若“馒头”的形状。如果两面被侵蚀，则形成两壁陡峭、顶部平缓的长条形平台的低山；而当长条形的岭脊也被侵蚀得比较严重时，将会变得十分狭窄，甚至出现一些洞穴，形成“透明山”。这种山体其下为太古界泰山群花岗片麻岩，沉积盖层为下古生界寒武—奥陶系石灰岩，两者呈角度不整合接触，形成了一种典型的地质地貌现象。这一标准剖面的研究始于20世纪初，是我国地层和生物研究历史最长，研究工作最多、最详细的地层剖面之一，在我国地质历史上占有重要地位。而且这一标准剖面在我国寒武系区域地层对比和国际寒武系地层对比研究中起了重要作用。因此它是我国有关大专院校地质学的重要实习基地。到这里来旅游，不仅山势奇特可观，还可以学到自然科学知识。

七、灵岩山

灵岩山位于泰山西北长清县万德镇东北，距泰山主峰约30公里，山下有灵岩寺，是我国古寺之一，向与天台国清寺、江陵玉泉寺、南京栖霞寺并称“域中四绝”。

灵岩山即为“馒头”状结构，顶平而四面如削，远望似古代官印，方方正正，所以又称玉符山或方山。灵岩山北崖最高处俗称功德顶，其上有石龛，开凿于唐贞观年间，内雕释迦牟尼坐像，高5米，体态丰雍。像侧原有四侍者菩萨，今剩其二，龛壁上多唐宋题刻。

灵岩寺在山阳，相传前秦僧朗在昆瑞山创建寺院后，又至此大兴土木所建。后北魏太平真君七年（446）太武帝灭佛，寺院尽毁。孝明正光元年（520）僧法定重建，以后多有修建，规模愈加宏大。今寺内有双重山门、大雄宝殿、千佛殿、御书阁、辟支塔、墓塔林等历史遗存。

千佛殿为寺的主体建筑，始创于唐，拓于宋，重修于明清。殿内须弥座上供3尊释迦分身大佛：中为宋塑藤胎毗卢遮那，东、西为明铸药师卢舍那和阿弥陀铜佛。尤为精绝的是殿内四壁台座上的40尊罗汉彩色泥塑。泥塑均为宋、明之作，技法高超；神态各异，喜怒哀乐，呼之欲出，甚至人物的细小筋络都表现得十分精当，显示了当时中国雕塑艺术已达到了相当高的水平。清末梁启超称其为“海内第一名塑”；1983年，国画艺术大师刘海粟更称之为“灵岩名塑，天下第一。有血有肉，活灵活现”。

千佛殿西有高塔，唐天宝年间创建，宋代重修，名“辟支塔”。塔基石筑，四周浮雕阴曹地府图像；塔身砖砌，8角9级12檐，通高54米，每级4门6窗，塔内底层有塔心柱，底四层塔内设登塔阶梯，自五层起改为实砌塔体，登塔须沿塔檐上仅70厘米宽的平座绕转再上，直至九层。塔顶铁刹直刺云端，垂下8根铁链由塔顶八大金刚拽引加固。

寺西有历代住持高僧的墓塔，计167座，墓塔由塔座、塔身和塔刹组成。塔座或方或圆，有须弥座亦有莲花座；塔身形状也不同，分别为圆柱体、多角长方体和金钟形体，上刻塔主名号及年代；塔顶一般为长方形雕花瓣覆体或圆形相轮，上置宝瓶或相轮式宝尖。灵岩寺墓塔同嵩山少林寺墓塔的不同之处，在于它全为石制，而少林寺墓塔则多为砖建。诸塔中以慧崇塔最为著名。慧崇塔建于唐天宝元年（742—752），是塔林中最早的一个。塔为石砌单层方形，重檐，南面辟门，东西面雕假门半掩，有侍者作欲出之状。门上雕有狮首、飞天、伎乐、力士等图案，工艺古朴和谐，为我国墓塔中的精品。林内还有墓志铭81块，其中日本僧邵元于元至正初撰书的《息庵禅师道行碑》，堪作古代中日文化交流的见证。郭沫若曾有诗题此："息庵碑是邵元文，求法来唐不让仁。愿作典型千万代，相师相学倍相亲。"

八、仙人岭齐国古长城遗址

齐国古长城始筑于齐桓公元年，至今已有几千年历史，它西起黄河岸边的古防门（今济南市长清广里店），沿泰山主峰北面的山峦峰头蜿蜒东去，跨越十几个县市，至胶县入黄海，全长500余公里。从桃花峪北去可见到齐长城，从玉泉寺北去亦可见到，但它不在泰山主峰，故在此做一概要介绍。

齐长城是中国最古老的长城之一，绵绵千里，历经了2500多年的硝烟烽火、风雨沧桑，至今雄姿犹存。其基础一般宽6～10米，墙高2～11米，高者多在山岭低凹处，较完整者多在山区险要处。山区均以开石垒砌，中间夯土，平原则多用泥土版筑。泰山地区的齐长城分长清段、肥城段、泰安段，而尤以谷山玉泉寺以北仙人岭一带的古长城保存得最为完好。登临其上，顺长城遗迹眺望，可见长城墙垣高低起伏，延伸不绝，气势十分磅礴，而且城墙以北遍生松柏，残垣南坡尽是刺槐，树种以长城为界，截然两异。每年槐花芬芳时节，这里北是一片绿，南是一层雪，景色秀奇喜人。如果有兴趣沿长城做一番考察，定会很有意思的。

第八节　黄石崖造像群

济南市南千佛山南螺丝顶主峰西侧有北魏正光四年（523）到东魏兴和二年（540）石窟造像，因山崖石质呈赫黄色，因称黄石崖造像。窟在峭壁东北端，由天然石洞改造而成，呈三角形，正面无造像。东壁造像7尊，除立佛、坐佛各1尊外，余为菩萨。立像与坐像身后刻有椭圆形背光和圆形头光，头光内为莲荷草纹饰。西壁造像17尊，佛像头光之上浮雕飞天，造型生动。石窟西为摩崖造像，其中4尊飞天手中各持乐器，身上除飘带外全部裸体。造像风格受北魏汉化的影响比较明显，躯体修长，面容清瘦，刀法简朴厚重，但不少精美造像的头部已被毁或被盗。

第三章
人文遗存传千古

世界文化遗产是有其尺度的，它的定义为："从历史、艺术或科学角度看具有突出的普遍价值的建筑物、碑雕、壁画和具有考古意义的铭文、窟洞及其联合体……"[①]泰山作为世界文化遗产，它有着大量的具有极高历史、艺术和科学价值的人文遗存，这些遗存携带了丰富的历史信息，从不同方面表现了中国古代劳动人民的高度智慧与技巧，表现了我们祖国的历史悠久和民族的伟大。以下将对泰山的重点文物作一简要介绍，以供游泰山者考察与欣赏。

第一节　泰山石刻

泰山为五岳之首，碑刻题铭之多，亦为五岳之冠，大山上下，处处有书法艺术为其锦上添花。泰山的石刻自秦至清，历代皆有巨制，基本上概括了中华民族的成长过程，亦展示了我国书法发展的历史。

一、碑碣

秦刻石　又名《封泰山碑》，为秦始皇封泰山时的颂功德碑。因为丞相李斯所书，又俗称"李斯碑"。石原立于岱顶，三面为始皇诏书，计144字；背面

① 《保护世界文化和自然遗产公约》。

为二世胡亥于前209年继位后的诏书和封禅从臣的名姓，计79字。依据秦始皇“数以六为纪”的制度规定，经考古推断，此石原高约263.3厘米，有4个相同的棱面和4个相同的主面，棱面宽6.93厘米，主面上宽69.3厘米、下宽83.2厘米，字便刻在4个主面上，其中始皇刻辞的铭文系3句为一韵，6句为一段，形成6段、12韵、36句的格式。秦刻石历经2000余年的风雨沧桑，曾屡失屡得，今只残存10字，已移岱庙东御座保存。虽然碑已不全，但其书法仍不失当年风韵，向被称作稀世珍品。

据史书记载，秦代小篆的代表作品有七：峄山刻石、泰山刻石、琅琊台刻石、芝罘刻石、东观刻石、碣石刻石和会稽刻石。其中除泰山刻石和琅琊台刻石（现存中国历史博物馆）仍存残碑外，其余均久已不存。所以秦泰山刻石尤显得弥足珍贵。李斯善大篆，但大篆书写不易，难以推广，在此基础上，李斯改省结体，整齐笔画，创造了小篆，为秦统一文字、创立书体做出了很大贡献。作为李斯小篆的代表作的《李斯碑》，因此受到了历代的重视。《说文序》指出：李斯“取古籀大篆，或颇省改，所谓小篆者也”。可以看出李斯是我国古代一个既重视传统，更勇于创新的改革者，对于我国文化事业的发展立下了功劳。就其书法艺术而言，《书林藻鉴》称“斯骨气丰多，方圆妙绝”。宋刘跋《秦篆谱序》称：“李斯小篆，古今所师。”明代郝经更赞之为：“拳如钗股直如箸，屈铁碾玉秀且奇。千年瘦劲益飞动，回视诸家肥更痴。”可见，李斯所书的泰山刻石小篆不仅在书体上，而且在神韵上，皆有承前启后的作用，对后世各体书法都有着较大的影响。

“没有统一的文字就没有统一的文化，没有统一的文化就没有统一的中国。”[①]李斯倡导的“书同文”被秦始皇采纳，比大篆易于书写的小篆体，在全国范围内广为流行，使中国成为文字统一、政令统一的大一统天下。之后，程邈在小篆的基础上，结合民间流行的书体，又进一步整理出更为简便的新书体——隶书，中国的文字至此基本定型，文化的交流传播如生双翼，对于经济的发展也起到了促进作用。李斯小篆作为当时历史的特定产物，至今仍保留在泰山，足见其价值之重大，不愧为“天下第一名刻”。

无字碑　前面说过，《无字碑》因无一字，前人多以为乃秦始皇所立，意

① 转引自姜丰荣编注：《泰山历代石刻选注》，青岛海洋大学出版社1993年版。

为秦始皇功德难铭，又焚书黜字，故所立石也“一字不錾”；也有人认为此石的广狭制度与《泰琅琊刻石》极相似，由此推断此石为始皇立。唯顾炎武力辩众说，改定为汉武帝立，并称：“而后之不读史者，误以为秦耳。”郭沫若先生亦主此说，他的《登泰山观日未遂》诗云：“夙兴观日出，星月在中天。飞雾岭头急，稠云海上旋。晨曦光晦若，东辟石巍然。摩抚碑无字，回思汉武年。”当代考古研究认为，世人称无字碑为始皇立，仅传说而已，并未提供足够的证据；顾炎武改定为汉武帝立，也是仅依《史记》《后汉书》中的某几句话，并没有全面考察历史记载，许多史实与其说相悖，难以自圆。究竟石为谁所立，还须全面研究历史。在《史记·封禅书》中，司马迁对汉武帝登封泰山的记载只言“上石立之泰山巅”，不言刻石；对秦始皇登封泰山的记载，也只是说“上自泰山阳至巅，立石颂秦始皇帝德，明其得封也”，同样不言刻石。这是由于在汉代史书中，凡是要著录立石铭文的，则先言“立石”，再言“刻石”，后言“其辞曰”，或统言“立石刻，其辞曰”。如果在有些场合不需要著录铭文，则只言“立石”，不言“刻所立石”。《史记·封禅书》共记载汉武帝、秦始皇登封泰山事件2例，之所以只言“立石”，不言“刻所立石”，并不是因为立石无铭文，而是由于未著录铭文。因此，顾炎武单凭《封禅书》不言“刻所立石”这一说法，就断言汉武帝立石无字，是片面的。

实际上，汉武帝立石刻有铭文，而非无字，《后汉书·张纯传》载：“中元元年（56），帝乃东巡岱宗，以纯视御史大夫从，并上元封旧仪及刻石文。”张纯所上的元封旧仪即汉武帝元封元年登封泰山的礼仪，其刻石文即指汉武帝立石的铭文。此铭文，司马迁修《史记》未予著录，班固修《汉书》也未予著录，到了东汉末年，泰山太守应劭才把汉武帝的立石铭文详细著录在《风俗通义》第二卷里，使之得以留传后世。此后，颜师古注《汉书》，即引用应劭著录的铭文作为汉武帝登封泰山的注解，刘昭补并注《后汉书·祭祀志》时，又引此作为武帝“上石立之泰山巅”的注解。《风俗通义》至今尚存，铭文亦在，可见顾炎武说武帝立石无字是错误的，《无字碑》是汉武帝所立也是没有根据的。

那么，无字碑到底为谁所立呢？

从形制看，《无字碑》不属于碑碣，而是石阙。关于碑与碣的形制，许慎《说文》释曰：“碣，特立之石也。”此解之为“立石”。又云：“碑，竖石也。”唐李贤注《后汉书·窦宪传》又做了具体说明：“方者谓之碑，圆者为碣。”秦始皇刻石纪功，大开立石之风，其所立石皆上小下大，上圆底平，文字环刻于四周，是为碣。所谓碑，指方形或长方形的竖石，起初，碑多立于宫庙门口或墓道口，用以测日影、拴牲口或用以引棺木下墓穴，后来逐渐发展为在碑上刻文记事。至东汉，刻辞之碑代替了碣，其形制也渐趋统一。但在东汉以前，尚未见有像无字碑这样上覆石盖和顶柱石的记载，所以说无字碑实际上不属于碑，而应是阙。石阙的形制主要由三个部分组成，中部为阙柱，有4个面，多为长方形或略呈梯形；下部为柱础，阙柱之下无榫，一般将阙柱直接下寝于柱础内；阙柱之上有顶盖，多为屋形出脊，其最顶部有顶柱石。无字碑与这一切均相符。而无字碑之所以称碑，俗称而已。

据《史记·秦始皇本纪》记载，秦代制度为“数以六为纪，符、法冠皆六寸，而舆六尺，六尺为步，乘六马”。从现存的刻石资料看，秦刻石尺寸无不严格遵守“数以六为纪”的制度，或是六，或是六的加倍数，或是减倍数。实测泰山无字碑，四隅棱面宽6.93厘米，为秦尺3寸；左右二面上宽69.3厘米，合秦尺30寸；下宽83.2厘米，合秦尺36寸；前后2面上宽110厘米，合秦尺48寸，石柱高499.5厘米，合秦尺216寸……经考察，无字碑的形制同《秦泰山刻石》是相同的，虽然它无字，也必定为秦始皇所立无疑。

同时，东汉马第伯《封禅仪记》所记载的始皇石阙就在现在无字碑所立的地方。马第伯是东汉光武帝登封泰山的侍从官，他自称在光武帝登封泰山之前，于建武三十二年（56）二月与70人先上山视察封禅坛等设施，从他的记载可以清楚地看出，秦汉封禅坛皆在岱顶玉皇庙院前后，始皇封禅台及阙就在玉皇庙山门以南8米的平台上，正是现在无字碑的所在，用以象征通往天宫的大门①。

衡方碑、张迁碑　此2碑均是我国著名的汉碑，刻于东汉灵帝执政时期，现存岱庙东碑廊。

《衡方碑》（图3-1）为衡方的门生朱登等为其所立的颂德碑，全称为《汉故卫尉卿衡府君之碑》。碑高240厘米、宽110厘米。碑阳刻文23行，满行36字，共815字，字径4厘米，隶书。其书体方整严密，神态敦厚朴茂。翁方纲《两汉金石记》称“似开后来颜真卿正书之渐”；杨守敬《平碑记》谓“北齐人

---

① 参见姜丰荣：《泰山无字碑考辨》，《泰山研究论丛》第5辑，青岛海洋大学出版社1991年版。

图3-1　衡方碑

书多从此出”；现代杨震方《碑帖叙录》谓“此碑是北魏洛阳书风之源”。

《张迁碑》为谷城旧吏韦萌等为张迁立的去思碑，碑高292厘米、宽107厘米、厚20厘米。碑阳隶书阴刻15行，满行42字，共567字，字径3.5厘米。碑阴刻立碑官吏41人衔名及出资钱数，亦隶书。额篆书阴刻“汉故谷城长荡阴令张君表颂”2行12字，字径9.5厘米。该碑形制丰满，文辞淳古，为汉碑中之佳作。

此2碑虽处同一时期，但在书法艺术上却是风格不同，各臻其妙。《衡方碑》字体温润端庄，粗壮古拙，以体丰骨壮著称，是汉隶中方劲高古一派的代表。《张迁碑》浑穆厚重，丰茂遒劲，朴厚中见媚劲，方正而不失变化，其碑阴则更为流丽奔放，是汉隶中方笔雄强的典范。两碑均是研究汉代书法艺术和社会历史的珍品，在中国名碑中占有较高的地位。

晋任城太守夫人孙氏之碑　此碑立于西晋武帝泰始八年(272)，碑高250厘米、宽97厘米，计707字，字径3.5厘米，隶书。碑文辞章古雅，犹存两汉遗风；笔势严谨，字画方劲厚重，与魏黄初孔庙碑极相似。晋代多短碣，如此大碑十分少见，此碑与掖县郛休碑、河南太公望表，并称晋之三大丰碑，而此碑立于泰始八年，此时晋尚未统一，是三大碑中年代较早者，为我国书法艺术珍品。

双束碑　其名为《岱岳观造像记碑》，俗称“鸳鸯碑”。此碑是武则天于显庆六年(661)，遣道士郭行真到泰山行修斋建醮造像之事时所立。碑的造型独特，碑身由相同的两石组成，上下共嵌于同一碑座和碑首间，这并非因为造碑取材困难，而是另有所喻：碑首示天，碑座比地，两石并立表示武则天同唐高宗并驾治理天下。该碑原在岱岳观(今王母池西，已毁)，现存岱庙碑廊。

《双束碑》石盖高50厘米，雕作歇山形屋盖，其正脊、垂脊、戗脊、椽桷及瓦陇的雕刻极为精致，具有典型的唐代建筑风格。碑文刻于碑身四周，每面作四五层，每层刻文1则或2则不等，皆正书，共记录了高宗、中宗、睿宗、玄宗、代宗、德宗、武后6帝1后斋醮造像之事20余则。武则天在位期间的7则中，有其自造并推行的一些文字，如“天”作“乔”，“地”作“埊”，“人”作“𤯔”，“日”作“乙”等，凡数字皆作“壹贰叁捌玖”等。碑文多清词醮章，作功德，言符应，非大雅之作，其书法亦非名笔，但其造型别致，形制特殊，且是泰山仅存的唐碑，其所记6帝1后计130余年建醮造像的情节比较详细，为正史礼志所阙如，实为研究唐代历史的难得的史料。

宋碑　泰山宋碑很多，形制最大、最有名的是《大宋东岳天齐仁圣帝碑》和《宣和重修泰岳庙碑》。《大宋东岳天齐仁圣帝碑》立于宋大中祥符六年（1013）六月，碑通高820厘米、宽215厘来、厚60厘米，螭首龟趺。碑阳刻文2319字，字径5厘米，晁迥撰文，尹熙古行书并篆额。碑阴刻明人张允济和王贤题“五岳独宗”四大字，字径110厘米，正书。碑文作者晁迥，《宋史·晁迥传》仅记其由右谏大夫进翰林学士、知审官院、同修国史，而对其判昭文馆事、奉敕撰写碑文及碑所云“上以庆幸，宣明圣礼，叨奉册于秦城”等，史书皆失载，故此碑文亦有补史作用。此碑立于岱庙正阳门内西碑台，雄伟高大，与岱庙炳灵门外的《宣和重修泰岳庙碑》东西相对，并称岱庙两大丰碑。

《宣和重修泰岳庙碑》（图3-2）高925厘米、宽210厘米、厚70厘米，螭首龟趺。龟座高185厘米、宽300厘米、长500厘米。碑阳四周饰方夔纹，刻2268字，字径5.5厘米，宇文粹中撰文，张漴正书并篆额。明万历十六年，山东巡抚李戴和吴龙征在碑阴刻“万代瞻仰”四大字，字径124厘米。

此碑立于宋宣和六年（1124）三月，此时宋江领导的农民起义刚被镇压下去，山东及黄河以北的广大人民又群起反抗，阶级矛盾进一步激化。金兵则乘机大举南侵，危机四伏，北宋王朝危在旦夕。

图3-2　宣和碑

在此情况下，北宋政权不惜耗费巨资，修庙宇、镌巨碑以歌功颂德，粉饰太平，借神祐以自保。但是，自欺之谈挽救不了北宋王朝覆灭的命运，两年后徽、钦二帝即被金兵所虏，北宋王朝随之灭亡。

这两块碑的书法各有特色。前者师圣教、兰亭，秀劲有风姿；后者师承柳欧，开朗静洁：均不失为上乘之作。

大金重修东岳庙碑　此碑立于岱庙天贶殿东碑台上，刻于金大定二十二年（1182）。碑高637厘米、宽185厘米、厚80厘米，圆首龟趺，计1050字。碑文书法有宋意，结构展拓，笔力劲壮。此碑的特点是文、书、额由金代三能人合作，文为杨伯仁撰，额为党怀英篆，碑为黄久约书，三位大手笔合作萃为一碑的十分少见，故为后世所重。

元、明、清至现代，泰山碑刻更是多不胜数，其中不乏内容书法俱佳者，琳琅满目，令人目不暇给。

二、摩崖刻石

摩崖刻石之不同于碑刻，在于它的字句直接镌于天然石上，泰山上下有此类刻石近千处，可谓一座庞大的天然碑林。

从内容上看，泰山摩崖刻石有题景、抒怀、记事、打趣、佛经道语等内容……从书体上看，真、草、隶、篆应有尽有，这一切构成了泰山别具一格的人文景观。

经石峪《金刚经》摩崖刻石　此石在前文已做过简要介绍。《金刚经》全称《金刚般若波罗蜜经》，刻于经石峪面积约2064平方米的石坪上，自东而西共44行，每行字数不等，少者10字，多者125字，字径35～50厘米不等。原刻有2799字，由于长期风雨剥蚀、山洪冲刷，现还存1067字。此刻石气势磅礴，书法纵逸遒劲，世人称之为“大字鼻祖”“榜书之宗”，是我国现存规模最大的佛教摩崖刻石之一，受到历代书家的推崇和珍视（图3-3）。

经石峪大字究竟书于何代，出自谁手，由于没有落款署名，长期以来，一直说法不一。有的史料记载为“王右军（羲之）书”；有人认为是唐人所为；明代王世懋认为是宋元之笔；还有人认为其书体“与《郑文公》略同”，便推测为“郑道昭所书”，但这些均没有根据。近代考证者认为，大字当为北齐人所书，且刻经工作被迫中止于北齐末年（577），以至有些字已经双勾却未曾刻完。1961年，郭沫若先生来泰山时也认定书出北齐人之手，并赋诗以志：“经字大如斗，北齐人所书……”这是比较可信的。北齐时代，佛教一度兴盛，统治者不惜动用大量人力物力去开凿石窟，塑造佛像，经石峪大字的刻凿就是在这一背景下开工的。与此同时，北周继承西魏的宇文氏建立了国家，宇文氏虽出身塞外民族，却崇尚儒学，其第三代帝王周武帝是一个胸藏大志的人，他掌权以后曾一度想借以儒学为中心的三教归一作为统一中国的思想基础，但是由于佛道两家相互攻击，而且众多僧尼过着不合时宜的奢侈生活，有违武帝富国强兵的意图，于是于建德三年（574）下诏废除了佛道两教，并大规模地销毁僧院道观及其经典。在他废除了佛道两教之后，又于577年灭齐，统一了华北。泰山凿刻的《金刚经》由此半途而止便顺理成章了。

图3-3　经石峪

刻金刚大字的初衷，当然不是为了艺术，但残存的1000余字虽历经了千余年的风雨，仍保存了南北朝时期的风范，其字体似隶、似魏、似楷，“草情篆韵，无所不备”。整个布局浑然一体，虽依峪底为势，书刻于不规整的石面上，但却不失其章法；字有界格为限，但因字体大小参差，仍觉合宜得体，流畅连贯，气势恢宏。

《纪泰山铭》摩崖刻石　这一刻石的基本内容，我们已在前面做了介绍，这里主要谈谈它作为泰山重点文物的历史与艺术价值。

《纪泰山铭》（图3-4）刻于726年，至今也已有千余年历史了。铭文为唐玄宗亲撰并书，因其形制雄伟，文词雅驯，书法遒劲婉润、端严雄浑，被推为汉以来碑碣之最。清金石家朱彝尊说：“御书遒劲，若怒猊渴骥……若唐隶尽如此，何惭汉碑碣乎？”唐隶又称“唐八分”，是区别于汉隶的说法。一般说来，唐隶在结体和笔势上较之汉隶变化较少，其书法艺术确逊于汉隶，但唐玄宗的《纪泰山铭》却并不逊于汉隶，因此受到了历代书家的赞誉。《述书赋》就称赞

图3-4　大观峰摩崖刻石

其书法为:“开元应乾,神武聪明,风骨巨丽,碑版峥嵘,思如泉而壮风,笔为海而吞鲸。”而且据史书载:“旧填金泥,元时错落。每当晴朗时,自南数十步望之,字里行间光彩照灼。”可见它早就受到了历代的重视与保护。

《纪泰山铭》刻石现仍基本完好,1982年政府重又贴金,它不仅是泰山一大壮美的景观,也是研究唐史和唐代书法艺术的宝贵的第一手资料。

晒经石水帘诗摩崖刻石　此诗作于明万历十九年(1591),刻在经石峪西崖壁上,崔应麒作诗并草书。其书法走笔龙蛇,一气呵成,有献之、怀素笔意,与经石大字及周围众多题刻相映成趣,为明代泰山诸石刻中的佳作。

高瞻远瞩摩刻　在云步桥南盘道东侧巨石上。1930年9月30日袁家普撰书。摩刻高550厘米、宽185厘米,隶书。其文为:“愿同胞努力前进,上达极峰,独立南天门,高瞻远瞩,擎日拿云,可以张志气、拓胸襟,油然生爱群救世之心,感斯山之永固乎!国家柱石,曰严曰峻,巍然民族之威棱。”

日本柳田泰云“国泰民安”刻石　历史上,泰山的国际文化交流活动始终是很活跃的,汉唐以来,波斯(今伊朗)、天竺(今印度)、倭国(今日本)、新罗(今越南)、百济(今朝鲜)等国的使者都曾登临过泰山,带来了异国的文化与文明。早在700多年前,日本九州正法寺住持僧邵元就来泰山开坛说法,修坛勒石;500年前,朝鲜僧人满空在泰山重建普照寺,翻译了大量佛经典籍。泰山留下了各国朋友的足迹,成为中国国际交流的历史见证。改革开放以后,外国友人更多地了解了泰山，前来观光者日益增多。日本著名书法家柳田泰云（1901—1990），就是一个仰慕泰山、敬重中国历史文化的学者，他曾多次来到中国，登上泰山。在他生命的最后一年，为表达他对泰山的热爱，1989年，他委托夫人柳田青云女士率107人的日本书法代表团来泰山访问，并把他对中国人民美好祝愿的“国泰民安”4个大字镌刻到了岱顶丈人峰南的巨石上。这一石刻是泰山在新的历史时期再一次走向世界的标志。

自秦至当代，泰山摩崖刻石中的精品还有很多，无法一一历数，其中如“从善如登”“中华精神”“仰不愧于天，俯不怍于人”，以及对松山诗“虬枝万干嵌危峰，稷稷清风翠影浓。自是腰间森傲骨，当年不受大夫封”等等，也均是立意与书法上的佳者。

中华民族精神的形成，中华书法艺术的独特之美，都受到祖国大好河山的影响。石刻之在泰山，更能使人深悟此理。泰山石刻是一首声情并茂的赞歌，道出了中华民族历代热爱神州的心声，也道出了中华民族历代振兴神州的豪情。石刻中所饱含的高韵深情与矗天而立的巍然泰岳融为一体，充分体现了中华民族自强不息的崇高精神，这便是泰山石刻作为世界文化遗产的一部分的精义所在。

第二节　泰山古建筑

泰山古建筑有着悠久的历史，可以追溯到遥远的古代，如东汉光武帝建武三十二年（56）封禅泰山，便“起灵台、明堂、辟雍，宣布图谶于天下”[①]，这灵台、明堂、辟雍等都是当时构筑的专用建筑；唐宋时，封禅发展到鼎盛时期，为此而建修的行宫、祭祀、登封、驻跸等建筑也日臻完善；佛教和道教在泰山的发展，也对泰山建筑产生了深远的影响。随着岁月的流逝，虽然大多数建筑已不复存在了，但是仍有近30处风格各异的古建群保存了下来，其总建筑面积为11500平方米，占地约24公顷。泰山古建筑是古代劳动人民智慧的结晶，是

① 〔明〕李贽：《史纲评要》。

人类珍贵的历史文化遗产。

纵观泰山整个建筑群设计，它的最大的特点是整体构思明确，从山麓到极顶，利用泰山南坡断层陡峭之势，组成了一条极为壮观的朝山祭祀建筑序列，形成了渐入佳境、步步登天的意境。而分观每一个单体建筑，其作用与结构又各不相同：有的紧贴“朝天”的主题，修得威严嵯峨；有的却像是旁敲侧击，建得分外轻松精巧……泰山的古建筑附着于泰山，但已成为泰山不可分割的景观内容，它丰富了泰山的内涵，增强了泰山的韵致。

一、岱庙

岱庙是一个神奇的地方。在这里，我们首先要通过一位阅历很广的教授、古建筑学家的眼睛来看一看它：“谁也不会相信，我爱泰山，是从岱庙引起的。岱庙是中国三大建筑群之一，北京故宫有山（景山）少林，曲阜孔庙，有林无山，而岱庙呢？有山有林，而且山是泰山，是五岳之首，自然更添上了它的景色与地位了……在我国古代城市中心如今能保存这样瑰丽与完整的大建筑群，岱庙在山东省乃至全国也占有极高的地位，是研究中国文化史与建筑史的一个重要实例……我初游泰山，是住在岱庙附近的旅邸，远道而来，初见相惊，太吸引人了。在过去我也曾到过其他的如中岳嵩山、南岳衡山等，但感情上总没有这次这么兴奋，我太高兴了，几乎忘了登泰山。我仿佛觉得在岱庙可说是真正的看山，登与不登也没有什么关系。”①

岱庙有着如此的魅力，决定于它自身的特征。它首先激发了人们的民族自豪感。

它的城墙便与一般的庙宇不同，城周1300米，5层基石，上砌大青砖，呈梯形，下宽17.6米，上宽11米，高约10米，共有8座门：正中为正阳门，是岱庙的正门；东为东掖门，再东为仰高门，西为西掖门，再西为见大门；东向的为青阳门，也称东华门；西向的名素景门，也称西华门；北面一门叫鲁瞻门，也称厚载门。庙墙四隅有角楼，以八卦中的方位得名：东北为艮、东南为巽、西北为乾、西南为坤。正阳门总高19米，楼5间，高11米，单檐歇山顶，覆黄

① 陈从周：《岱庙》，山东科学技术出版社1992年版。

色琉璃瓦。门与角楼虽为近年重修，但仍保持了原貌。

岱庙的中心建筑为宋天贶殿。天贶殿面阔9间（43.67米），进深5间（17.18米），通高23.3米。六柱五架梁，重梁起架，黄琉璃瓦重檐四柱顶，柱下施覆盆式柱础，檐下施斗拱，柱头科单翘重昂，七踩承菊花头式梁头，平身科除两稍间各1个外，其余每间3个，也是单翘重昂七踩斗拱。檐檩、阑额、由额、垫板、普柏枋及连接枋、抱头梁、雀替、丁字拱等上施金琢墨玉碾玉彩绘。殿内天花板彩绘金龙，正间和次间顶部设藻井，周围施斗拱。尤为壮观的是殿内壁画，它显示出了古代中国人高超的艺术造诣。

天贶殿坐落在宽敞的白色台基之上，周围石雕栏板环绕，云形望柱齐列，使天贶殿与四周的环境产生了奇妙的效果。每当清晨傍晚，日光斜射，白石台基，红柱黄瓦，衬以苍翠古柏和大山的背景，显得极美：红与绿的对比，反差大，令人兴奋；黄与蓝的调和便成了绿，又使人感到和谐轻松；而白石台基正如美女的素裙，使一座巨大的建筑不觉沉重反有飘逸之感。岱庙的建筑艺术真可谓登峰造极，古人的智慧表现得淋漓尽致。

天贶殿周围施以回廊，形成了一个大院落，在中国的建筑中，廊是起着使空间有连贯、敛气、紧密、严谨而又富于变化的作用的，这在世界建筑史上都是值得称道的。岱庙的回廊把一座重檐庑殿的大建筑物紧紧地环抱着，平直与崇高的对比更激起了人们对天贶殿的崇仰。我国古代建筑家很懂得大小对比的手法，深知世上没有绝对大与绝对小，大小是从对比中产生的，除了四周低平的回廊外，天贶殿前平台上还修了两个精巧的御碑亭，既突出了天贶殿，又于雄伟中寓着恬静闲适，因此天贶殿并非雄伟两个字可以概括的[①]。

岱庙古迹遍布，处处都给人以民族历史的深厚感。

岱庙的碑文中有“秦即作畤”“汉亦起宫”的词句，推断岱庙创建于秦汉时代。此说虽无据可考，不能令人信服，但是至唐玄宗封了泰山神为“天齐王”之后，泰山确实有了祭祀泰山神的庙。宋真宗封泰山神为“天齐仁圣帝”后，重修神府，至宣和年间（1119～1125），则“增治宫宇，缭墙外围，罘（fū）罳（sī）分翼，岿然如御都紫极。望者知为神灵之宅。凡殿、寝、堂、阁、门、亭、

① 参见陈从周：《岱庙》，山东科学技术出版社1992年版。

库、馆、楼、观、廊、庑合八百一十有三楹”[①]。金大定十八年(1178)春遭火灾，次年重修。金末及元又毁于兵乱，元至正十三年(1353)再修，“又创为新堂五楹，前轩后阕，高明虚敞，以待宾客。西为神库，以藏天子赐物。复辟东廊，设以轩榻，高其陛所，以待诸官府有事岳祠者”[②]。明嘉靖二十六年(1547)庙又受灾，“仅存寝宫及炳灵、延禧三宫。越十五年壬戌(嘉靖四十一年)始兴建，凡十数月告成”。清代由于地震，岱庙遭到了巨大的破坏，康熙、乾隆年间均有大规模的重修。民国间，岱庙遭到了很大的破坏，现在又已修复如初了。岱庙作为全国重点文物保护单位，是一部激发人们爱祖国、爱民族的好教材，是对群众进行爱国主义教育及历史教育的大课堂。

二、登山盘道

登泰山走在盘道上，被沿途的山峰、溪水、庙宇、石刻所吸引，似乎忘了这漫漫7000级脚下的路。其实，看似单调的泰山盘道本身就是一项了不起的建筑工程，它凝聚了我国古代建设者的智慧和血汗，体现了我们民族的特有的审美情趣。7000级石阶才是一座记录了中华民族灿烂历史文化的真正的无字碑。

盘道最早建于何时已无从考了，但是人们知道秦始皇封泰山时便“除车道”，形成了今日盘道的雏形。而在此之前，登泰山的路是十分艰难的，只能顺着自然形成的谷底山梁披荆而上，前文引过的孔子的《丘陵歌》就描述了登泰山的困难。秦始皇上山辟的是“车道”，看来还不是石阶盘道。汉代时，帝王们因封禅的需要，再次下令拓修登山之路。汉官马第伯《封禅仪记》中记载：“(光武帝)二月九日到鲁，遣守谒者郭坚伯将徒五百人治泰山道……十二日宿奉高，是日遣虎贲郎将先上山，三案行还。益治道徒千人。”汉光武帝先后派遣了1500人修登山道，这是史籍首次详细记载泰山修路的情况。

唐代，高宗、玄宗相继封禅泰山，征调了大批兵士役夫造行宫、修盘道。登山盘道已初具规模，李白《游泰山》有“四月上泰山，石平御道开”之句，登泰山已成易事，已不像孔子描述的那般艰难了。宋人邵伯温《泰山闻见录》

① 见《宣和重修泰岳庙碑》。

② 见《东岳别殿重修堂庑碑》。

首次提到了十八盘："又经天门十八盘，峰兀秀耸。"元代李简《登岱》诗中亦有"层层石磴出林杪，萦回百折青云梯。盘石暂憩舒清眺，涧壑风来号万窍"的句子。可见泰山石阶盘道至少形成于唐宋时期，距今已有千年的历史了。

盘道形成后，历代都有大规模的整治，终于形成了今天的浩大规模与气势。7000级石阶，宽5～8米，长近10公里，逢山转折，遇水架桥，把陡峭的山坡全部变成了一段段的坦途和一个个的平台。因此，山势虽高峻，却给人以安稳感，使人倍觉登泰山"山险心平"。这样古老的工程，这样精到的构思，在世界的大山中也是绝无仅有的，登山者由此多发感慨：泰山盘道使人感到了中华泱泱大国的风度；泰山盘道应入吉尼斯世界纪录……

泰山盘道的主要功能是实用，但其在整个泰山景观中所起到的审美作用却是巨大的。盘道与周围景观相结合，就如同一条丝绳串起了众多的明珠而形成了一条光彩夺目的项链。首先是盘道适应了泰山的自然景观，如前文所述，古道沿中溪而上，充分借得了水色的清秀，那条条流瀑、湾湾碧水赋予了古道永远年轻的姿貌；两旁的山峰，如歇马崖、黄岘岭、对松山，又使得古道分外雄浑深幽。而后来的人文建筑与石刻又附就于盘道，那数不清的碑碣、摩崖刻石、亭坊、庙廊，无不与古道浑然一体，起到步移景换，不断调节与振奋游人情绪的作用，使人"看山如玩册页，游山如展手卷"，一步步、一层层领略到泰山的美。更不用说那高扬起的十八盘本身就是不朽的艺术杰作，也不用说那平而上、上而平，曲曲转转、柳暗花明的盘道本身也自是诗、自是画了。

三、南天门

南天门是泰山著名的古代建筑之一，它的突出的价值在于它的审美功能。专家认为，"南天门的构思可说是人文景观与自然景观结合的范例"[①]。

南天门建于飞龙岩与翔风岭之间低坳处，双峙对称，烘托了它的中心地位；与蓝天交接，在蓝天的衬托下，建筑轮廓十分鲜明。南天门是漫长的盘道的一个有力结尾，游人经过了一天门、中天门、升仙坊，只有一座更为高大的"天门"，才能使登泰山真正形成一个高潮，而且，南天门城楼，与城楼上摩空阁

① 杨辛：《泰山美学考察》，《泰山研究论丛》第1辑，青岛海洋大学出版社1991年版。

的屋檐形成两条横线，是十八盘台阶节奏的延伸，使这个收尾显得自然协调。南天门作为登山路上的最后一个屏障，再次在空间变化上追求了欲放先收的艺术效果。这一屏障同将要出现的岱顶的开阔景观形成对比，预示着前面还将有新的高潮出现。

从不同的距离观赏南天门有着不同的感受。在岱宗坊下就可以从远距离看到南天门，这时泰山的整体感突出，群山高耸入云，南天门只是云中的一个小黑点，但它已经向人们显示了魅力。在中天门看南天门是中距离观赏，这是看南天门的最佳视点。经过中天门以南漫长的收敛空间，南天门的轮廓已很清晰，以南天门为中心，翔凤岭、飞龙岩向两侧延伸，宛如一只振翅奋飞的大鹏，使人感到了南天门的召唤。到了升仙坊，仰望南天门，便是近距离欣赏了，南天门雄踞十八盘之上，好似被十八盘高高擎起，显得十分生动。正因为南天门有着如此种种的美学特征，因此它成了泰山最主要的特征之一，凡是知道泰山的人，几乎没有不知道泰山南天门的。南天门的构思与建造，充分体现了“人工借自然之势，自然凭人工之力，意境相合，构成人类文明千古诗篇”①。这就是南天门值得人们称道与向往的关键。

南天门为元初道士张志纯所建，元代杜仁杰曾撰有《天门铭》并刻石记述其事，铭曰：“泰山天门无室宇尚也。布山张炼师为之经构，累岁乃成，可谓破天荒者也。”刻石现在天门西侧石室内，保存完好。《泰山小史》也赞南天门为“在十八盘上，高插霄汉，两山对峙，万仞中鸟道百折，危级千盘。松声云气，迷离耳目衣袂之间，俯视下界则山伏若丘，河环如蚓，天地空阔，无可名状”。

四、碧霞祠

碧霞祠创建于宋真宗大中祥符元年（1008），始称“昭真祠”，金代称“昭真观”，明代改名“灵祐宫”，清乾隆三十五年（1770）重修，改今名。

祠分前后两院，正殿5间，在北院，面阔24.7米，进深15.1米，通高13.7米，四柱七架梁，重梁起架，十一檩前后廊式，九脊歇山顶，西角施角柱，檐柱施斗拱，柱头科，单杪双下昂六踩，斗拱上承托挑尖梁头，平身科，正间、

① 杨辛：《泰山美学考察》，《泰山研究论丛》第1辑，青岛海洋大学出版社1991年版。

次间、梢间分别为6、5、4个。斗拱上承托蚂蚱头，角科单翘重昂七踩，转角斗拱上承托宝瓶，歇山檐下及后檐下亦施斗拱，形状与前面相同。屋面瓦垄360条，象征周天之数，为防高山大风，明时盖瓦均为铁铸，清初易为铜瓦。大脊上饰双凤缠枝花纹，戗脊有六走兽和一个仙人，檐上瓦钉处饰立体走龙，均为铜铸。殿内槽柱上施四柁隔架斗拱，柱上施井字形天花板，正间内斗拱相围呈八角形藻井，中间有浮雕盘龙戏珠。大殿正间和两次间均设石雕仰复莲纹须弥座神台，供奉碧霞元君神像。大殿建筑雄伟华丽，是泰山仅次于岱庙天贶殿的第二大建筑。

纵观碧霞祠整个建筑群，由于地形限制，南北长70米，东西宽仅36米，总面积不过2500余平方米，但是它给人的感觉却森严宏大，毫不显局促狭小，显示了古代建设者因势而宜的高妙的建筑艺术水平和技巧。

碧霞祠选址于天街东端地势陡然抬起之处，前院设有东、西、南3座高大的神门。游人一般自天街东来，由西神门进祠，而西神门下是峭拔如十八盘的百余级连续的台阶（图3-5），由此进得祠来，忽见楼台严整，气氛肃穆，同天街风情迥然不同，人们首先感到了碧霞祠的赫赫气势。东神门与西神门相通，通往玉皇顶的盘道就在前院之中，且往南又开有南神门，人在此视野并未被封闭，因此小的空间便产生了大的空间的感觉。而且北面，碧霞祠山门高高屹立，不进山门仍不知祠内复有何物，使人更生神秘之感，犹觉此祠非同小可。及至进到北院，大殿之前有九脊重檐、黄琉璃盖瓦的香亭居中，亭两侧又有铜铸“金碑”，亭前又有千斤鼎、万岁楼，令人目不暇接，愈加感到了这里的不同寻常。而如果不如此布置，设若祠内空无一物，一览无余，区区300余平方米的天井，又怎能有此等韵味与效果呢？

图3-5　碧霞祠（西神门）

泰山碧霞祠建筑群以其高超的建筑艺术受到了建筑学界的高度称赞，认为它是高山建筑中独具一格的神品。

五、玉皇庙

玉皇庙是一组更小的建筑，或者说，它只如同一个普通的四合院。但是在岱顶的极顶处要得体地修建这样一个建筑，其实已经难为了当时的设计者与工匠们。

玉皇庙的建筑轮廓线与玉皇顶山头的轮廓线自然贴合，可以说是泰山形象的完成和延伸。泰山有了玉皇庙，才使它有了从神山、圣山到民族精神之山的最集中的物化的肯定。在这里再次要强调的还是极顶石，玉皇庙的最为可贵之处就在于对于极顶石的构思处理上。原先这里就曾修有庙，而极顶石是埋在建筑物下面的。明代万恭重修玉皇庙时将极顶石露出，《泰安县志》中有“隆庆六年，万恭撤观（指玉皇庙内的大殿）于巅北，出巅石而表之”的记载。这一举措极富想象力，使玉皇庙狭小而单调的庭院顿有了无穷的意味。这种构思在处理人与自然的关系中突出了人的因素，人登上泰山极顶，不是显得自己渺小，而是感到自豪。过去玉皇顶曾有一副对联：“地到无边天作界，山登绝顶我为峰。”通过了不懈的努力、艰苦的登攀，终于达到了最高的境界，这不也是泰山精神的体现吗？玉皇庙建筑的处理，又使人想起了联合国教科文组织卢卡斯先生对泰山的评价：“泰山把自然与文化独特地结合在一起，并使人在自然的概念上开阔了眼界，这是中国对世界人类的巨大贡献。”玉皇顶建筑是泰山这类无数例子中典型的一个，因此应当说这座小小的庙宇也是足以值得我们自豪的。

而且，在整个登山朝天的序列中，玉皇顶的建筑也起着举足轻重的作用。如果把泰山的这个序比作一首乐曲、一篇文章的话，岱庙前的遥参亭是序曲，是起始，人们到达南天门算是一个高潮，而在这里则是达到了最高潮，玉皇庙为乐曲和文章画上了最后的结束符和句号。它是完美的。有诗曰：“山如穹窿势浑成，盘道千重若龙腾。云中回首惊天路，岱顶犹忆遥参亭。”登天景区一系列由盘道串起的自然、人文景观结束了，但人们仍然意犹未尽，古代泰山建设者所构创的这一切多么瑰丽奇妙！

六、普照寺

普照寺为泰山保存最完好的佛教寺院。寺为四进式院落，南北长82米，东西宽75米，面积6150平方米，以一山门、二山门、大雄宝殿、摩松楼为中轴线，左右配以楼、亭、庑、殿及僧房、禅堂等。

一山门面阔3间，宽7.7米，进深3.85米，通高5.8米，二柱五檩五架梁，门楼式建筑，五脊筒瓦硬山顶。门前有石狮一对，下有须弥座。山门两侧有钟鼓楼，砖石结构，通高7.7米，分上下两层，上层砖砌，四壁各开一六角形窗，四角攒顶。钟楼内铁钟铸于清嘉庆二十二年（1817）。一山门内有二山门一间，二柱五檩五架梁，筒瓦卷棚顶，面阔3.6米，进深3.9米，通高4.75米，4根角柱在墙内半显，中装棋盘式大门。二山门内为二进院落，院内花树繁茂，起到了空间的过渡作用，此处东侧有门通向禅院，西侧有门与碑园相连。再上为三进院落，大雄宝殿坐落在此院。

大雄宝殿建在高0.66米的台基上，面阔10.3米，进深8.2米，通高7.6米，四柱七檩五架梁，前后廊式，五脊硬山顶。东西配殿各3间，面阔10.3米，进深4.8米，通高5.2米，五檩五架梁前廊式建筑，硬山卷棚顶。院中银杏双挺，古松如盖，中间一铁铸香炉，香烟终日缭绕，证明着泰山自古便有着佛家的一席之地。正殿东西有垂花门通后院，门为三檩三架梁，筒瓦卷棚悬山顶，两侧是木瓜形垂珠，其间饰方形花牙。垂花门面阔2.16米，进深1.4米，通高3.5米，玲珑雅致。由垂花门循台阶而上，又是一台，台正中是一座石柱方亭，即筛月亭，亭东即六朝松。亭的石柱之上，四面都刻有与古寺有关的楹联：东面“高筑两椽先得月，不安四壁怕遮山”；南面“引泉种竹开三径，援释归儒近五贤”；西面“曲径通幽宜种竹，空亭月朗正当楼”；北面“收拾岗光归四照，抬邀明月得三分”。

亭北为摩松楼，二层五开间，面阔19.4米，进深9.87米，横列6柱，纵列4柱；上层为五架梁九檩前廊式，檐檩、垫板、阑额均施彩绘。站在二楼廊下，凭栏可触及古松枝叶，楼因此得名。

摩松楼东为“石堂院”，有正房3间，五檩五架梁，仰瓦单脊硬山顶，面阔10.2米，进深5米，高5.6米，一门两窗；东耳房两间，将正房和东厢房连在一起形成了一个方整的院落。楼西为“菊林院”，有正房5间，面阔16.8米，进深7.3米，通高6.1米，七檩五架梁，前廊式耳房，正间开门，次间开窗，稍间有门与廊相通。

东禅院分为前后院。前院有正房、东厢房、角门等；后院有大门、正房、东厢房、南房等。

普照寺临城而不喧，居山而不寂，先得了三分地利；在建筑设计上，更是匠心独具，整个建筑群楼台错落、廊舍严整，由山门而起，步步升高，至摩松楼达到完美的终结；在气氛上也是由严肃庄重而逐渐转化为开朗轻松。在进深仅仅80余米的空间中要做到这一点确是难能可贵的，普照寺亦不愧为泰山古建群中的佳作。

七、王母池

王母池建筑群历史悠久，经历代重修，达到了几乎完美的境界，因此备受历代垂青。百余年来，王母池附近众多的庙宇如药王庙、老君堂、后土殿等等尽已不存了，唯独王母池完好地保存了下来。

王母池为三进式庙宇，平面呈长方形，南北长73.6米，东西宽53米，面积3900平方米，由大门、王母池、王母殿、东西配殿、东西耳房、悦仙亭、七真殿和蓬莱阁组成。

大门一间，进门中为石桥，桥下池水清冽。池虽不大，但烘托了“王母池”的气氛，使庙宇有了灵气。跨桥沿阶而上是中院，北为正殿3间，前后步廊式，上悬“灵昭四方”匾额，内祀明铸王母铜像。东、西各有配殿3间，东配殿有后窗，可观梳洗河水景。过王母殿东侧的穿堂耳房便至宽阔的后院。后院南面紧靠王母殿后墙有四柱叠梁攒尖方亭一座，称“悦仙亭”，意取西王母约会群仙之处。北面再起高台，台上为前廊后殿的七真殿，前廊5间，硬山卷棚顶，殿为3间，硬山五脊顶。七真殿东有阁一座，东向歇山卷棚顶，两檐飞挑院外，是为“蓬莱阁”，为观水色而建。

王母池同前述斗母宫的建筑属于同一种类型，都是依山临水而建，都有专为观水景而修的房舍，与周围自然环境十分协调，显得分外宜人，因此自古以来，从曹植、李白到元好问，无不有诗提到它。

第三节　岱庙壁画

岱庙壁画《泰山神启跸回銮图》(以下称《启跸回銮图》)绘于天贶殿东、西、北三面墙壁上，全长60余米，高3米多，面积194.6平方米，“传为宋代遗物”[①]。《启跸回銮图》(图3-6)画面上描绘的是泰山神出巡的浩荡场面，如实表现了宋真宗封禅泰山的威严气派。画面上泰山神乘坐四轮六马玉辇，左右为炳灵王与延禧真人护驾；辇前有双桥抬着道家仙人陪行，文武百官簇拥先后，还有仪仗队、乐队和威风凛凛的卫队，共有人物600多个。此外还有麒麟、大象、骆驼和背负法器宝瓶的神兽狮子、摇旗的夜叉以及抬着的猎物等等。画中人物繁多，再加以山川殿阁、茂木密林、水榭亭廊，使得整幅图画场

图3-6 《启跸回銮图》(局部)

① 萧协中原著、赵新儒注：《新刻泰山小史》，泰山赵氏校刊本1922年版。

面浩大，气势恢宏。而画家构图有致，疏密得当，不愧为我国现存道教壁画中的上乘之作。

壁画绘于天贶殿中，而天贶殿几历灾难，几经修葺，显然已不全是宋代原物。现存的壁画当是清代根据原本补绘的，而补绘时下部的人物、宫殿、桥涵依照了原作的表现手法，即采用了散点透视，人物不分远近大小，线描衣纹，重彩平涂勾填，富有鲜明的中国民族的艺术特色与风格。而画面的上部，由于明末清初西洋画法传入我国，补画者受其影响，便在画面主体之外用西洋的焦点透视法，增绘了部分山石林木、楼台建筑等背景，其风格殊异于下部人物的画法。但即使如此，专家们仍认为它“至少保存了宋代壁画的原样”，仍不失为“伟大精密之作”[①]。

壁画为道教题材，泰山神的形象实际上是中国古代封建帝王的化身，是人类社会现实生活的再现。画面把帝王的骄矜之态刻画得惟妙惟肖，而其他无论是文官还是武将均各具神情，几乎无一雷同，看得出画家对于人物造型的非凡的把握能力。

壁画构图严密，繁而不乱，近200平方米的宏大画面，有疏有密，首尾呼应，以泰山神为中心，人物走兽均极具动感，处处流溢着飞动的气势，布局极见功力。宋代的道释壁画，多出自名家之手，如宋真宗景德年间（1004～1007），营造玉清昭应宫便招募天下的丹青高手作画，一时竟有3000人报名，结果道释人物画大家武宗元中选主持壁画的左半部分的绘制，王拙主持右半部分。武宗元为这一次作画所拟的缗质稿本至今犹存，称作《朝元仙仗图》（已流失国外），图中共有南极天帝君和东华天帝及部众等80余人。故宫博物院所藏宋画《西岳降灵图》，描绘的是西岳华山之神的游猎活动，传为大画家李公麟所作。由此看来，《启跸回銮图》最初亦当出自高手，即使它已不是原作，但是因有所本，所以至今从画中仍可以看出宋代这类题材画所应有的特点。

壁画所采用的色彩浓淡相宜，显得华贵而又深沉，热烈而又宁静，表现出了东方特有的审美情趣。其表现手法细而不腻，大胆脱俗，像泰山一样“不以小巧示人”，在我国现存的道教壁画中，它当是佼佼者之一，其艺术价值是不

---

① 俞剑华：《岱庙天贶殿壁画》，山东人民出版社1982年版。

容低估的。

《启跸回銮图》内涵极为丰富，其所涉及的对象除了泰山神、文臣武将外，还有仪仗队、旌幡、乐队、乐器、各种服饰、兵器、神器、建筑等等，这一切为我们提供了各研究领域的宝贵资料。随着对这一壁画研究和破译的进一步深入，我们将会从中更多地了解我们古老民族的历史，更深刻地体会到我们民族悠久文化的璀璨和不朽。

附录1
泰安市交通、食宿、娱乐

一、交通

市区内京沪铁路为双线自动闭塞国家一级干线；泰肥、泰辛、磁泰支线为单线半自动国家一级支线。

公路四通八达。104国道串起了济南、泰山、曲阜，成为山东南北向“一山一水（泉城济南）一圣人（曲阜孔子故居）”的旅游热线；东西向亦有高速公路及一级公路贯通东平（湖）、泰安、淄博（齐国故都），形成了新的“一山一水一故城”的旅游线。从泰安驱车去青岛，经济青高速公路，仅需4小时；去天津、北京、南京、郑州均当日可达。市区内交通亦十分便利，各路公共汽车把游人直接从火车站、长途汽车站送往进山路口或各个宾馆。

泰山有两条高标准的游览公路和3条索道，直接把游人带至山顶。两条公路一从天外村至中天门，汽车行程只需半小时，然后从中天门乘缆车到南天门，缆车行程8分钟；一从桃花峪至桃花源，乘车30分钟，再乘桃花源缆车直达岱顶，约需15分钟；从天烛景区步行至后石坞后，又有索道从岱阴直达岱顶。泰安市还同美国合资，开办了直升机航空游乐公司，两架引自俄罗斯的米-8型直升机性能优良，每机可载客26人，乘坐舒适安全。乘直升机飞往山顶可一览泰山全貌和泰安古城新姿。

二、食宿

泰安有高、中档宾馆、酒店300余家，床位3万多张，其中中高档床位1.1万多张。目前泰安有三星级以上酒店3家，其中华侨大厦为4星级宾馆，其内部设施及服务水平均达到了国际同星级宾馆的标准。位于泰山极顶的神憩宾馆为我国第一个高山三星级宾馆，是住宿、休息、观光和品尝泰山美食的最佳去处。泰安是鲁菜系的发源地之一，鲁菜以色、香、味、形俱佳而蜚声海内外，泰安一些老字号的饭店在原有的传统鲁菜风格的基础上，进一步挖掘鲁菜特色，注重营养搭配，使鲁菜谱系日臻完善。近几年，泰安各大旅游饭店进一步推出了以有泰山特色的山菜宴和以泰山中药材配佐的药膳。随着旅游事业的发展，川、粤、扬州、潮州菜系也在泰安扎下了根，满足了不同游客的口味。泰安生产的各种饮料也备受推崇，如不同品牌的矿泉水、果茶、桃汁、“国宴用酒”泰山特曲及由德国专家指导酿制的“克利策”牌干啤酒等，均是榜上有名的佳品。

三、娱乐

泰安现有高中档影剧院、歌舞厅、卡拉OK厅、游乐场、儿童乐园近百家，其中设施高档典雅的有泰山娱乐中心、东都歌舞厅等。泰安市近年还建成了体育场、游泳馆、水上世界、狩猎场、健身房、靶场等一批体育设施。

附录2

泰山日出时刻表

日出时间 日期 / 月份	5	10	15	20	25	30
1	7：15	7：18	7：18	7：15	7：10	7：05
2	7：00	6：55	6：50	6：45	6：40	6：35
3	6：30	6：24	6：15	6：07	6：00	5：53
4	5：46	5：39	5：32	5：26	5：21	5：16
5	5：11	5：06	5：01	4：56	4：52	4：49
6	4：46	4：44	4：42	4：42	4：43	4：45
7	4：48	4：52	4：56	5：00	5：04	5：09
8	5：14	5：18	5：22	5：26	5：30	5：34
9	5：38	5：43	5：47	5：52	5：56	6：00
10	6：03	6：06	6：10	6：15	6：20	6：25
11	6：31	6：37	6：42	6：47	6：51	6：55
12	6：59	7：03	7：07	7：10	7：13	7：15

附录3

南麓登山里程表*

	扇子崖	长寿桥	龙潭水库	大众桥	普照寺	后石坞	玉皇顶	南天门	对松亭	五松亭	中天门	壶天阁	斗母宫	红门	岱宗坊
扇子崖															
长寿桥	3.3														
龙潭水库		1.3													
大众桥			0.6												
普照寺				0.8											
后石坞															
玉皇顶						1.5									
南天门						2.3	0.8								
对松亭						3.1	1.6	0.8							
五松亭						3.8	2.3	1.5	0.7						
中天门						5.0	3.5	2.7	1.9	1.2					
壶天阁						5.7	4.2	3.4	2.6	1.9	0.7				
斗母宫						7.5	6.0	5.2	4.4	3.7	2.5	1.8			
红门						8.8	7.3	6.5	5.7	5.0	3.8	3.1	1.3		
岱宗坊						10.0	8.5	7.7	6.9	6.2	5.0	4.3	2.5	1.2	
岱庙	7.8	4.5	3.2	2.6	1.8	10.5	9.0	8.2	7.4	6.7	5.5	4.8	3.0	1.7	0.5
	西　路					中　路									

*表内数字为公里

后 记

泰山历史悠久，对泰山的研究与记述亦自古有之。先秦以降，人们便以各种方式描述它，考证它，历代关于泰山的著述浩若烟海。早在夏帝发七年（前1831），就有“泰山震”的记载[①]，管子的《封禅书》则记述了最早商朝汤王“封泰山，禅云云山”的行迹，直到清代学者阮元，总结了数千年的泰山文化渊源，说“山莫大于泰山，史亦莫古于泰山，泰山之必当有志，重于天下山经地志远矣”[②]。泰山始终被古人所重视，人们渴望了解它，把握它，并为此付出了一代又一代人的努力。但是，由于当时历史条件的限制，人们对泰山的认识难以深入，因此，也就不能得出科学的结论。泰山以其客观形象影响着人们，而人们对泰山则始终是迷茫的，此即所谓“有眼不识泰山”也。这不能不说是古代泰山研究的缺憾。

新中国成立后，政府成立了专门的泰山保护机构，在对泰山进行保护和利用的同时，对泰山的全方位研究也在科学的基础上扎扎实实地开展起来。改革开放以后，泰山被列入《世界遗产名录》，更有一大批学者专家投入泰山科研之中，泰山的各项研究取得了令人瞩目的成就。

泰山研究是一个多学科的纵横交错的大课题，为此，1988年，泰山管委会邀集国内知名学者成立了泰山研究会。研究会不定期召开国内和国际学术研讨会，对泰山的地质形成、构造，矿产、植被、动物，郡县沿革、宗教、民俗、建筑、文献，气象、水文、自然景观等等进行了深入的探讨研究，一大批深富见解的专著和论文相继问世。如1989～1992年陆续出版了《泰山研究论丛》（1～5辑），其中《泰山景区水文气候特征与自然景观》（周宗先）、《泰山北重力滑动构造的滑脱带特征》（吕朋菊、张明利）、《独特的泰山辉绿岩脉浑圆形柱

① 《竹书纪年》。

② 《泰山志·序》。

状节理》（张保民、王少波）、《泰山野生花卉资源调查与开发》（陈锡典、张艳敏）、《泰山的鸟类资源》（杜恒勤）、《泰山药物溯源》（吕学泰）等等，对泰山的研究均涉及自然科学的领域，这是自古以来对泰山研究的一大突破。

在人文科学方面，众多的学者以辩证唯物主义和历史唯物主义为方法论，孜孜以求，撰写了大量学术研究著作，如袁爱国先生的《泰山神文化》、周谦先生的《中华石文化与泰山石》、李继生先生的《古老的泰山》、路宗元先生的《中国泰山》、米运昌先生的《泰山古今》、姜丰荣先生的《泰山历代石刻选注》、年轻的泰山学者舟子先生的《泰山历史纪年》等等，都从某一个角度谈了前人所未谈及的问题，为泰山的研究做出了贡献，读罢令人耳目一新。另外，为挖掘泰山历史，弘扬民族优秀文化，还有众多的在科研基础上写成的通俗读物问世，如《历代帝王与泰山》（汤贵仁）、《历代文人与泰山》（汤贵仁、胡立东等）、《冯玉祥将军在泰山》（韩尚义、卓忠信）、《泰山名胜鉴赏》（李京泰）等等。

泰山研究方兴未艾，泰山研究正走向深入，这本小册子就是汲取了众多的研究者的成果而写成的，在此特向他们表示最诚挚的敬意！

写作过程中，泰山研究专家及长期工作在泰山的同志史欣、马永桂、曹俊、负顺吉、孙学武、金卫东等曾给予了大力支持与帮助，在此一并表示感谢。

然而，这本小册子对于泰山来说，只不过是豹斑蠡水而已。泰山很难写，因为，它——太大了。

张用衡

1994年12月11日